U0840773

第一辑

中国出版纪录小康文库

中国扶贫

制度创新与理论演变（1949—2020）

王曙光 著

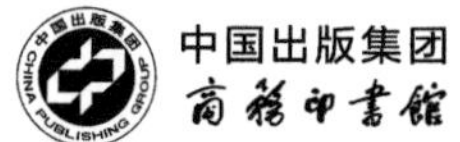

图书在版编目（CIP）数据

中国扶贫：制度创新与理论演变：1949—2020 / 王曙光著. — 北京：商务印书馆，2021. 12
（中国出版纪录小康文库. 第一辑）
ISBN 978-7-100-20412-5

Ⅰ. ①中…　Ⅱ. ①王…　Ⅲ. ①扶贫－研究－中国－1949—2020　Ⅳ. ①F126

中国版本图书馆CIP数据核字（2021）第200889号

中国出版纪录小康文库·第一辑
中国扶贫：制度创新与理论演变（1949—2020）
王曙光　著

商　务　印　书　馆　出　版
（北京王府井大街36号　邮政编码 100710）
商　务　印　书　馆　发　行
北京建宏印刷有限公司印刷
ISBN 978-7-100-20412-5

2021年12月第1版　　开本 710×1000　1/16
2021年12月第1次印刷　印张 19¾
定价：78.00元

“中国出版纪录小康文库”出版前言

党的十八大以来，以习近平同志为核心的党中央把脱贫攻坚摆在治国理政的突出位置，统筹推进经济、政治、文化、社会、生态文明建设，决胜全面建成小康社会取得决定性成就。在庆祝中国共产党成立100周年大会上，习近平总书记代表党和人民庄严宣告：经过全党全国各族人民持续奋斗，我们实现了第一个百年奋斗目标，在中华大地上全面建成了小康社会，历史性地解决了绝对贫困问题，正在意气风发向着全面建成社会主义现代化强国的第二个百年奋斗目标迈进。

在全面建成小康社会的奋斗历程中，涌现出丰富的实践和精神成果，具有非凡的纪录和出版价值。为全面展现和生动反映以习近平同志为核心的党中央团结带领全国各族人民顽强奋斗、如期全面建成小康社会的伟大历程和辉煌成就，落实黄坤明同志在全国宣传部长工作会议上的重要讲话精神，中国出版集团勇于承担出版“国家队”的职责使命，决定紧紧扣住全面建成小康社会这一主题，遴选所属多家出版单位的优质图书品种，集萃推出“中国出版纪录小康文库”，以期用全方位、立体化丛书形式，展现新时代中国脱贫攻坚、全面小康的奋斗历程，彰显伟大时代的中国精神、中国价值和中国力量。

“中国出版纪录小康文库”拟分为3辑，每辑10种，共30种，3年内陆续出版。所收书籍包括学术、文学、艺术等不同类别图书，既有学术探讨，又有文学表达，还有实践总结，并以传统出版兼融媒体的方式进行传播。

商务印书馆出版的《习近平扶贫故事》一书，真切地讲述了习近平同志始终把人民放在最高位置、关心困难群众生产生活、指引困难群众脱贫致富的感人故事，展现了习近平同志高度重视扶贫开发、锲而不舍推进脱贫攻坚的领袖风范，使人深切感受到他的思想力量、人格力量和语言力量。为此，特将《习近平扶贫故事》列入“中国出版纪录小康文库”，作为特别致敬图书单元，隆重推出。

“中国出版纪录小康文库”由中国出版集团策划并组织实施。遴选书目以集团所属的各出版单位已出版的书籍为主要基础。其中有一部分图书系经过作者修订增补的。所有书目由“中国出版纪录小康文库”编辑委员会审定，文库书籍装帧形态由文库编辑委员会确定，统一文库标识，统一开本与装帧风格，统一印制材料和标准，旨在确保这项重大出版工程能高质量圆满完成。

中国出版集团向来以出版代表中国出版业水平的精品图书为己任，我们希望这套文库能将反映我集团出版的全面建成小康社会伟大历程的精品图书尽收其中，展现中华大地实现全面小康的新面貌、新气象，以满足时代和社会的需求，不负广大读者的期待。

“中国出版纪录小康文库”编辑委员会

序言：中国减贫实践及其理论的世界意义

贫困是最复杂的社会现象之一，在理论上涉及经济学、社会学、政治学乃至生态学等不同学科，需要进行多维视角的综合研究；在实践中需要结合各地贫困发生的内在机理和具体的“社会—经济—政治—文化—生态”环境，实施有针对性的系统的扶贫开发模式。

从贫困发生学的视角看，我国的贫困大体可以分为制度供给不足型贫困、区域发展障碍型贫困、可行能力不足型贫困（结构型贫困）、先天缺乏型贫困和族群型贫困等类别。针对这些不同种类的贫困，中国的反贫困战略大致也划分为制度变革型扶贫、基础性扶贫（或大推进型扶贫）、迁移型扶贫（或生态恢复型扶贫）、能力增进型扶贫（或结构型扶贫、造血型扶贫）、救济型扶贫（或输血式扶贫）和族群系统型扶贫。中国在不同的地区、不同的族群、不同的贫困群体中，实施了不同的反贫困战略，并创造了极为丰富的地方模式，这些模式对全球的反贫困都具有极为重要的启发意义。

中国的经验证明，成功的反贫困与发展高度相关，但又不仅仅依赖于发展。发展为大规模的基础性扶贫、迁移性扶贫、救济性扶贫提供了必要的物质保障，但是发展并不是构成可持续的减贫的唯一要件。要在发展的进程中，更深层地考察致贫的社会体制、民主政治体制、经济体制和伦理文化根源，进行更加深入系统的减贫制度设计，促使反贫困实践和理论的不断深化和转型。系统的农村制度创新和基础性制度供给、农民政治经济权利的全面赋予（赋权）、贫困人群可行能力的培育、乡村社会组织体系的重建、社群道德伦理和文化的回归、贫困人群的心理建设和心理支持，都构成新型扶贫战略的不可缺失的核心内容。出于这样的理由，本书致力于构建一个"经济—社会—政治—文化—生态"系统性分析框架，从而为反贫困研究与实践开启一条更为开阔的道路。

中国的经验还证明，成功的反贫困与政府的动员能力高度相关，但又不仅仅依赖于政府的动员能力。政府的动员能力之所以起作用，最根本的原因在于政府的动员激发了贫困人群的内在的自我脱贫的动力，增强了贫困人群向贫困挑战的勇气和能力。要实现可持续性的根本性的减贫，最伟大的动力来自于人民。

这也就是贯穿本书始终的核心理论观念——社会网络扶贫和内生性扶贫——的主旨和精髓所在。这两个一以贯之的理论观念，是理解中国扶贫开发模式转型的核心密码。从外生性扶贫模式向内生性扶贫模式转变的过程中，关键在于为贫困人口自我发展提供源源不断的内在动力，这就需要建立强大的农村社区，重构农村的社会网络，实现农民和贫困人群的组织化。社会网络包括社区性社会网络和制度性社会网络。社区性社会网络包括在一个村庄社区内部建立的正式民主治理网络、经济组织网络（如合作社）、民间社会组织（如各类协会和民间信仰组织）等可见的社会网络，而制度性社会网络包括由农村合作金融制度、农村合作医疗制度、农村互助性保险和社会保障制度、农村教育制度等构建的一种看不见的社会网络。社区性社会网络和制度性社会网络都为参与其中的农民和贫困群体提供了强大的、系统的、可持续的人力资本和社会资本增进机制，从而为贫困者的自我减贫提供内在动力，实现内生性的扶贫。

以社会网络扶贫的视角来看，在中国长期实施的金融扶贫、生态扶贫、产业扶贫、文化扶贫等扶贫模式，其根基都是社区建设与社区发展，其成功的关键在于构建农村社会网络。农村中的各种组织形式，包括农民资金互助组织、农村合作经济组织、农村集体经济组织、正式乡村政治治理组织、农民社群性的民间组织等，其目标都是重构农村的社会网络，让贫困者不再是孤立无援的、分散的个体，而成为一个组织化的、有凝聚力的、具有强大要素整合能力的群体的有机组成部分。

因此，内生性扶贫和社会网络扶贫的灵魂，仍然在于呼应毛泽东在延安时期就开始倡导的两个核心农村发展理念："发动群众"和"组织起来"。"发动群众"不就是内生性扶贫吗？"组织起来"不就是社会网络扶贫吗？

内生性扶贫和社会网络扶贫的最终目标，就在于建构一个崭新的中国乡村，使所有人不仅能够自己摆脱物质上的贫穷，而且能够摆脱心灵上的贫穷，都能享有幸福、富足、和谐、内心充盈而有尊严的生活。

王曙光

目录

第一章　中国的贫困与反贫困——基于贫困发生学的研究 …… 1

一、引言：社会主义计划经济时期的 30 年和改革开放后 40 年的反贫困成就 …… 1

二、贫困的根源在哪里？——贫困发生学的视角 …… 2

三、如何反贫困？——减贫类型、战略选择与实施主体 …… 6

四、结论：族群型贫困与综合性反贫困模式的运用 …… 10

第二章　中国扶贫政策框架的历史演进与制度创新：1949—2020 …… 12

一、引言：我国扶贫事业 70 年的基本脉络、历史成就与世界意义 …… 12

二、第一阶段：发展壮大集体经济和大力建设基础设施阶段（1949—1978） …… 13

三、第二阶段：农村经济体制深刻变革和农村经济迅速发展阶段（1978—1985） …… 17

四、第三阶段：扶贫组织体系的系统建立和有计划地大规模扶贫阶段（1986—1993） …… 20

五、第四阶段：实施八七扶贫攻坚计划和大规模减贫的攻坚阶段（1994—2000） …… 23

六、第五阶段：我国扶贫开发的转型和进一步深化阶段（2000—2012） …… 26

七、第六阶段：十八大和十九大之后的扶贫攻坚最后决胜阶段与彻底消除贫困阶段（2012—2020）…… 30
八、结论：中国扶贫事业的制度演进路径与未来趋势 …… 32

第三章　乡村振兴战略与中国扶贫转型 …… 34
一、包容式（普惠式）增长、机会均等与赋权 …… 34
（一）反贫困是社会主义的本质要求与特征 …… 35
（二）什么是好增长，什么是坏增长？ …… 36
（三）实现包容式（普惠式）增长 …… 37
（四）赋权、改善民生与提升可行能力 …… 38
（五）机会均等与社会公平正义 …… 39
二、统筹区域发展和城乡发展，推动内生式扶贫，实现全面小康 …… 40
（一）全面建成小康社会的标准 …… 40
（二）实施差别化、倾斜性政策，外生力量与内生力量相结合 …… 42
（三）立足长远和基础，切忌形式主义扶贫 …… 45
三、实现精准脱贫，提高扶贫的精准性和可持续性 …… 47
（一）精准扶贫的关键是精准分析贫困根源 …… 47
（二）精准扶贫的有效性有赖于因地制宜、精准施策 …… 48
（三）精准扶贫要着眼于对扶贫对象进行精准化管理 …… 49
（四）针对不同贫困类型，进行分门别类的有针对性的扶贫 …… 50
（五）精准扶贫要广泛动员各种社会力量，建立长效机制 …… 51

第四章　社会网络扶贫的理论与实践 …… 53
一、引言：我国扶贫事业的历史成就与战略转型 …… 53
（一）我国扶贫事业的几个基本历史阶段及其主要成就 …… 53
（二）我国扶贫开发存在的主要问题 …… 58
二、贫困的内涵和致贫根源：相关文献梳理 …… 59
（一）贫困的内涵：从收入标准到可行能力与赋权原则 …… 59

（二）贫困发生学：从一般分析到社会网络 …… 61

三、社会网络的内涵与社会网络扶贫的理论基础 …… 62

（一）社会网络的内涵 …… 62

（二）社会网络扶贫的理论基础之一：社会网络与社会资本 …… 63

（三）社会网络扶贫的理论基础之二：社会网络与共同体建设 …… 64

四、社会网络的具体表现形式 …… 66

（一）经济与社会制度网络 …… 66

（二）社会组织网络 …… 67

（三）政治组织网络 …… 69

（四）宗族组织网络 …… 69

（五）宗教组织网络 …… 69

五、社会网络扶贫的实践模式 …… 70

（一）通过大规模的制度建设构建和创新社会网络的底线保障基础 …… 70

（二）组建各种社会组织，促进农村居民的联合 …… 71

（三）加强村委会建设和乡村治理建设 …… 72

（四）引导家族、宗族和宗教组织合理运行，增强村庄的社会黏合度 …… 72

（五）动员全社会各种力量进行“参与式扶贫” …… 73

第五章 内生性扶贫的根基、机制、载体与抓手 …… 75

一、如何正确地看待贫困？ …… 75

二、以多元综合的方式推进扶贫 …… 82

三、精准扶贫和社会网络扶贫 …… 84

四、从外生式扶贫到内生性扶贫 …… 87

五、内生性扶贫的根基：乡村善治与发展集体经济 …… 88

六、内生性扶贫的有效机制：市场机制培育与社会力量动员 …… 91

七、内生性扶贫的组织载体：把分散小农整合为“大农” …… 92

八、内生性扶贫的有效抓手：产业扶贫、互联网与新型乡村工业化 … 93
九、政府：为中国减贫和农村发展创造一个长治久安的条件 …… 97

第六章　微型金融发展与减贫机制创新 …… 100
一、引言：我国反贫困的成就与深度贫困地区减贫的挑战 …… 100
二、微型金融在深度贫困地区有效减贫中的功能机理：七大效应的分析 …… 102
（一）滴落效应 …… 103
（二）赋权效应 …… 104
（三）赋能效应 …… 104
（四）社会网络效应 …… 105
（五）治理效应 …… 105
（六）文化伦理效应 …… 106
（七）乡村产业链效应 …… 106
三、公益机构主导型、商业机构主导型和政府主导型微型金融 …… 106
（一）福利主义和机构主义微型金融 …… 106
（二）公益机构主导型微型金融 …… 108
（三）政府或准政府主导型微型金融 …… 109
（四）商业机构主导型微型金融 …… 111
四、微型金融在深度贫困地区减贫中遇到的瓶颈与挑战 …… 112
五、未来微型金融如何助力解决深度贫困？——着眼于乡村全面复兴的制度框架 …… 114

第七章　农民合作组织发展与反贫困 …… 117
一、农民合作组织促进农村减贫的核心机理 …… 117
二、新型农民合作社的制度特征 …… 120
三、农民合作组织的弱内生性是否影响了农民和贫困人群的福利？ …… 124

四、提升农民合作社自生能力，促进减贫和农村发展 …… 134

第八章 社区主导型发展与社会网络扶贫 …… 139
一、社区主导型发展的目标和内涵 …… 139
（一）传统农村社区面临的问题："双重消解"与"社区溃败" …… 139
（二）社区主导型发展的目标和内涵 …… 141
二、社区主导型发展和社区主导型扶贫的组织形式和运行机制 …… 142
三、传统乡村社区治理模式与贫困者救济机制：一种借鉴 …… 146
（一）中国古代的传统乡村社区的特点 …… 146
（二）传统乡村社区治理的五大基本理念 …… 147
（三）中国传统乡土社会的贫困者救济和保障机制 …… 150
四、社区主导型发展与社会网络扶贫：村社内置金融模式 …… 153
五、社区主导型发展与社会网络扶贫：社区发展基金模式 …… 157
六、社区主导型发展与反贫困：新乡贤机制 …… 160

第九章 农民资金互助与反贫困 …… 166
一、农民资金互助与反贫困：核心机理 …… 166
二、农民资金互助的主要形态与发展状况 …… 168
三、农民资金互助面临的风险与挑战 …… 170
四、农民资金互助的未来趋势 …… 173

第十章 乡村民主政治治理与反贫困 …… 176
一、乡村民主政治治理与减贫：核心机理分析 …… 176
二、中国乡村民主政治机制的历史演变 …… 179
（一）村民自治制度的早期试验和推广 …… 179
（二）村民自治立法进程与各地的村庄民主试验 …… 180
（三）村民自治在20世纪90年代之后出现的问题 …… 182
三、中国乡村民主政治的创新：村民议事会制度 …… 183

四、多元共治的乡村协商民主、社会网络与反贫困 …… 185

第十一章 农村集体经济发展与反贫困 …… 190
一、引言：农村集体经济发展与中国减贫事业 …… 190
二、农村集体经济促进农村减贫的核心机制 …… 193
三、农村集体经济的内涵、类型和性质分析 …… 198
四、农村集体经济发展所面临的挑战 …… 202
五、结论：推动集体经济发展，为扶贫注入更大内生动力 …… 206

第十二章 边疆民族地区反贫困与普惠金融构建 …… 208
一、边疆民族地区发展与金融反贫困的重要性 …… 208
二、普惠金融与机制创新：基于内蒙古边疆牧区金融服务实地考察 …… 210
（一）牧区金融服务的特殊性与金融服务创新 …… 210
（二）边疆民族地区普惠金融建设进程中的各类金融机构 …… 212
（三）倡导差异化的牧区金融监管 …… 215
三、挑战与应对：突破边疆民族地区金融服务的困境 …… 216
四、新技术和新思维在边疆民族地区金融服务方面的重要意义 …… 219
五、结束语 …… 220

第十三章 民族地区反贫困的多元模式 …… 222
一、把贫困送进博物馆：民族地区反贫困的挑战和模式创新 …… 222
二、民族地区反贫困经验（一）：救济式扶贫的实施及其意义 …… 223
（一）救济式扶贫的对象 …… 223
（二）救济式扶贫的意义和对象瞄准 …… 224
三、民族地区反贫困经验（二）：能力增进型扶贫与金融反贫困 …… 225
（一）商业性正规金融机构信贷：扶贫模式和挑战 …… 226
（二）政府的扶贫贴息贷款：运行机制与对象定位 …… 227

（三）非政府组织主导的信贷扶贫模式：社区发展基金的运作机制 …… 230
四、民族地区反贫困经验（三）：普惠型扶贫的整村推进式战略 …… 232
（一）整村推进扶贫战略的政策、理论背景与评价 …… 232
（二）云南大理的整村推进模式和解决族群式贫困的易地扶贫搬迁 …… 233
五、结论：民族地区反贫困模式和反贫困主体需要多元化 …… 236

第十四章 中国反贫困的地方创新与未来趋势 …… 238
一、引言：中国扶贫事业的成就与制度深化 …… 238
二、宁德的贫困发生机理与反贫困机制 …… 239
（一）制度供给不足型贫困和制度变革型扶贫模式 …… 239
（二）区域发展障碍型贫困与基础性扶贫和生态恢复型扶贫 …… 240
（三）可行能力不足型贫困与能力增进型扶贫 …… 241
（四）族群型贫困与族群系统型扶贫模式 …… 242
三、宁德扶贫模式探索：内生性扶贫的理论与实践 …… 244
（一）宁德扶贫模式体现了我国扶贫思路与战略的三大转变 …… 244
（二）宁德内生性扶贫的核心是培养农民主体性、实现扶贫机制性和脱贫可持续性 …… 246
四、宁德内生性扶贫模式实现三大融合 …… 248
（一）市场机制与政府功能的有机融合 …… 248
（二）内生力量与外生力量的有机融合 …… 252
（三）普惠型扶贫与精准型扶贫的有机融合 …… 253
五、内生性扶贫：宁德模式的启示与未来方向 …… 254

第十五章 中国的反贫困与生态保护 …… 258
一、引言：生态资源、保护困境与农村贫困 …… 258
二、生态保护与减贫—发展双重目标的实现机制之一：替代性

生计的选择及其可持续性 …… 260
三、生态保护与减贫—发展双重目标的实现机制之二：生态环境教育及其可持续性 …… 264
四、结论：在生态保护和减贫中实现外生力量和内生力量的有机融合 …… 266

第十六章 易地扶贫搬迁与反贫困 …… 268
一、引言：深度贫困区的反贫困与易地扶贫搬迁 …… 268
二、易地扶贫搬迁的意义与约束条件 …… 271
（一）易地扶贫搬迁的意义 …… 271
（二）"搬迁陷阱"：易地扶贫搬迁的约束条件 …… 274
三、广西深度贫困的分布结构与易地扶贫搬迁机制及模式 …… 277
（一）广西深度贫困的分布结构与特点 …… 277
（二）广西易地扶贫搬迁的"顶层设计—动员激励—统筹协调—监督考核"四位一体机制 …… 278
（三）广西易地扶贫搬迁的核心模式 …… 283
四、结论：如何避免返贫和回流：易地扶贫搬迁的系统性制度框架 …… 292
（一）广西易地扶贫搬迁的主要成就 …… 292
（二）易地扶贫搬迁的"经济—社会—文化"系统性制度框架 …… 293

后 记 …… 296

第一章
中国的贫困与反贫困——基于贫困发生学的研究

一、引言：社会主义计划经济时期的30年和改革开放后40年的反贫困成就

中华人民共和国成立70年来，特别是改革开放以来的40年中，反贫困事业取得了举世瞩目的伟大成就。中国在1949—1978年社会主义计划经济的30年中，在农村农田水利和基础设施建设、农村合作医疗体系和社会保障、农业技术推广体系、农村人口教育和培训体系等方面取得了显著成就，大幅度改善了农村地区的生产生活条件和人力资本状况，为中国农村地区的反贫困奠定了良好的制度基础，具有奠基性的意义。[①]改革开放之后的40年中，尤其是1999年提出“西部大开发”战略、2005年提出“建设社会主义新农村”、2017年中国共产党十九大提出“乡村振兴战略”以来，中国强劲的经济增长势头和逐步深入的农村市场化改革使反贫困步伐明显加快。在这40年中，反贫困被提高到国家战略的高度，反贫困战略实施的广度（人口和区

---

① 李玲：《新中国前30年留下的遗产是中国经济奇迹的重要原因》，《第一财经日报》2009年9月28日；林毅夫：《制度、技术与中国农业发展》，格致出版社2008年版；王曙光：《守望田野：农村金融调研报告》，中国发展出版社2010年版。

域覆盖面）和深度（减贫绩效）也得到空前的拓展，为世界贫困人口的减少做出了决定性的贡献。随着农村经济社会的飞速发展，数亿人口实现了脱贫。进入21世纪以来，中国的反贫困已经进入攻坚阶段，中国贫困的发生形态与反贫困战略均发生了显著的变化，大规模减贫的时代已经结束，反贫困战略的总体思路和制度框架开始发生深刻转型。

本章试图从系统性制度设计的视角，基于对贫困的性质与根源的深入分析，对中国的贫困重新做出类型划分，并在此基础上提出反贫困的系统性制度框架，最后提出综合性反贫困战略的系统设想。

二、贫困的根源在哪里？——贫困发生学的视角

对贫困的性质和类型的理论分析主要应该从贫困发生学入手，而不是从贫困所展现的表面现象出发。本章在以往贫困理论研究成果的基础上，将贫困的类型按照发生学的角度分为制度供给不足型贫困、区域发展障碍型贫困、可行能力不足型贫困（结构型贫困）、先天缺乏型贫困和族群型贫困。

（1）制度供给不足型贫困。即由宏观经济制度、社会制度或政治制度供给不足而引致的贫困。在贫困发生率比较高的国家和地区，合理的教育和培训制度、医疗卫生制度、收入分配制度、金融与信贷制度、公共财政制度、社会保障制度、土地制度以及与之相匹配的法律体系的缺失，是导致贫困的基础性原因。中国在改革开放以来的贫困问题，在很大程度上表现为制度供给不足，如农业集体化解体之后，以人民公社社队集体经济为基础的农村合作医疗体系和农村养老社会保障体系的崩溃，导致农村因病致贫现象和养老问题非常严重[①]；

① 王曙光：《社会参与、农村合作医疗与反贫困》，人民出版社2008年版。

国家对农村基础设施建设和其他公共品的投入明显不足，农村居民税费负担比较沉重，收入分配体系的不完善导致城乡收入差距增大，最近几年中国反贫困步伐的减缓也与收入分配制度及公共财政制度密切相关。[①] 在金融和信贷制度方面，由于农村金融体系建设的严重滞后，农村资金净流出所导致的农村系统性负投资现象非常严重，农民贷款难直接导致可支配收入的降低和贫困的发生。[②] 在所有贫困发生的根源中，制度供给不足是最值得重视的，因为在制度供给不足的情况下，贫困人口的权利被制度性地忽视乃至剥夺，使他们被排斥在制度之外，丧失自由选择的能力和权利，从而导致贫困人群可行能力的缺乏和贫困发生率的整体提升。从本质上来说，制度排斥与权利剥夺是造成贫困的最核心的原因之一。[③] 制度供给不足型贫困是一种整体性贫困，许多局部的贫困均与制度供给不足相关。

（2）区域发展障碍型贫困。即由一些具有区域特点的发展障碍因素而引致的贫困，如某些地区由于交通、通信、市场设施不完善而引发的贫困，或者由于当地恶劣的自然生态环境与不适宜人类生存的气候所引发的贫困。在中国大面积的西部地区，包括西藏、云南、贵州、甘肃等地的沙漠化、石漠化、高寒、多山和缺水地区，贫困的发生率极高。如甘肃的定西地区、河西地区和宁夏的西海固等历来被称为最贫困的“三西”地区，由于自然条件恶劣而导致整个区域普遍性的贫困。自然环境与生态方面的致贫原因有些是可以被局部改善的，如大规模的生态恢复和自然环境保护政策可使当地居民生存条件迅速

① 胡鞍钢、胡琳琳、常志霄：《中国经济增长与减少贫困》，《清华大学学报》2006 年第 5 期；汪三贵：《在发展中战胜贫困 —— 对中国 30 年大规模减贫经验的总结与评价》，《管理世界》2008 年第 11 期。

② 王曙光：《农村金融与新农村建设》，华夏出版社 2006 年版；王曙光：《乡土重建 —— 农村金融与农民合作》，中国发展出版社 2009 年版。

③ Amartya Sen, *Development as Freedom*, New York: Knopf, 1999.

改善，而交通、通信和市场设施的不足更容易改善。在中国现阶段的贫困中，区域发展障碍型贫困是最主要的贫困类型。

（3）可行能力不足型贫困（结构型贫困）。这种贫困是由贫困者个体的可行能力不足造成的，其原因均表现为贫困者个体的某种能力的缺陷，而不是先天的身体或智力的缺陷。可行能力不足的最终根源有可能与制度设计和制度安排有关，但是大部分可行能力不足的原因却是个体性的，如由于受教育程度低而引致的人力资源不足，这是导致贫困的最重要的原因之一。[①]再如，由于农民的自组织能力不足，导致农民在市场竞争中难以获得较好的谈判地位，从而使得农民生产的规模收益和抗风险能力下降。[②]对于这些可行能力不足型贫困人群，针对性地提升其可行能力是促使其脱贫的关键。现在，学术界对于可行能力的理解逐步深化，有学者根据国际社会对贫困的认识及中国反贫困的实践，认为在现代社会，应更加重视对能力的研究。能力包括基本生产能力、获取知识能力、参与决策能力、合理利用资源能力等诸多方面，这些能力最终都要体现在“自我发展能力”[③]。

（4）先天缺乏型贫困。即由贫困者个体在智力或体力上的先天缺陷导致的生产能力完全或部分缺失而引发的贫困。先天缺乏型贫困的原因一般是不可消除或不可逆转的，如先天的盲人、肢体残缺或精神病患者，其身体或精神上的残缺在现有的医疗条件下是不可能被修复的，这些人群的贫困也很难通过提升其可行能力来解决，因此一般意义上的提升人力资源或者进行微型信贷扶持等方法，对于先天缺乏型

---

① T. W. Schultz, “Investing in Poor People: An Economist’s View,” *The American Economic Review*, 1965(40), pp. 510-520.

② 王曙光：《论新型农民合作组织与农村经济转型》，《北京大学学报》（哲学社会科学版）2010年第3期。

③ 段世江、石春玲：《“能力贫困”与农村反贫困的视角选择》，《中国人口科学》2005年增刊。

贫困人群的扶贫效果微乎其微。

（5）族群型贫困。即在某些少数民族社区（尤其是边疆民族地区），由于整个族群在生产方式、文化、宗教信仰、习俗、生活方式等方面的历史原因而造成的贫困。在中国很多边远地区这类贫困大量存在，并且由于往往伴随着宗教和族群之间的冲突，从而变得复杂而难以处理。族群型贫困部分原因与区域发展障碍型贫困、可行能力不足型贫困重合，但总体上看主要还是由于少数民族特有的生活方式或文化习俗。这类贫困的特点是，其发生区域多集中于边境地区。据统计，新时期内陆边境国家级贫困县有 40 个，较八七扶贫攻坚时期增加 9 个，占全部内陆边境县的 29. 9%。云南省 25 个边境城市中有 17 个属于国家级贫困县，2003 年总人口为 586. 48 万人，少数民族人口 374. 44 万人，占总人口数的59%，与邻国的边境线长4060 公里。[①] 全省少数民族贫困人口绝大部分属于绝对贫困人口，大部分居住在云南省与缅甸、老挝、越南接壤的边境地区，有 5 个少数民族跨境而居，社会发育程度低，经济发展十分落后，群众生活十分困难。这类贫困也多发于少数民族聚居区，即使这些区域不属于边境。少数民族人口的贫困问题突出，在农村贫困人口中，少数民族人口占了不恰当的比例，绝大部分贫困地区是少数民族居住的地区。[②] 赖景生认为贫困问题很大程度上是少数民族的贫困问题。全国 592 个国家级贫困县中，有 257 个是少数民族自治县。族群型贫困已经成为影响中国和谐社会建设和民族发展繁荣的重要障碍之一，必须提高到国家战略和民族和谐的高度去认识。

---

① 赖景生：《新时期西部农村贫困特征与反贫困对策》，《重庆工商大学学报》2008 年第 3 期。

② 王萍萍、闫芳：《农村贫困的影响面、持续性和返贫情况》，《调研世界》2010 年第 3 期。

三、如何反贫困？——减贫类型、战略选择与实施主体

经过长期大规模扶贫试验，中国逐步总结了一套适合于各类贫困的综合性扶贫开发经验模式，最近几年来又特别注重在区域性扶贫模式中融入个体性扶贫模式，注重动员社会力量参与扶贫，注重在扶贫开发中激活市场机制的作用。

针对上文提出的五种贫困类型，我们可以把反贫困战略分成以下五种类型，这五种类型的反贫困有时可以互相交叉，其实施主体和实施对象都所有区别：

（1）制度变革型扶贫。针对制度供给不足型贫困，要运用制度变革型扶贫模式来应对，即对现有制度进行系统性改革与创新，为贫困群体的脱贫创造基础性的制度条件。制度变革型扶贫的实施主体当然是政府，包括中央政府和地方政府，都有可能是制度变革和创新的主导者。改革开放以来，通过系统性制度变革来进行有效扶贫是中国反贫困的一个基本特征，制度变革型扶贫的特征是整体性强，对所有贫困群体都有覆盖，是一种普惠型的扶贫模式。近年来，通过教育制度改革和教育资源向农村贫困地区倾斜、新型农村合作医疗制度改革、农村金融制度创新和新型农村金融机构建设、农村新型养老保险和社会保障制度建设、公共财政向农村贫困地区的转移支付制度等等，为农村地区的大面积扶贫提供了有力的制度支撑。几乎所有学者都承认，在中国的扶贫中，来自于制度变革的力量是最重要的，尤其在改革开放初期，由家庭联产承包责任制所激发的生产力的迅猛迸发使中国的贫困人口快速下降，其减贫效果也最佳。按国内标准计量的贫困人口由1978年的2.5亿减少到1984年的1.28亿，在6年内减少了将近50%；按国际标准计量的贫困人口由1981年的6.34亿减少到1987年的3.08亿，在6年内减少了一半以上。之后，贫困人口和贫困发生

率都进入下降速度相对平稳的阶段。由此看出，农业家庭联产承包责任制的普遍推行，为消除农村贫困做出了巨大贡献。[①]1984 年这项改革完成之后，由于没有后继的制度变革和技术创新的支持，农民收入增速减缓，贫困发生率的下降也明显减慢。在现阶段，中国仍必须大力进行制度变革，以此来推动大规模扶贫，为中国消除绝对贫困创造制度基础。

（2）基础性扶贫（或大推进型扶贫）和生态恢复型扶贫。对于区域发展障碍型贫困，扶贫的核心使命是大规模改善基础设施条件（包括交通、通信、市场基础设施等硬件）和生态环境条件。一般而言，针对区域发展障碍型贫困，大推进战略是基本适用的，如果没有政府的大规模的投资，仅仅依靠贫困群体的个体力量，是很难改变基础设施不足或生态恶劣的状况的，从而这些贫困群体将终生陷入贫困陷阱而不能自拔，产生贫困的恶性循环。Nelson 在 1956 年提出了“低水平均衡陷阱理论”，该理论认为只要人均收入保持在临界水平以下，超过收入增长率的人口增长率会把经济拉回到“低水平均衡陷阱”中不能自拔，因此必须进行大规模的资本投资，使投资和产出的增长超过人口增长，才能冲出“陷阱”，实现人均收入的大幅度提高和经济增长。[②]这一理论的核心是强调资本稀缺对经济增长的障碍，说明资本形成的重要性。贫困人口陷入“低水平均衡陷阱”的原因很大程度上来自于基础设施不足以及恶劣的自然条件所带来的发展瓶颈，要摆脱这种“低水平均衡陷阱”，必须使用大推进型的扶贫战略，在很短的时间中迅速改善基础设施条件和生态环境条件，为此政府必须在短

① 李周：《中国反贫困与可持续发展》，科学出版社 2007 年版，第 74 页。

② R. Nelson, “A Theory of the Low-level Equilibrium Trap in Underdeveloped Economies,” *The American Economic Review*, 1956(46), pp. 894-908.

时间内进行大规模的投资，这与罗斯托的理论非常吻合。[①]学术界关于基础设施投资对农户收支的影响的计量研究表明，有基础设施投资的村庄，贫困农户的户均生活消费支出增长了 26%，而没有基础设施投资的村庄，贫困农户的户均生活消费支出仅仅增长 5%，基础设施投资的扶贫效果极为显著。[②]生态环境说到底也是一种基础设施，其改善必须依靠大规模的投资，这也包括迁移型扶贫在内。对于那些不适宜人类居住的地区，贫困人口的整体迁移和易地安置不仅有利于生态恢复，而且可以使贫困人口脱离“低水平均衡陷阱”从而实现整体脱贫，避免贫困的代际复制。

（3）能力增进型扶贫（或结构型扶贫、造血型扶贫）。这类扶贫模式的核心在于提高贫困人群的可行能力，尤其是人力资本投资。近年来针对农村贫困人群的融资能力不足问题，商业类小额信贷机构和非营利组织大力推广无抵押无担保的微型信贷产品，使贫困人群能够通过信贷增强自我扶贫的能力，孟加拉乡村银行等金融机构的行动表明，这种微型信贷不仅可以使贫困人口脱贫，也可以同时使金融机构具有财务可持续性。[③]小额信贷对农户微观个体获得信贷资金机会、家庭财产增加、就业机会增加、减少风险、妇女授权等方面具有积极的作用。小额信贷对中国的扶贫发展政策有重要影响，成为中国扶贫到户方式、金融政策、发展援助政策的重要内容，并为中国农村组织的发育成长提供了一条实现途径。再如，针对农民自组织能力不足的问题，政府和其他非营利组织应该加强对农民的合作社教育，增强农民对于合作社的认识和理解，使他们可以联合起来组建大规模的农民合作经济组织，从而提高自己的市场谈判能力和抗风险能力，近年来

① 罗斯托：《经济成长的阶段》，商务印书馆 1962 年版。

② 李周：《中国反贫困与可持续发展》，第 162 页。

③ 王曙光：《小额信贷：来自孟加拉乡村银行的启示》，《中国金融》2007 年第 4 期。

农民合作经济组织的迅猛发展对反贫困的意义极为重大。与前两种扶贫模式不同，能力增进型扶贫（或结构型扶贫、造血型扶贫）一般倾向于针对贫困者个体进行扶持，而不是针对群体或区域，其实施主体既可以是政府，也可以是非政府组织或市场。

（4）救济型扶贫（或输血式扶贫）。对于那些先天缺乏型的贫困群体，造血式扶贫（如小额信贷、人力资本投资）的作用是非常有限的（仅对部分还没有完全丧失生产能力的人群有作用），而只能适用输血式扶贫，运用公共财政力量或社会公益力量对先天缺乏型贫困群体进行社会救助，民政部门和非营利组织在其中扮演最重要的角色。随着我国社会保障体系和社会救助体系的逐步完善，先天缺乏型贫困的比例将大为下降。

（5）族群系统型扶贫。族群型贫困的成因非常复杂，因此其应对策略应该是系统型的扶贫模式。对于那些生活方式和文化比较落后、生产方式原始的少数民族地区，系统性的文化建设、植入现代生活方式和生活理念、改进生产方式（尤其是摒弃那些对于自然生态环境有破坏性的生产方式）等措施，对于民族地区反贫困极为重要；对于那些生态环境极为恶劣的地区，应该进行系统性的环境保护政策、整体迁移和易地安置政策等；对于那些基础设施极为落后的少数民族社区，应采取大推进型扶贫战略，大规模改善其基础设施。族群系统性扶贫是个体型扶贫与普惠型扶贫的结合，应因地制宜整合各种扶贫模式。

关于五种贫困类型、五种反贫困类型及其实施主体和对象，可以综合如下表：

表 1.1　中国的贫困和反贫困类型

<table>
<tr><th>贫困类型</th><th colspan="2">致贫根源</th><th>反贫困类型</th><th>反贫困具体战略</th><th>扶贫对象</th><th>扶贫主体</th></tr>
<tr><td>制度供给不足型贫困</td><td>由宏观经济制度、社会制度或政治制度供给不足而引致的贫困</td><td>合理的教育制度、医疗卫生制度、收入分配制度、金融制度、公共财政制度、社会保障制度、土地制度与法律体系的缺失</td><td>制度变革型扶贫（对现有制度进行系统性改革与创新）</td><td>教育制度改革、医疗卫生制度改革、收入分配制度改革、金融制度改革、公共财政制度改革、社会保障制度改革、土地制度改革并完善相关法律体系</td><td rowspan="3">普惠型扶贫（普遍惠及社区内的所有贫困群体）</td><td rowspan="3">制度变革和创新大部分由中央政府或地方政府提供，基础设施建设和生态环境建设可以部分引入市场机制和非政府组织介入</td></tr>
<tr><td rowspan="2">区域发展障碍型贫困</td><td rowspan="2">具有区域特点的发展障碍因素而引致的贫困</td><td>交通、通信、市场设施的缺乏而引致的贫困</td><td>基础性扶贫（或大推进型扶贫，大规模改善基础设施）</td><td>* 改善交通条件
* 改善通信与信息技术
* 市场基础设施建设</td></tr>
<tr><td>恶劣的生态环境与气候而引致的贫困</td><td>迁移型或生态恢复型扶贫</td><td>* 社区整体搬迁和易地安置
* 生态环境建设</td></tr>
<tr><td>可行能力不足型贫困（结构型贫困）</td><td>由贫困者个体的可行能力不足造成的贫困</td><td>* 融资能力不足
* 人力资源不足
* 自组织能力不足</td><td>能力增进型扶贫（或结构型扶贫、造血型扶贫）</td><td>着重增进贫困人群个体的可行能力（包括针对贫困者的微型信贷、教育培训、自组织能力培育）</td><td rowspan="2">个体型扶贫（针对社区内的贫困者个体而进行的扶贫）</td><td>由政府或市场机制以及非政府组织来完成</td></tr>
<tr><td>先天缺乏型贫困</td><td colspan="2">由贫困者个体在智力或体力上的先天缺陷导致的生产能力完全或部分缺失而引发的贫困</td><td>救济型扶贫（或输血式扶贫）</td><td>运用公共财政或社会慈善力量，对先天缺乏型贫困个体进行社会救助</td><td>由政府和非政府组织来完成</td></tr>
<tr><td>族群型贫困</td><td colspan="2">在某些民族社区（尤其是边疆民族地区），由于整个族群在生产方式、文化、宗教信仰、习俗、生活方式等方面的历史原因而造成的贫困，部分原因与区域发展障碍型贫困、可行能力不足型贫困重合</td><td>族群系统型扶贫</td><td>* 族群的文化建设、文化再利用和现代理念植入
* 改善族群的对外信息沟通条件和交通条件
* 生活方式和生产方式的改进
* 改善民族社区的基础设施、生态环境等</td><td>个体型扶贫与普惠型扶贫的结合，运用综合化的扶贫策略</td><td>由政府、非政府组织和市场机制来完成</td></tr>
</table>

四、结论：族群型贫困与综合性反贫困模式的运用

本章将中国的贫困分为制度供给不足型贫困、区域发展障碍型贫困、可行能力不足型贫困（结构型贫困）、先天缺乏型贫困和族群型贫困，这种划分基本概括了中国几乎所有种类的贫困类型；但是在现

实中，所有这些类型的贫困往往交织在一起，在一个区域中，贫困人群的致贫根源往往是综合性的。中国的反贫困战略大致也划分为制度变革型扶贫、基础性扶贫（或大推进型扶贫）、迁移型扶贫（或生态恢复型扶贫）、能力增进型扶贫（或结构型扶贫、造血型扶贫）、救济型扶贫（或输血式扶贫）和族群系统型扶贫，但是在反贫困实践中，各类措施往往齐头并进形成合力。在中国当前的贫困问题中，民族地区贫困已经成为尤其尖锐的问题，区域性的族群贫困是未来影响地区经济发展和社会稳定的重要因素。解决区域性的族群型贫困需要综合性的系统思路，需要扶贫主体的多元化和扶贫模式的多元化。在很多民族地区比较成功的扶贫实践中，往往将救济式扶贫、以金融扶贫为主的能力增进式扶贫，以及以整村推进战略和易地迁移战略为主的普惠型大推进式扶贫等扶贫模式搭配使用。这些模式的综合使用，不仅可以为一个民族区域大面积地整体脱贫奠定良好的基础，而且可以在很大程度上提高扶贫工作的瞄准程度与实施效率。在这些与民族地区反贫困有关的行动中，政府的角色是非常显著的，但这并不能否定民间非营利组织和市场组织的重要性，尤其在能力增进型扶贫中，非营利组织和市场都扮演了重要角色，如在社区发展基金和商业性信贷中，非营利组织和市场化机构起到关键的作用。这些机构通过创新性的机制设计激发了潜藏在贫困人群中的内在创造力和自组织能力，从而把贫困人口自己也纳入到反贫困主体当中来，这是支撑当今扶贫工作的重要理念之一。

第二章
中国扶贫政策框架的历史演进与制度创新：1949—2020

一、引言：我国扶贫事业70年的基本脉络、历史成就与世界意义

新中国成立以来，我国政府高度重视扶贫工作，扶贫事业取得了举世瞩目的成就。尤其是改革开放40年来，我国成功实现7亿贫困人口脱贫①，占世界脱贫人数的70%，为世界反贫困做出了不可替代的贡献。近年来，我国脱贫攻坚进入关键阶段，贫困人口脱贫步伐加快，贫困发生率大幅下降。根据中国国家统计局2018年2月1日公布的数据，基于对中国内地31个省区市的16万户居民家庭的抽样调查，按现行国家农村贫困标准测算，2017年末，中国农村贫困人口3046万人，比上年末减少1289万人；贫困发生率3.1%，比上年末下降1.4个百分点。②

新中国是在“一穷二白”的基础上开始社会主义革命和建设事业的，在贫困人口大量存在、贫困人口受教育程度极低、农业农村基础设施极差、农民基本公共服务几乎空白的条件下，新中国开始了极

---

① 参见《人民日报》2018年8月27日。

② 参见国家统计局官方网站，http: // www.stats.gov.cn，2018年2月1日。

为艰苦的大规模减贫工作。新中国70年的扶贫事业大致分为六个阶段：第一阶段是发展壮大集体经济和大力建设基础设施阶段（1949—1978），为我国大规模减贫工作打下了良好的基础，是我国大规模减贫的发轫阶段；第二阶段是农村经济体制深刻变革和农村经济迅速发展阶段（1978—1985），这是我国大规模减贫的升级阶段；第三阶段是扶贫组织体系的系统建立和有计划地大规模扶贫阶段（1986—1993），在这一时期，我国扶贫工作进入了组织化、计划化和常态化阶段；第四阶段是实施八七扶贫攻坚计划（1994—2000），这是我国大规模减贫的攻坚阶段；第五阶段是我国扶贫开发的转型和进一步深化阶段（2000—2012）；第六阶段是十八大和十九大之后的扶贫攻坚最后阶段与彻底消除贫困阶段（2012—2020），这一阶段提出的精准扶贫等措施对彻底消除贫困起到关键作用。在这70年中，我国创造了极为有效的、具有中国特色的减贫模式，进行了大量的系统性的制度创新。中国的反贫困模式也对世界产生了广泛的影响，其制度创新具有世界意义，对其他贫困发生率较高的国家具有典型的借鉴意义和示范意义，早已得到各国的普遍重视和关注。

本章从经济史的视角，对新中国成立以来扶贫事业70年六大阶段的历史进程进行系统的梳理，对每一个历史阶段的扶贫重点、标志性成就和相关政策体系进行系统剖析，并对每个阶段的制度创新特征进行深入揭示。最后，本章总结了中国扶贫事业的制度演进路径，对中国扶贫事业的未来趋势做了展望并提出若干政策建议。

二、第一阶段：发展壮大集体经济和大力建设基础设施阶段（1949—1978）

新中国成立初期，通过土地改革和农业的社会主义改造，中国农村的土地所有制和农业生产方式发生了深刻的变化，小农经济形态逐渐向合作社经济形态转变，农民的分散的土地所有制逐步向大规模的集体土地所有制转变。这一转变，为此后大规模减贫和提升农村居民生产生活条件打下了坚实基础，也为中国的工业化和现代化提供了体制基础。[①]1958年后我国农村人民公社制度开始在全国普遍建立，政府在扶贫事业上进行了积极有益和重要的尝试，在基础设施建设方面的成就尤其突出，交通、农田水利、电力、饮水、公共卫生条件等得到极大改善（从图2.1可以看出机耕面积和有效灌溉面积在1952—1978年间的变化，从图2.2可以看出这一阶段乡村办的水电站的发展情况以及农村用电的飞速发展）；农村金融和农村供销体系方面，开始建设以农村信用合作社和农村供销合作社为基础的全国性农村信用供销合作网络；教育和科技方面，通过政府补贴和村社集体公共积累的形式办农村教育，农村教育水平有了质的提升，大规模扫盲运动和

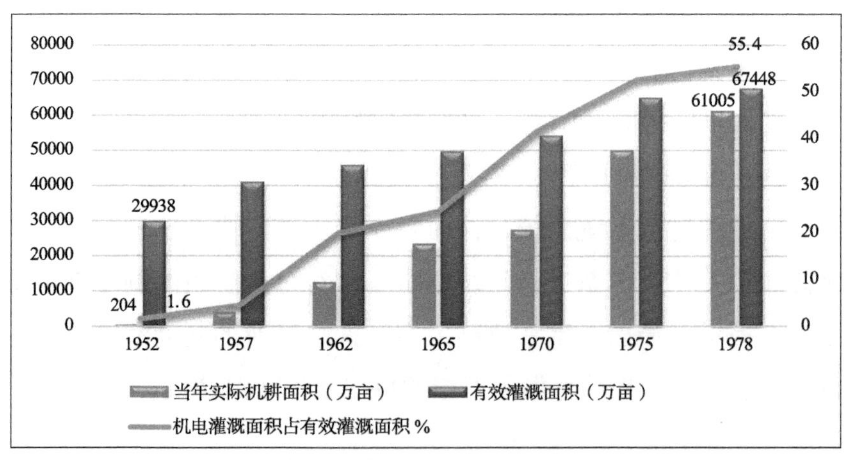

图2.1 中国机耕面积和有效灌溉面积变化情况（1952—1978）

资料来源：中华人民共和国农业部计划司编：《中国农村经济统计大全（1949—1978）》，农业出版社1989年版，第318页。

① 王曙光：《中国农村》，北京大学出版社2018年版，第65—73页。

初级教育的普及极大地提升了中国人口的识字率，1952 年学龄儿童净入学率为49.2%，1978 年为95.5%[①]，发生了翻天覆地的变化。同时在农村科技方面构建了覆盖整个农村的农业技术推广网络，使先进的农业科技能够在农村迅速推广。

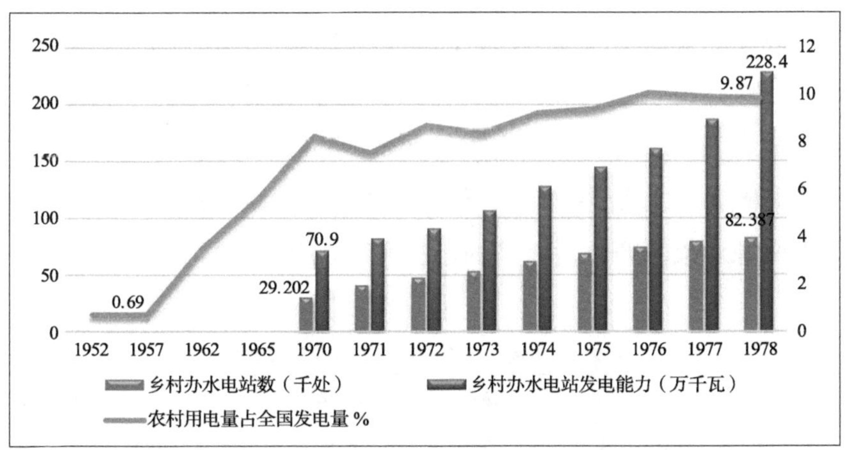

图 2.2　中国乡村办水电站数量、发电能力及农村用电量的变化（1952—1978）

资料来源：中华人民共和国农业部计划司编：《中国农村经济统计大全（1949—1978）》，第 319—321 页。

这一时期农村医疗和社会保障方面的成就极为突出。20 世纪 50 年代以来我国设立了农村卫生院和医疗站以完善二级农村医疗卫生网络，成为发展中国家农村卫生工作的样板，极大地提高了农村人口的健康水平和预期寿命；另外，还通过五保户、储备粮等制度来建立初步的社会保障体系。1978 年我国实行合作医疗的生产大队占大队总数的 82%。[②] 各省情况稍有不同，有些省市合作医疗开展得很好，如上海所有的生产大队都实行了合作医疗，北京 99.5% 的生产大队实行了

① 数据来源：国家统计局官方网站，http://data.stats.gov.cn/easyquery.htm?cn=C01。

② 西藏自治区除外，1978 年西藏自治区有 1016 个公社实行合作医疗，占公社总数的 49%，其余地区系全民免费医疗。

合作医疗，陕西、青海、新疆、湖北、湖南、江苏、天津等省市该比重都在90%以上，贵州省最低也达到了65.1%。1958—1978年的20年间，我国农村地区拥有的医院数量由1958年的46031个（1957年为2523个）增加至1978年的58873个[①]；而在此期间，即使不包括赤脚医生等不脱产的卫生人员在内，农村地区拥有的专业卫生技术人员占全国专业卫生技术人员总数的比重仍达53%—70%左右[②]。表2.1是农村合作医疗普及情况和全国农村赤脚医生发展状况，可以看出，在改革开放之前，农村医疗状况发生了深刻的变化。农村教育和医疗状况的显著改善，为新中国建设准备了比较充足和优秀的人力资源，这些人力资源对改革开放后经济的迅速发展也起到了关键性的作用。

表2.1　农村合作医疗和赤脚医生发展情况

	单位	1970年	1975年	1978年
一、已实行合作医疗的大队	万个	49.8	57.1	56.3
占全国生产大队比重	%	76.6	84.6	82.0
二、赤脚医生	万人	121.8	155.9	166.6
每个生产大队平均	人	1.9	2.3	2.4
女赤脚医生	万人		50.2	58.2
占赤脚医生总数比重	%		32.2	35.0
经过复训的赤脚医生	万人		86.6	96.9
占赤脚医生总数比重	%		55.5	58.2
三、生产队卫生员	万人	356.1	328.2	311.1
四、农村接生员	万人		61.5	74.3

附：1968—1978年全国卫生部门到农村参加巡回医疗人次数累计122.6万人次。其中：

① 同期城市医院数量由1958年的2549个增至1978年的5548个。

② 20年间，该比重没有低于过53%。见《建国三十年国民经济统计提要（1949—1978）》，国家统计局内部资料，1979年，第358、363页。

1972 年 2.7 万人次，1973 年 3.8 万人次，1974 年 6.1 万人次，1975 年 11.3 万人次，1976 年 11.2 万人次，1977 年 9.5 万人次，1978 年 4.4 万人次。

资料来源：《建国三十年国民经济统计提要（1949—1978）》，国家统计局内部资料，1979 年，第 362 页。

第一阶段的扶贫以探索农村经济体制的深刻变革为主，以提升贫困农民的组织性和集体行动能力为宗旨，而基础设施建设和农村公共品（主要是教育、医疗、社会保障）的大规模供给，为我国大规模减贫工作打下了坚实的基础，是我国大规模减贫的发轫阶段。让农民自己“组织起来”，依靠群众的力量办教育、办医疗、办养老，依靠人民公社体制进行大规模农田水利设施建设，这在全世界都具有示范性的意义，对于大规模改善农村生产生活条件具有重要作用。

三、第二阶段：农村经济体制深刻变革和农村经济迅速发展阶段（1978—1985）

十一届三中全会以来，农村实行以家庭联产承包为主的生产责任制和统分结合的双层经营体制，进一步释放了农村潜在的生产力，农村经济呈现出前所未有的活力，农民收入增长较快，粮食产量也有大幅上升。这一时期“效率优先，兼顾公平”的发展模式也使得东部与西部、城市与农村之间贫富分化问题开始显现，中央政府及相关部门采取了一系列的针对性措施来应对贫困问题。

（1）补贴产品价格，提供税收优惠。为了缩小工农业产品交换的差价，大幅提升农产品的收购价格，粮食统购价格从 1979 年夏粮上市时起提高 20%，超购部分在此基础上再加价 50%，棉花、油料、糖料、畜产品、水产品、林产品等农副产品的收购价格也有不同程度的提升，农业机械、化肥、农药等农用工业品的出厂价格和销售价格在

1979 年、1980 年则分别降低 10% 到 15%，切实将收入更多地转移给农民[①]；对贫困地区视贫困情况给予 1—5 年不等的农业税减免，外地到贫困地区兴办开发性企业免缴所得税，乡镇企业、家庭工厂、个体商贩等也视情况给予一定的税收减免。

（2）设立专属基金，加大扶贫投入。为了加快贫困地区的经济发展，建立了“老、少、边、穷”地区发展基金，增加扶贫投入。此项资金占国家财政支出总额的比例达到 2%，由财政部掌握分配，实行专案拨款。同时，对民族自治地区的补助数额，由一年一定改为五年不变、实行包干的办法。五年内收入增长的部分全部留给地方，中央对民族自治区的补助数额每年增长 10%。[②]

（3）试点区域减贫模式，实现易地脱贫。1982 年中央确定了“三西”地区农业建设工程，开创了我国扶贫区域开发和易地脱贫的先河。我国贫困人口分布具有明显的区域特征——集中分布于 23 个省（市）、自治区的 18 片贫困山区，即“老、少、边、穷”地区。这些地区的国定、省定贫困县占到了全国的 65% 左右。这些贫困地区一方面自然条件恶劣、生产水平低下，但另一方面，幅员辽阔，森林、草场众多，水能、矿产资源丰富。如何立足贫困地区当地资源，将资源优势转化为经济优势成为治穷致富的根本出路。“三西”工程提供了很好的解决思路。河西走廊自然条件优越，生产粮食潜力很大，但需要解决水利问题，而甘肃定西和宁夏西海固自然条件很差，生产困难，人口增加过多过快，陷入了“越穷越生，越生越穷”的恶性循

① 1978 年 12 月 22 日《中国共产党第十一届中央委员会第三次全体会议公报》，载中华人民共和国司法部编印：《经济政策法规选编（1978.12—1984.10）》，内部发行，1984 年，第 3 页。

② 1980 年 2 月 1 日国务院《关于实行“划分收支、分级包干”财政管理体制的暂行规定》，载国务院法制办公室编：《中华人民共和国法规汇编》（第五卷），中国法制出版社 2005 年版，第 428—429 页。

环。为此，国家可以统一调拨粮食用以保障当地居民的基本生活，同时将财政拨款及其他资金更多用于“以工代赈”，既可以吸引定西和西海固的劳动力参加到河西粮食基地的建设中去，也可以使他们参与改善两地的生产环境，包括退耕还林、修缮“三地”（坝地、梯地、压砂地），这样既解决了工程的劳动力问题，又可以实现有计划的移民，疏散当地人口。

（4）调动多维资源，开展智力支边。一方面，加强经济发达省、市同少数民族地区的对口支援和经济技术协作工作。1979 年党中央在全国边防工作会议上确定：北京支援内蒙古，河北支援贵州，江苏支援广西、新疆，山东支援青海，天津支援甘肃，上海支援云南、宁夏，全国支援西藏。① 实现了技术上重点帮扶、物资上互通有无、人才上共同培养。据受援省、自治区不完全统计，1980—1982 年，确定开展的对口支援和经济技术协作项目有 1178 项，取得了显著成效。另一方面，鼓励各界人士对贫困地区经济文化建设做出贡献，包括鼓励大学毕业生支援边疆、民主党派开展经济科技咨询、举办培训讲座等。

这一阶段是我国大规模减贫的升级阶段，农村经营体制的变革和农村经济的快速发展为贫困人口的迅速减少起到了决定性作用，其中制度变革是核心。此阶段扶贫除了动用政府资金之外，配合了更加丰富的社会资源。全国农村没有解决温饱的人口从 2.5 亿减少到 1.25 亿，下降了 50%，平均每年减少 1786 万人，贫困发生率从 30.70% 下降到 14.80%。但必须要承认的是，这一阶段国家对于扶贫工作投入了很多，但收效却不甚理想。仅 1980 年至 1984 年，国家通过各种渠道

① 《经济发达省、市同少数民族地区对口支援和经济技术协作工作座谈会纪要》（1983 年 1 月 11 日国务院批转），载国家民委办公厅等编：《中华人民共和国民族政策法规选编》，中国民航出版社 1997 年版，第 167 页。

拿出的扶贫资金就多达300亿元，但全国农村人均年纯收入200元以下的贫困人口仍有1.25亿，其中有近4000万人不足150元，食不果腹、衣不蔽体、房不避风雨，扶贫压力依然很重。主要的原因在于：（1）以救济式扶贫为主，没有将更多的资源用于经济开发，难以根治贫困；（2）资金使用分散，“撒胡椒面”的方式不利于解决中国区域性显著的贫困问题，按行政单位来均分救济资金显然没有按照项目、工程或者贫困程度合理分配来得更有效率；（3）思想上的重视不够到位，没有将扶贫放到国家发展战略的高度去思考。[①]对于中国这样的人口大国，农业的发展又饱受摧残，扶贫绝非旦夕之功，需要有更加长远、细致的规划与安排。当然这有特定的历史情境的原因，当时的中国尚处于社会主义市场经济发展的起步阶段，贫困人口众多但贫富差距尚不那么严重，经济发展更多关注的是“让一部分人先富起来”，用先富带动后富，所以此时主要依托经济整体发展来自发地解决贫困问题。数据显示，1980—1985年间，农村社会总产值从2795亿元增加到6340亿元，翻了一番，农村人均年收入从191元增加到397元，极大地缓解了农村贫困问题。

四、第三阶段：扶贫组织体系的系统建立和有计划地大规模扶贫阶段（1986—1993）

改革开放以来经济的飞速发展使得大部分农村人口的生活水平大幅提高，但仍有少数的农村地区由于受到自然、历史、文化和社会条件的制约陷入落后和贫困。想要依靠整体经济的快速发展来自发性地

① 《贫困地区经济开发是一个重要战略问题》，载陈俊生：《中国农业若干问题》，中国青年出版社1992年版，第4页。

解决贫困问题遇到了瓶颈，东西部日益拉大的贫富差距与长期存在的城乡二元结构叠加，整个经济发展的不均衡使得贫困问题愈发凸显。为此，我国政府不再采用效率低下的救济式扶贫，取而代之以系统的、规范的开发式扶贫。

（1）调整扶贫方针，设立专门机构。在上一阶段的扶贫经验基础上，强调改变过去单纯分散救济的扶贫方法，在国家必要的扶持下，利用贫困地区的自然资源进行开发性生产建设，逐步形成贫困地区和贫困户的自我积累和发展的能力。同时扶贫工作从按贫困人口平均分配资金向按项目、效益分配资金转变，从单纯依靠政府行政系统扶贫向主要依靠经济组织扶贫转变，从资金单项输入向资金、技术、物资、培训相结合输入转变。国务院在原扶持资金不变的基础上新增加10亿元专项贴息贷款，主要用于种植业、养殖业和以农业出产为原料的粗加工业等有助于扩大就业、能够尽快解决群众温饱问题的生产性开发项目。为保证扶贫工作的顺利进行，1986年成立了国务院贫困地区经济开发领导小组，负责制定贫困地区发展的方针、政策和规划。各贫困面较大的省（自治区）、区和地、县也相继成立了类似机构，配备了专职人员，形成了比较完整的工作体系，逐层落实了扶贫开发工作的责任。

（2）界定扶持对象，落实管理责任。扶贫对象的精准确定是提高扶贫效率的基础，为此，政府将农村人均年纯收入低于320元的县列入国定贫困县，共确定了国定贫困县331个，省定贫困县333个，共计664个，占到了全国总县数的1/3左右。以县为基础单位确定国家扶贫对象，不仅可以更好地考虑到不同县市的区域性差异，也有利于贫困地区政府将解决农户贫困问题与区域开发结合起来，对贫困进行综合治理。同时中央推出了严格的扶贫管理责任制，国定贫困县主要由中央出资扶持，省定贫困县由省、市扶持，零星分散的贫困乡村和贫困农户由所在县、市扶持，限期解决群众温饱，并将贫困地区干部的工作实绩同晋升联系起来，进行严格考核，克服“等、靠、要”的依赖思想。

（3）规范以工代赈，完善管理办法。自“三西”工程试点以来，以工代赈在解决农村贫困问题上取得了显著的成效。1984—1985年，据对25个省、自治区的统计，已修建公路33151公里，桥梁34000多延米，修通航道660多公里，兴建人畜饮水工程28885处，改善农田灌溉面积430多万亩。[①]这些工程的建设对开发贫困山区资源、繁荣山区经济、改善群众生活有重大意义。然而，以工代赈也逐步暴露出了一些问题，主要是由于中西部贫困地区地质条件差，施工环境复杂，专业技术人才少，承担施工任务的多是非专业化的民工队伍，而政府脱贫心切，工程量铺得越来越大，导致配套资金不足，影响了工程进度，更有盲目追求数量，忽视质量，甚至出现多起人身伤亡事故。为了规范以工代赈，国家建立了层层责任制，要求注意工程前期的准备工作，严把质量关的同时注意对工人的培训。

专门的扶贫组织的建立和扶贫标准的确定标志着扶贫工作的开展更加规范和系统，扶贫资源得到更加科学合理的安排。在这一时期，我国扶贫工作进入了组织化、计划化、规范化和常态化阶段。这一阶段，国定贫困县农民人均纯收入从1985年的206元增加到1993年的483.7元，兴办了80多万个果、茶、桑、药等经济园和5万多个乡镇企业，新建了2000多万亩基本农田，修建了10多万公里公路，解决了2500万人和3000多万头大牲畜的饮水困难。但是由于尚未解决温饱的人口绝大多数集中分布在中西部的深山区、石山区、荒漠区、高

① 1986年5月30日《国家计划委员会关于动用库存粮棉布帮助贫困地区修建道路和水利工程的情况报告》，载国务院扶贫开发领导小组办公室编：《扶贫工作文件汇编（1978—2000）》，内部印行，2014年，第121页。

寒山区及水库库区，自然资源极度贫乏，解决温饱的难度越来越大。虽然在基础设施方面有明显的改善，农业结构有一定的调整，乡镇企业有较快的发展，但直接经济效益还不能很快发挥出来，1991—1993年，贫困人口减少的速度明显减缓。自此，我国农村的扶贫工作进入到了最艰难的攻坚阶段。

五、第四阶段：实施八七扶贫攻坚计划和大规模减贫的攻坚阶段（1994—2000）

20 世纪 80 年代进行了大规模扶贫后，贫困地区和贫困人口的范围逐渐缩小，集中于地域偏远、交通不便、生态失调等条件极其恶劣的地区。1994 年，中央政府提出了《国家八七扶贫攻坚计划》，划定国定贫困县 592 个，占全国总县数的 27.3%，全国未解决温饱的人口共计 8065.5 万人，占农村总人口的 8.8%。在国定贫困县内未解决温饱的人口有 5758.9 万人。国定贫困县内农民人均纯收入为 488 元，相当于全国平均水平的 53%，其中 175 个县人均纯收入低于 400 元；有 330 个农区县长期缺粮，每年吃返销粮 60 多亿斤；5600 万人、3600 多万头大牲畜饮水困难；1310 个乡，16.6 万个行政村不通公路；1400 个乡，6.6 万个行政村不通电；2123 个乡无卫生院，群众治病困难；人口增速过快，一方水土难养一方人。[①] 面对如此严峻的扶贫形式，《国家八七扶贫攻坚计划》依然提出了在 20 世纪末基本解决这 8000 万人的温饱问题，这意味着从 1986 年到 1993 年的 8 年时间内，平均每年贫困人口减少 624.8 万人，但之后 7 年要每年减

① 1995 年 5 月 24 日《国务院扶贫开发领导小组关于扶贫攻坚形势和建议的汇报提纲》，载国务院扶贫开发领导小组办公室编：《扶贫工作文件汇编（1978—2000）》，第 713 页。

少 1142.8 万人，工作量提高接近一倍。虽然艰巨而紧迫，但“只能实现，不能落空”[①]。

（1）增加扶贫投入，动员各界力量。扶贫开发作为事关经济发展和社会稳定全局的重要任务受到了全社会的重视。国家经济的快速发展为扶贫事业的进步提供了强有力的支持，国家的扶贫投入由 1994 年的 97.85 亿元增加到了 2000 年的 248.15 亿元，累计投入扶贫资金 1127 亿元，相当于 1986 年至 1993 年投入量的 3 倍。为了保证扶贫资金能够真正落实到户，提高资金使用效益，一方面国家实行了党政“一把手”扶贫工作责任制，从政治和战略的高度将扶贫开发摆到政府工作的重要位置，把当地群众是否真正脱贫、脱贫进度快慢作为考核贫困地区领导干部的主要标准；另一方面，严格限定资金使用的区域范围，将资金重点投入到贫困人口最集中、贫困程度最严重的地区，省定贫困县不得占用中央扶贫资金，真正做到扶贫资金“及时下达，足额到位”[②]。同时社会各界也以不同形式参加了贫困地区的开发建设：共青团中央的“希望工程”、全国总工会的“万人工培计划”、统战部和全国工商联的“光彩事业”以及其他民间扶贫团体开展的多种扶贫活动，都从不同的方面促进了贫困地区社会、经济的发展，作用和影响也越来越大。大中城市和发达地区也以不同的方式支持贫困地区。

（2）坚持开发扶贫，增强内源发展。扶贫要走经济开发之路是多年来实践经验总结出来的，为了将开发式扶贫与扶贫到户结合起来，探索出了扶贫经济实体组织经济开发的发展路径。具体做法是，在统一规划的前提下，通过扶贫经济实体承贷承还扶贫资金，承包扶贫开

① 1995 年 6 月 6 日陈俊生在全国扶贫开发工作会议上的报告，载陈俊生：《扶贫工作文集》，贵州人民出版社 1998 年版，第 381 页。

② 陈俊生：《扶贫工作文集》，第 386 页。

发项目，组织贫困户连片开发，建立商品生产基地，实行适度规模的专业化生产，外联市场，内联农户，为贫困户提供产前、产中、产后的系列化服务。这样避免了简单地将扶贫资金分散到户的老办法，真正做到扶贫项目落实到户，效益落实到户。兴办这样的经济实体，充分利用了农村基层供销社，农业、林业、畜牧和科技以及各种专业协会等组织，建立起贸工农一体化、产供销一条龙的扶贫经济实体，从而带动千家万户连片兴办农产品商品基地，发展农产品加工、储藏、运输业和其他二、三产业。

该阶段扶贫历时七年，全力攻坚，取得了显著成效，全国农村没有解决温饱的贫困人口减少到3000万人，占农村人口比重下降到3%左右，全国农村贫困人口的温饱问题基本得到解决，具体表现为：（1）生产生活条件明显改善。八七扶贫攻坚计划期间，592个国定贫困县累计修建基本农田6012万亩，新增公路32万公里，解决了5351万人和4836万头牲畜的饮水问题，通电、通路、通邮、通电话的行政村分别达到95.5%、89%、69%和67.7%。（2）经济发展速度明显加快。国定贫困县农业增加值增长54%，年均增长7.5%，地方财政收入增加近1倍，粮食产量增长12.3%，农民人均纯收入从648元增加到1337元，增速快于全国平均水平。（3）社会事业全面发展。贫困地区人口增长势头得到初步控制，人口自然增长率有所下降，义务教育办学条件明显改善，适龄儿童辍学率下降到6.5%，95%的行政村能够收看到广播电视节目，群众文化生活得到改善。[①] 这一阶段的扶贫成效一方面得益于国家整体经济实力的增强，能够有更多的资源和精力用于解决贫困问题；另一方面也是基于过往扶贫工作的经验总

---

① 温家宝2001年5月24日在全国扶贫开发工作会议上的讲话，载国务院扶贫开发领导小组办公室编：《党和国家领导人论扶贫（1978—2001）》，内部印行，2014年，第637页。

结，探索出了符合当前国情的开发式扶贫道路，帮助农村实现内生性的发展。

六、第五阶段：我国扶贫开发的转型和进一步深化阶段（2000—2012）

“实施《国家八七扶贫攻坚计划》以来，我国农村贫困现象明显缓解，贫困人口大幅度减少。到2000年底，除了少数社会保障对象和生活在自然环境恶劣地区的特困人口，以及部分残疾人以外，全国农村贫困人口的温饱问题已经基本解决，《国家八七扶贫攻坚计划》确定的战略目标基本实现。扶贫开发实现了贫困地区广大农民群众千百年来吃饱穿暖的愿望，为促进我国经济的发展、民族的团结、边疆的巩固和社会的稳定发挥了重要作用。在短短20多年时间里，我们解决了2亿多贫困人口的温饱问题，这在中国历史上和世界范围内都是了不起的成就。”但是国家对于扶贫工作的长期性和艰巨性有着深刻的认识，《中国农村扶贫开发纲要（2001—2010年）》中说：“我国目前正处于并将长期处于社会主义初级阶段，在较长时期内存在贫困地区、贫困人口和贫困现象是不可避免的。当前尚未解决温饱的贫困人口，虽然数量不多，但是解决的难度很大。初步解决温饱问题的群众，由于生产生活条件尚未得到根本改变，他们的温饱还不稳定，巩固温饱成果的任务仍很艰巨。基本解决温饱的贫困人口，其温饱的标准还很低，在这个基础上实现小康、进而过上比较宽裕的生活，需要一个较长期的奋斗过程。至于从根本上改变贫困地区社会经济的落后状况，缩小地区差距，更是一个长期的历史性任务。要充分认识扶贫开发的长期性、复杂性和艰巨性，继续把扶贫开发放在国民经济和社会发展的重要位置，为贫困地区脱贫致富做出不懈努力。”[①]《中国农村扶贫开发纲要（2001—2010年）》提出我国2001—2010年扶贫开发总的奋斗目标是：尽快解决少数贫困人口温饱问题，进一步改善贫困地区的基本生产生活条件，巩固温饱成果，提高贫困人口的生活质量和综合素质，加强贫困乡村的基础设施建设，改善生态环境，逐步改变贫困地区经济、社会、文化的落后状况，为达到小康水平创造条件。基于这样一个目标，《中国农村扶贫开发纲要（2001—2010年）》在以往扶贫经验的基础上，提出了一些富于时代特色的创新性扶贫理念：

第一，以发展为核心的扶贫理念。《中国农村扶贫开发纲要（2001—2010年）》中所谓“开发式扶贫”，实际上就是一种以发展为核心的扶贫理念，有别于那些以贫困人口的救济为核心的扶贫理念。这种理念强调在经济发展（尤其是产业发展）的过程中实现贫困地区的发展和贫困人群的减贫脱贫。这是一个极为重要的扶贫经验，也是中国扶贫模式的核心秘密。《中国农村扶贫开发纲要（2001—2010年）》提出：“要以经济建设为中心，引导贫困地区群众在国家必要的帮助和扶持下，以市场为导向，调整经济结构，开发当地资源，发展商品生产，改善生产条件，走出一条符合实际的、有自己特色的发展道路。通过发展生产力，提高贫困农户自我积累、自我发展能力。这是贫困地区脱贫致富的根本出路，也是扶贫工作必须长期坚持的基本方针。”这一思想是非常深刻的，与学术界提出的“内生性扶贫”和政府在此后提出的“产业扶贫”理念是完全一致的。通过经济发展和产业发展，贫困地区找到了比较优势，利用自己的特殊资源禀赋开发

① 国务院：《中国农村扶贫开发纲要（2001—2010年）》，载国务院法制办公室编：《中华人民共和国法规汇编》（第十六卷），中国法制出版社2005年版，第491页。

符合地域特色的产业，从而提升贫困人群的自我脱贫能力。在以发展为核心的扶贫理念中，实现贫困地区的可持续发展和贫困人群的全面发展，是两个重要的不可忽视的组成部分：要实现贫困地区的可持续发展，就必须把扶贫开发与资源保护、生态建设相结合，实现资源、人口和环境的良性循环，提高贫困地区可持续发展的能力；要实现贫困人群的全面发展，就要一方面把扶贫开发纳入国民经济和社会发展计划，加强水利、交通、电力、通信等基础设施建设，提升贫困人群所享受的基本公共服务水平和公共基础设施水平；另一方面更要重视科技、教育、卫生、文化事业的发展，改善社区环境，提高贫困人群的生活质量，促进贫困地区经济、社会的协调发展和全面进步。

第二，以市场化机制为主体的多元化扶贫理念。《中国农村扶贫开发纲要（2001—2010年）》强调扶贫开发要“以市场为导向”，也就是要在着力构建市场化机制上下功夫，把市场机制建设作为扶贫工作的指导方针。这就要摆正政府和市场的角色。市场在资源配置中起决定性作用，扶贫开发中的产业发展和经济结构调整都要依赖市场机制，而不是政府取代市场去直接配置资源。但是政府在提供大规模基础设施和基本的公共服务方面，有其比较优势和法律责任；同时，在组织层面，政府有天然的强大的组织动员能力和人力资本调配能力，能够通过自己的组织优势来达到市场难以达到的效果，因此应与市场机制相配合。《中国农村扶贫开发纲要（2001—2010年）》强调“坚持政府主导、全社会共同参与。各级党委和政府要适应发展社会主义市场经济的要求，加强对扶贫开发工作的领导，不断加大工作和投入力度。同时，要发挥社会主义的政治优势，积极动员和组织社会各界，通过多种形式，支持贫困地区的开发建设”。这与“市场为导向”的说法并不矛盾，政府的优势在于社会动员和公共品供给，而不在于资源的直接配置。

第三，以提升贫困人群可行能力为扶贫工作的重点。贫困人群可行能力的提升，是内生性扶贫的核心。《中国农村扶贫开发纲要（2001—2010年）》中特别强调科技、教育、卫生、文化事业的发展对于扶贫的重大意义，其要旨在于提升贫困人群的人力资本和社会资本，使其在减贫过程中可以利用自己的人力资本和社会资本实现自我脱贫。

2011年12月1日，国务院又发布了《中国农村扶贫开发纲要（2011—2020年）》，对未来扶贫攻坚提出了更为深入系统的战略规划。2010年之后，我国工业化、信息化、城镇化、市场化、国际化不断深入，经济发展方式加快转变，国民经济保持平稳较快发展，综合国力明显增强，社会保障体系逐步健全，为扶贫开发创造了有利环境和条件。我国扶贫开发已经从以解决温饱为主要任务的阶段转入巩固温饱成果、加快脱贫致富、改善生态环境、提高发展能力、缩小发展差距的新阶段。《中国农村扶贫开发纲要（2011—2020年）》针对扶贫攻坚阶段的新形势，在继续深化以往产业扶贫、多元化扶贫和内生性扶贫等思路之外，特别强调了对重点区域的重点扶贫，尤其是要把连片特困地区作为扶贫攻坚的主战场。所谓连片特困地区，主要是指六盘山区、秦巴山区、武陵山区、乌蒙山区、滇桂黔石漠化区、滇西边境山区、大兴安岭南麓山区、燕山—太行山区、吕梁山区、大别山区、罗霄山区等区域的连片特困地区和已明确实施特殊政策的西藏、四省藏区、新疆南疆三地州。[①]《中国农村扶贫开发纲要（2011—2020年）》把连片特困地区作为主战场，把稳定解决扶贫对象温饱、尽快实现脱贫致富作为首要任务，坚持政府主导，坚持统筹发展，更加注重转变经济发展方式，更加注重增强扶贫对象自我发展能力，更加注

① 国务院公报2011年第35号《中国农村扶贫开发纲要（2011—2020年）》。

重基本公共服务均等化，更加注重解决制约发展的突出问题，将农田水利建设、饮水安全、生产生活用电、农村危房改造、教育和医疗卫生、公共文化和社会保障等作为最重要的核心任务来抓，在普惠制的公共服务供给上下功夫，为贫困人群减贫提供基本的保障。事实证明，基础设施和公共服务的大规模普惠式供给，是减贫的最有效和最持久的手段。

这一时期扶贫效果明显，以低收入标准测算，农村贫困人口从2002年末的8645万人下降到2010年末的2688万人。2011年，中央决定将农民人均纯收入2300元（2010年不变价）作为新的国家扶贫标准，比2009年提高92%，按照新标准，年末农村扶贫对象为12238万人。把更多农村低收入人口纳入扶贫范围，这是社会的巨大进步。[①]

七、第六阶段：十八大和十九大之后的扶贫攻坚最后决胜阶段与彻底消除贫困阶段（2012—2020）

十八大以来，党和政府把扶贫工作提高到一个新的高度，习近平同志对扶贫工作高度重视，多次在讲话中强调扶贫开发的战略重要性。“消除贫困、改善民生、实现共同富裕，是社会主义的本质要求。”[②]习近平同志把扶贫开发提高到“社会主义本质”来认识，把“共同富裕”和“消除贫困”视为“中国特色社会主义的根本原则”[③]。

① 国家统计局：《从十六大到十八大经济社会发展成就系列报告之一：新世纪实现新跨越新征程谱写新篇章》（2012年8月15日）。

② 习近平：《在河北省阜平县考察扶贫开发工作时的讲话》（2012年12月29、30日），载《做焦裕禄式的县委书记》，中央文献出版社2015年版，第15页。

③ 习近平：《紧紧围绕坚持和发展中国特色社会主义学习宣传贯彻党的十八大精神》（2012年11月17日），载《十八大以来重要文献选编》（上），中央文献出版社2014年版，第78—79页。

为实现党和国家提出的2020年全面建成小康社会和彻底消除贫困的目标，这一阶段提出了精准扶贫理念和一整套模式。从2012年党的十八大到十九大召开之前这五年，我国脱贫攻坚力度之强、规模之广、影响之深、成效之大，前所未有。这五年，脱贫攻坚迅猛推进，全面建立脱贫攻坚制度体系，建档立卡摸准贫困底数，百万干部驻村帮扶，并实行最严格考核制度，5500多万人脱贫。2012—2016年，我国精准扶贫成效显著，精准扶贫模式不断创新，金融扶贫、教育扶贫、产业扶贫、易地扶贫等新模式成效明显，按照每人每年2300元（2010年不变价）的贫困标准计算，2016年农村贫困人口4335万人，比2012年减少5564万人，平均每年减贫约1400万人，贫困发生率4.5%，比2012年降低5.7个百分点。贫困地区农民人均收入增长幅度高于全国平均水平，2016年贫困地区农村居民人均可支配收入8452元，扣除价格因素，比2012年实际年均增长10.7%，比全国农村居民年均增速快2.7个百分点。[①]

从十九大召开到2020年的三年时间，是我国消除农村绝对贫困的决胜时期。在这一扶贫攻坚阶段和全面建成小康社会的收官阶段，精准扶贫成为解决扶贫“最后一公里”的主导思想，精准识别、精准施策、精准发力、多元共进、系统推动，在乡村振兴战略和区域协调发展战略的协整合力之下，扶贫工作向纵深挺进。同时，国家扶贫力量向我国深度贫困地区、集中连片贫困地区集中。如四省藏区[②]、新疆南疆四地州[③]、大巴山区、滇黔桂石漠化地区以及边疆民族地区等深度贫困区和集中连片贫困地区，十八大以来获得了前所未有的发展。国

① 国家统计局：《新理念引领新常态新实践谱写新篇章——党的十八大以来经济社会发展成就系列之一》（2017年7月28日）。

② “四省藏区”包括四川、云南、甘肃、青海四省的77个县，全部是民族县，其中有69个牧业、半牧业县。

③ “南疆四地州”包括喀什、和田、阿克苏地区和克孜勒苏柯尔克孜自治州。

家通过基础设施建设、社会保障体系和公共服务体系建设，通过大规模的易地扶贫搬迁，实现了这些地区少数民族群众和贫困人群生活生产方式的彻底转变，在保护和恢复生态的同时，实现了当地人民生计的转型并使其深度融入现代生活，这对于中国的扶贫工作，对于中国的边疆稳定、国家安全与民族和谐发展，都具有十分重要的战略意义。

八、结论：中国扶贫事业的制度演进路径与未来趋势

通过以上对我国扶贫工作六个阶段发展历程的梳理，我们可以看到，随着扶贫开发的逐步深入推进，我国的扶贫目标在逐步提高，从解决温饱过渡到实现小康和全社会共同富裕；同时扶贫的手段也更加合理和多元化，扶贫工作经历了从直接救济到调动农民积极性以实现内生性的扶贫，从普惠性的基础设施建设到鼓励贫困地区发展优势产业，从政府主导到调动多元化的民间组织力量和发挥市场力量，从单一和有限的政策到多管齐下的系统性扶贫的变化。随着贫困范围的缩小，彻底消除贫困的任务更加艰难，进一步的扶贫开发需要更加精准，应根据各地区不同的自然和人文要素开展扶贫工作；另外，也应当重视提升贫困人口的主观能动性和可行能力，挖掘其自身力量以实现自主脱贫。

同时我们应该认识到，2020年消除绝对贫困，只是我国扶贫工作的一个阶段性的成就，这个成就极其伟大，在中国扶贫史上和世界减贫历程中具有里程碑式的意义，但是就中国的整体贫困状况而言，我国的相对贫困将会持续较长的时期，继续提高我国相对贫困人口的自我发展能力并保持贫困地区经济社会的可持续发展与综合发展，是一项极为艰巨的长期使命。这就要求我们务必保持清醒的头脑，不要有

"毕其功于一役"的速胜思想，而要有对相对贫困的长期"持久作战"的思想。未来我国减贫的主要方向在于逐步减少相对贫困，要更加注重欠发达地区的生态建设和人文建设，更加注重加强对相对贫困人口的教育、卫生医疗、社会保障等公共品的普惠式供给和高质量供给，更加注重欠发达地区农村的社会建设和乡村治理，以构建有利于长久巩固扶贫效果的有效社会网络[①]，进一步开展社会网络扶贫。未来尤其要增强对集中连片贫困地区相对贫困人口的帮扶力度，在投入上向边疆民族地区的教育和医疗卫生、公共文化建设、基础设施建设倾斜，在保障边疆稳定和民族和谐的同时，大规模消除边疆民族地区的相对贫困，使全体人民都走向富裕文明的社会主义小康社会，彻底完成中国共产党第一个百年奋斗目标，并向更加富裕文明的社会主义高级阶段迈进，继续完成中国共产党第二个百年奋斗目标。

① 王曙光、王琼慧：《论社会网络扶贫：内涵、理论基础与实践模式》，《农村经济》2018年第1期。

第三章
乡村振兴战略与中国扶贫转型

一、包容式（普惠式）增长、机会均等与赋权

党的十九大提出“乡村振兴战略”，其中扶贫攻坚是核心内容之一。习近平同志在党的十九大报告中向全世界宣布：“我国脱贫攻坚战取得决定性进展，六千多万贫困人口稳定脱贫，贫困发生率从百分之十点二下降到百分之四以下。”中国在近40年的改革开放进程中实现了高速的增长，创造了中国奇迹，人均收入与国民福利有了极大的提升，这是全世界公认的历史性成就。新中国成立以来的工业化与经济赶超，提升了我国的综合国力与国际地位，使近70年成为中国近代以来发展最为迅猛、社会变革最为深刻、国家民族命运实现转机的关键历史阶段，成为中华民族由衰退到复兴的重要转折点。同时，习近平同志在讲话中也强调：“我们也要清醒地看到，由于我国还处在社会主义初级阶段，由于我国国家大、各地发展条件不同，我国还有为数不少的困难群众。”① 对贫困人口大规模存在这样一个事实，我们要保持高度清醒的认识，切不要盲目乐观，盲目自信，骄傲自满，要知道我们与发达国家之间的差距。要在制定发展

① 习近平：《在河北省阜平县考察扶贫开发工作时的讲话》（2012年12月29、30日），载《做焦裕禄式的县委书记》，中央文献出版社2015年版，第15页。

战略与发展目标、推动经济发展过程中时刻想到中国区域发展不平衡、人群与族群不平衡、贫困人口集中等严峻状况，使我们的政策不偏离这个基本事实。

（一）反贫困是社会主义的本质要求与特征

近年来，扶贫工作成为中央和地方各级政府工作中的重中之重，得到了方方面面的高度重视。扶贫问题不是一个局部的、枝节的、锦上添花的工作，也不仅仅是贫困地区的工作，而是一个事关全局的、核心的、与全国所有地区都有关的工作。在我们这样一个幅员辽阔、国情极其复杂、发展不均衡的社会主义大国，反贫困是一项艰苦的任务。新中国成立以来的反贫困成就巨大，尤其是改革开放以来，更是进入反贫困的快车道，为世界反贫困做出了突出贡献。消除贫困是社会主义的题中应有之义。习近平同志说："贫穷不是社会主义。如果贫困地区长期贫困，面貌长期得不到改变，群众生活长期得不到明显提高，那就没有体现我国社会主义制度的优越性，那也不是社会主义。"①"消除贫困、改善民生、实现共同富裕，是社会主义的本质要求。"②"消除贫困、改善民生、实现共同富裕，是社会主义的本质要求，是我们党的重要使命。"③习近平把扶贫开发提高到"社会主义本质"来认识，把"共同富裕"和"消除贫困"视为"中国特色社会主义的根本原则"④。

---

① 习近平：《在党的十八届二中全会第二次全体会议上的讲话》（2013年2月28日）。

② 习近平：《在河北省阜平县考察扶贫开发工作时的讲话》（2012年12月29、30日），载《做焦裕禄式的县委书记》，第15页。

③ 习近平：《在部分省区市扶贫攻坚与"十三五"时期经济社会发展座谈会上的讲话》（2015年6月18日）。

④ 习近平：《紧紧围绕坚持和发展中国特色社会主义学习宣传贯彻党的十八大精神》（2012年11月17日），载《十八大以来重要文献选编》（上），中央文献出版社2014年版，第78—79页。

（二）什么是好增长，什么是坏增长？

无疑地，我们在近几十年中实现了快速的、甚至是超高速的增长，直到今天，中国仍是全世界增长最快的经济体之一。“发展”是新中国的主旋律，实现经济的赶超式发展，从而以最快的速度赶上并超过西方发达国家，成为中国几代人的梦想。现在，几代人的梦想正在逐步变为现实，我们正在成为全世界经济总量最大的经济体之一，而且有望在不远的将来实现经济总量世界第一的目标。“发展”至今仍然是我们的首要目标，对此我们不能放松，不能停步。但是同时我们也要对单纯追求发展速度与经济规模的“唯发展主义”观点给以足够的警惕与批判，对过度强调“发展”所带来的弊端有清醒而客观的认识。片面强调“发展”速度与规模，而不重视或者忽视了“发展”所引发的社会公正问题与经济结构问题，忽视了发展的可持续性问题和代际公平问题，使我们在这几年的经济发展中遇到很多挑战与困难。习近平深刻指出：“发展仍然是我们党执政兴国的第一要务，仍然是带有基础性、根本性的工作，但经济发展、物质生活改善并不是全部，人心向背也不仅仅决定于这一点。发展了，还有共同富裕问题。物质丰富了，但发展极不平衡，贫富悬殊很大，社会不公平，两极分化了，能得人心吗？因此，经济总量无论是世界第二还是世界第一，未必就能够巩固住我们的政权。”[①]

什么是好的增长？好的增长是平衡的增长（当然是动态的平衡而不是绝对的平衡），要实现人群之间的均衡、族群之间的均衡、职群（不同领域不同职业群体）之间的均衡、区域发展之间的均衡。事物总是在不均衡到均衡的动态过程中发展变化，一定的不平衡提

① 习近平：《在河南省兰考县委常委扩大会议上的讲话》（2014 年 3 月 18 日），载《做焦裕禄式的县委书记》，第 35 页。

供了事物发展的动力和能量，但是过于不平衡则会引发整个体系的危机和崩溃，导致整个体系有倾覆之危。我们在改革开放之后实行了整个经济的非均衡发展战略，区域的不均衡和人群的不均衡在改革开放初期使整个经济焕发了活力，促进了资源和要素的流动，从而促进了经济的高速增长。但是，随着经济的发展，社会的不均衡却极大地影响了社会的公平正义，从而给整个社会带来更高的运行成本，社会的不稳定甚至局部的危机逐渐显现，这就给我们执行多年的非均衡战略提出了警示。我们现在的人均收入差别很大，基尼系数在全世界名列前茅，十分值得警惕和反省！人与人之间、地区与地区之间差别太大，影响了社会的和谐和稳定，反过来阻碍了经济更好地发展和可持续发展，增大了发展的阻力和成本。

（三）实现包容式（普惠式）增长

好的增长一定是包容式的、普惠式的增长，也就是在经济增长过程中，使那些处于社会中下层的普通群众也能分享到经济增长的好处（福利），从而使所有民众都能在经济增长中获得福利的帕累托改进。与包容式增长相反的是“排斥性增长”，即经济增长只有益于那些拥有一定经济地位与政治地位的个别人群，而无益于中下层人群，尤其没有改善底层人民的境况，甚至使低收入人群的福利状况恶化。这种排斥性增长，不仅是坏的增长，而且是一种十分危险的增长，是社会成本极其高昂的增长，有可能引起巨大的社会摩擦与社会震荡。因此，习近平在多个场合反复强调，要“使发展成果更多更公平惠及人民，是我们党坚持全心全意为人民服务根本宗旨的重要体现，也是党和政府的重大职责”[①]。他说：“检验我们一切工作的成效，最终都要看

① 习近平：《在河北省阜平县考察扶贫开发工作时的讲话》（2012 年 12 月 29、30 日），载《做焦裕禄式的县委书记》，第 19 页。

人民是否真正得到了实惠，人民生活是否真正得到了改善，人民权益是否真正得到了保障。面对人民过上更好生活的新期待，我们不能有丝毫自满和懈怠，必须再接再厉，使发展成果更多更公平惠及全体人民，朝着共同富裕方向稳步迈进。”[①]

（四）赋权、改善民生与提升可行能力

阿玛蒂亚·森认为，贫困的发生，其最根本的原因在于“可行能力”的丧失与被剥夺，使得贫困者因不具备基本的能力而陷入贫困不能自拔。[②]可行能力包含着一个人改变自己境况、适应周遭社会的最基本的能力，如认知能力、判断能力、应对挑战的能力、创新的能力等等。但是“可行能力”的获得，需要以一个人获得基本的权利保障为前提，需要比较系统的制度支撑。比如一个人要有受教育权利，只有受到比较良好的完备的教育，才能具备一定的认知与判断能力；一个人要有医疗权，获得较好的医疗和保健服务，才能保证有健康的身体以适应工作的挑战；一个人要有劳动权，社会要给他提供相应的就业机会；一个人还要有迁徙、创业、获得信贷、养老的基本权利等。如果一个人的受教育权、医疗和社会保障权、创业权和信贷权、迁徙和其他自由选择权受到损害、不能得到保障或者被剥夺，他的可行能力就是残缺的，他就不能应对来自外界的挑战，因而这个人就有可能陷入贫困。所以，要有效减贫，就首先要加大“赋权”的力度，就要保障人民的基本权利不被侵犯和剥夺。对于这一点，习近平曾多次强调：“我们要随时随刻倾听人民呼声，回应人民期待，保证人民平等参与、平等发展权利，维护社会公平正义，在学有所教、劳有所得、

---

① 习近平：《在纪念毛泽东同志诞辰一百二十周年座谈会上的讲话》（2013 年 12 月 26 日），载《十八大以来重要文献选编》（上），第 698 页。

② Amartya Sen, *Development as Freedom*, New York: Knopf, 1999.

病有所医、老有所养、住有所居上持续取得新进展，不断实现好、维护好、发展好最广大人民根本利益，使发展成果更多更公平惠及全体人民。”[①] 教育、就业、医疗、养老、居住等人民的基本权利得到了保障，反贫困就具备了坚实的基础，人民尤其是底层人民的可行能力就会逐步得到提高，这是反贫困的基础工作，也是核心工作。

（五）机会均等与社会公平正义

“赋权”的基本含义是赋予每一个人以平等的权利，其隐含的前提是机会均等，一个公平的制度，其标准不是结果的公平，而是机会的公平、规则的公平，这是起点上的公平。因此，“赋权”的核心是实现机会均等，这是实现社会公平正义的基础。习近平在谈到“中国梦”时极为强调实现机会均等：“中国梦是追求幸福的梦。中国梦是中华民族的梦，也是每个中国人的梦。我们的方向就是让每个人获得发展自我和奉献社会的机会，共同享有人生出彩的机会，共同享有梦想成真的机会，保证人民平等参与、平等发展权利，维护社会公平正义，使发展成果更多更公平惠及全体人民，朝着共同富裕方向稳步前进。”[②]

因而机会均等必然是扶贫工作的核心要义之一，也是进行任何制度变革和制度创新的核心目标。我曾经提出过“制度供给型扶贫”这个概念[③]，实际上，“制度供给”的核心就是“赋权”，“制度供给”的目的就是实现“机会均等”，即每个人都通过制度供给而获得了平等

① 习近平：《在第十二届全国人民代表大会第一次会议上的讲话》（2013 年 3 月 17 日），载《十八大以来重要文献汇编》（上），第 236 页。

② 习近平：《在中法建交五十周年纪念大会上的讲话》（2014 年 3 月 27 日），《人民日报》2014 年 3 月 29 日。

③ 王曙光：《中国的贫困与反贫困——基于贫困发生学的研究》，《农村经济》2011 年第 3 期。

的参与权、发展权。因此，我们在扶贫工作中，首先要考虑通过制度供给与制度变革来实现贫困人群获得平等机会，为此，要深刻变革和创新农村教育制度、农村医疗制度、农村社会保障制度、农村信贷制度等，革除现有制度中的一些弊端，使农村的这些制度得以创新，从而给贫困人群实现自我的机会，这才是最根本的扶贫，最到位的扶贫，最深刻的扶贫，最有效的扶贫。现在很多地方在扶贫方面做表面文章，搞形式主义，只抓一些表面上的、肤浅的、琐细的、局部的、小打小闹的、修修补补的事情，而不考虑在制度供给层面进行深刻的、系统的、全局性的、根本性的变革，这样的扶贫是无效的，即使暂时脱贫也不具有可持续性，往往很容易返贫。

二、统筹区域发展和城乡发展，推动内生式扶贫，实现全面小康

（一）全面建成小康社会的标准

2020年全面建成小康社会，是我们国家既定的伟大发展目标。但是如何来衡量小康社会呢？这个标准，不能只看经济发展的总量，也不能只看全国人均国民收入，而是要全面地看中国的发展情况，尤其是要看广大农村是不是得到发展，特别是贫困地区和贫困人群是否得到发展，而在贫困地区和贫困人群中，尤其要看边疆民族地区的少数民族群众是否得到发展。习近平多次在讲话中提到："小康不小康，关键看老乡"，也就是把农村发展与农民收入提升作为衡量全面建成小康社会的重要标准。"小康不小康，关键看老乡。一定要看到，农业还是'四化同步'的短腿，农村还是全面建成小康社会的短板。中国要强，农业必须强；中国要美，农村必须美；中国要富，农民必须富。农业基础稳固，农村和谐稳定，农民安居乐业，整个大局就有保

障，各项工作都会比较主动。”[①] “没有贫困地区的小康，没有贫困人口的脱贫，就没有全面建成小康社会。我们不能一边宣布实现了全面建成小康社会目标，另一边还有几千万人口生活在扶贫标准线以下。如果是那样，就既影响人民群众对全面建成小康社会的满意度，也影响国际社会对全面建成小康社会的认可度。”[②]

中央近年来特别重视边疆少数民族地区的发展和扶贫，认为促进民族地区经济发展是增进民族团结的重要一环：“小康不小康，关键看老乡。看老乡，千万别忽视了分布在农村牧区、边疆广大地区的少数民族群众。中国共产党一再强调，增强民族团结的核心问题，就是要积极创造条件，千方百计加快少数民族和民族地区经济社会发展，促进各民族共同繁荣发展。”[③] 族群型贫困是我国所有贫困类型中最为重要的一种类型，在一些边疆民族地区，存在着比较集中的、大面积的、连片的贫困人群。“目前，全国有十四个集中连片特困地区、五百九十二个国家扶贫开发工作重点县、十二万八千个贫困村、二千九百四十八万五千个贫困户、七千零一十七万贫困人口。贫困人口超过五百万的有贵州、云南、河南、广西、湖南、四川六个省区，贫困发生率超过百分之十五的有西藏、甘肃、新疆、贵州、云南五个省区。这些数字，哪一个都是沉甸甸的，凸显了扶贫脱贫形势的严峻性。”[④] “我国少数民族人口占全国的百分之八点五左右，比例并不算高，但这个比例所对应的人口数量是一亿一千多万。尽管新中国成立

---

① 习近平：《在中央农村工作会议上的讲话》（2013 年 12 月 23 日），载《十八大以来重要文献选编》（上），第 658 页。

② 习近平：《在部分省区市扶贫攻坚与“十三五”时期经济社会发展座谈会上的讲话》（2015 年 6 月 18 日）。

③ 习近平：《在参加全国政协十二届二次会议少数民族界委员联组讨论时的讲话》（2014 年 3 月 4 日）。

④ 习近平：《在部分省区市扶贫攻坚与“十三五”时期经济社会发展座谈会上的讲话》（2015 年 6 月 18 日）。

以来少数民族和民族地区得到了很大发展，但一些民族地区群众困难多、困难群众多，同全国一道实现全面建成小康社会目标难度较大，必须加快发展，实现跨越式发展。”[①] 族群型贫困的存在，既有自然条件恶劣的原因，也有教育、医疗等制度供给方面的原因，更有历史、文化与传统等深层次的原因。在全面实现小康社会的进程中，少数民族的脱贫是最艰难也是最重要的工作之一。没有少数民族的脱贫和实现小康，就没有全国的小康，因此，“全面实现小康，少数民族一个都不能少，一个都不能掉队。要以时不我待的担当精神，创新工作思路，加大扶持力度，因地制宜，精准发力，确保如期啃下少数民族脱贫这块‘硬骨头’，确保各族群众如期实现全面小康”[②]。

（二）实施差别化、倾斜性政策，外生力量与内生力量相结合

老少边穷地区历史欠账多，基础条件差，要进行有效的扶贫开发，就必须因地制宜，“用一套政策组合拳”[③]，综合性地解决贫困人群脱贫问题。首先要对老少边穷地区实施差别化政策。“要发挥好中央、发达地区、民族地区三个积极性，对边疆地区、贫困地区、生态保护区实行差别化的区域政策，优化转移支付和对口支援体制机制，把政策动力和内生潜力有机结合起来。”[④] 差别化的区域政策，意味着要对这些老少边穷地区实施特殊的财政税收政策、产业推动政策、农村发展政策，要通过区域之间和各微观主体之间的对口支援政策，通过优

---

① 习近平：《在中央民族工作会议上的讲话》（2014 年 9 月 28 日）。

② 习近平同志在国家民委《民族工作简报》第 6 期《“中国扶贫开发第一村”福建宁德市赤溪畲族村各族群众全面迈入小康生活》上的批示（2015 年 1 月 29 日）。

③ 习近平：《在华东七省市党委主要负责同志座谈会上的讲话》（2015 年 5 月 27 日），《人民日报》2015 年 5 月 29 日。

④ 习近平：《在中央民族工作会议上的讲话》（2014 年 9 月 28 日）。

化资源配置，把有限的财力和资源向少数民族地区、边疆地区、贫困地区、生态保护区倾斜。

其次，要把外生力量和内生力量结合起来，也就是习近平所说的“把政策动力和内生潜力有机结合起来”。政策动力指来自外部的政策推动力，包括各种优惠政策、激励政策、补贴政策、转移支付政策等，这些政策构建了有利于贫困地区和边疆少数民族地区发展的外部条件；但是光有外部条件还不行，还要激发边疆少数民族贫困地区发展的内在动力，挖掘内生潜力，实现贫困地区的自我脱贫，这就是“内生式扶贫”[①]的最核心的内涵。以前我们在扶贫中着重于外力的推动，重视吸引外部的资金，派干部驻村扶贫，利用对口扶贫引入各种外来资源，这些举措都是很好的、很重要的，但是如果没有塑造内生的发展动力，光有外部的因素是很难实现可持续的扶贫效果的。外因还是要靠内因起作用。内生式扶贫就是要激发和动员贫困地区自己的信心和动力，这就是“扶贫先扶志”，习近平说：“扶贫要扶志，有志气、自力更生很重要啊！”[②]“脱贫致富贵在立志，只要有志气、有信心，就没有迈不过去的坎。”[③]说的就是要激发贫困人群内在的力量。要变“输血式扶贫”为“造血式扶贫”，“要坚持输血和造血相结合，坚持民族和区域相统筹，重在培育自我发展能力，重在促进贫困区域内各民族共同发展”[④]。扶贫要内外发力，一方面，“要优化转移支付和对口支援的体制机制，贯彻落实扶持集中连

---

① 王曙光：《内生性扶贫和社会网络扶贫的理论和实践》，载王曙光：《中国方略》，中国发展出版社 2017 年版，第 152—171 页。

② 习近平：《在河北省阜平县考察扶贫开发工作时的讲话》（2012 年 12 月 29、30 日），载《做焦裕禄式的县委书记》，第 19 页。

③ 习近平：《在湖南考察工作时的讲话》（2013 年 11 月 3—5 日），《人民日报》2013 年 11 月 6 日。

④ 习近平：《在中央民族工作会议上的讲话》（2014 年 9 月 28 日）。

片特殊困难地区、牧区、边境地区、人口较少民族地区发展等政策举措”，通过外力的作用推动贫困地区的脱贫；另一方面，还要通过“加大基础设施建设力度，推进基本公共服务均等化，增强民族地区自我发展的‘造血’能力”①。在几次讲话中，习近平强调要发挥贫困地区的自强精神，增强内生的动力。在甘肃考察时，他说：“党和政府高度重视扶贫开发工作，特别是高度重视少数民族和民族地区的发展，一定会给乡亲们更多支持和帮助，乡亲们要发扬自强自立精神，找准发展路子、苦干实干，早日改变贫困面貌。”②要“充分发挥贫困地区干部群众的积极性、主动性、创造性，广泛组织和动员社会力量积极参与扶贫济困”③。

要实现内生式扶贫，重要的还是要找准贫困地区的优势产业和特色产业，通过发展自己的优势特色产业，依托自己的产业基础进行具有可持续性的自我脱贫。习近平在河北阜平县考察时说：“贫困地区发展要靠内生动力，如果凭空救济出一个新村，简单改变村容村貌，内在活力不行，劳动力不能回流，没有经济上的持续来源，这个地方下一步发展还是有问题。一个地方必须有产业，有劳动力，内外结合才能发展。最后还是要能养活自己啊！”④产业的发展要基于一个地方的实际情况，要深刻分析和认识本地区的禀赋和优势，“一个地方的发展，关键在于找准路子、突出特色。欠发达地区抓发展，更要立足资源禀赋和产业基础，做好特色文章，实现差异竞争、错位发展。欠

① 习近平：《在参加全国政协十二届二次会议少数民族界委员联组讨论时的讲话》（2014年3月4日）。

② 习近平同志在甘肃考察工作时的讲话（2013年2月2—5日），《人民日报》2013年2月6日。

③ 习近平：《在党的十八届二中全会第二次全体会议上的讲话》（2013年2月28日）。

④ 习近平：《在河北省阜平县考察扶贫开发工作时的讲话》（2012年12月29、30日），载《做焦裕禄式的县委书记》，第17—18页。

发达地区和发达地区一样，都要努力转变发展方式，着力提高发展质量和效益，不能‘捡进篮子都是菜’”[①]。

（三）立足长远和基础，切忌形式主义扶贫

扶贫要立足于夯实基础、着眼长远，要有高瞻远瞩的眼光，不要急功近利。既要有时不我待的紧迫感，又要从长远出发，不做形式主义的扶贫。习近平在中央民族工作会议上说：“确保民族地区如期全面建成小康社会，要实事求是、因地制宜，既坚持一定标准，又防止好高骛远，既考虑到二〇二〇年这个时间节点，又立足于打基础、谋长远、见成效。”[②]“打基础”就是要搞好制度建设，搞好农村的基础设施建设与社会公共服务，为扶贫构建一个坚实的基础。基础不牢，一味搞短平快的花架子，即使贫困人群一时脱贫，也会很快返贫，因为根本问题没有解决。我国的贫困，最常见的还是制度供给不足型贫困，因此基础设施的完善极为重要。基础设施（包括物质的基础设施和制度的基础设施）的提供，就是为扶贫“托底”。“基础设施落后是边疆建设要突破的‘瓶颈’。要面向边疆农村牧区，打通‘毛细血管’，解决‘最后一公里’问题，全面推进与群众生产生活密切的通水、通路、通电等建设，为兴边富民打好基础。要继续加快铁路、公路、民航、水运建设，形成对长期发展起支撑作用的区域性大动脉。要抓紧推动与有关国家和地区的交通、通信等基础设施的互联互通，建设国际大通道，推动区域经济合作。”[③]有些地区，在扶贫工作中搞形象工程，对此，习近平指出：“对口支援的项目和资金，不能用钱

① 习近平：《在山东考察工作时的讲话》（2013 年 11 月 24—28 日），《人民日报》2013 年 11 月 29 日。

② 习近平：《在中央民族工作会议上的讲话》（2014 年 9 月 28 日）。

③ 习近平：《在中央民族工作会议上的讲话》（2014 年 9 月 28 日）。

砸形象，而是要着力提供基本公共服务和改善民生。”[①]

扶贫工作既要有很高的要求，又要量力而行，实事求是，不要好高骛远，要杜绝口号式扶贫、形式主义扶贫。习近平在十八届二中全会上说：“为群众办好事、办实事，要从实际出发，尊重群众意愿，量力而行，尽力而为，不要搞那些脱离实际、脱离群众、劳民伤财、吃力不讨好的东西。”[②]现在各地政府均把扶贫攻坚作为重要工作目标，层层定量考核，层层落实，这本来是很好的做法，但是个别地区搞形式主义的扶贫、口号式扶贫，目标不切实际，随意将脱贫时间提前，虽然从表面上看显示了地方政府的决心和意志，但实际上却损害了扶贫的效果，因为这不是搞扎扎实实的扶贫，不是着眼于打基础，而是搞扶贫的政绩工程，对此，习近平指出：“贫困地区要把提高扶贫对象生活水平作为衡量政绩的主要考核指标。扶贫工作要科学规划、因地制宜、抓住重点，不断提高精准性、有效性、持续性，切忌空喊口号，不要提好高骛远的目标。发展生产要实事求是，结合当地实际发展特色经济，注重提高基本公共服务水平。”[③]“要正确引导舆论，既要大力减少贫困人口，也要从实际出发，胃口不能吊得太高。”[④]他还说：“要坚持实事求是、因地制宜，持之以恒、久久为功，建立精准扶贫工作机制，集中力量解决突出问题，不喊脱离实际的口号，不定好高骛远的目标，在打基础、谋长远、见成效上下功夫，让民族地区群众不断得到实实在在的实惠。”[⑤]这些告诫都是非常及时的，对于在扶贫工作中纠正急于求成、急功近利、好高骛远、形式主义的偏向具有重

① 习近平：《在中央民族工作会议上的讲话》（2014 年 9 月 28 日）。

② 习近平：《在党的十八届二中全会第二次全体会议上的讲话》（2013 年 2 月 28 日）。

③ 习近平：《在中央经济工作会议上的讲话》（2013 年 12 月 10 日）。

④ 习近平：《在云南省考察工作结束时的讲话》（2015 年 1 月 21 日）。

⑤ 习近平：《在参加全国政协十二届二次会议少数民族界委员联组讨论时的讲话》（2014 年 3 月 4 日）。

要的意义。

三、实现精准脱贫，提高扶贫的精准性和可持续性

（一）精准扶贫的关键是精准分析贫困根源

在各地的扶贫实践中，对精准扶贫有很多认识上的误区。有些地方把精准扶贫仅仅理解为扶贫干部和对口扶贫单位针对一家一户进行支持，给钱给物，促进其快速脱贫。这就把扶贫工作简单化和表面化了。精准扶贫的核心之一首先是要精准分析一个地区、一个群体甚至每个贫困人口的致贫根源，不能大而化之，而是进行精准分析，深刻地考察到底有哪些因素导致当地人群的贫困。习近平在河北阜平县考察时着重指出了这一点："要真真实实把情况摸清楚。做好基层工作，关键是要做到情况明。情况搞清楚了，才能把工作做到家、做到位。大家心里要有一本账，要做明白人。要思考我们这个地方穷在哪里？为什么穷？有哪些优势？哪些自力更生可以完成？哪些依靠上面帮助和支持才能完成？要搞好规划，扬长避短，不能眉毛胡子一把抓。""帮助困难乡亲脱贫致富要有针对性，要一家一户摸情况，张家长、李家短都要做到心中有数。"[①] 深刻分析贫困根源，做好入户调查和数据采集工作是很重要的，但是千万不能搞成形式主义，现在一些地区的基层干部反映，他们在上级（各种不同的上级单位）的指挥下填无数表格，重复录入各种数据，工作量之大令人难以想象，甚至因为根本无暇入户调研而被迫编造各种数据，使基层干部不堪重负，怨声载道，这样的做法导致他们没有办法把精力用在真正帮助贫困人群

① 习近平：《在河北省阜平县考察扶贫开发工作时的讲话》（2012 年 12 月 29、30 日），载《做焦裕禄式的县委书记》，第 21 页。

脱贫上，而是用在应付各种没完没了的检查和表格填写上，对扶贫效果造成严重的消极影响。真正的精准扶贫，不仅是要找到一堆数据，而且更重要的在于精准分析贫困户的致贫根源，看看哪些原因是普遍性的、面上的、共性的原因，哪些原因是个体性的、特殊性的、点上的原因，对于面上的共性的因素，要在整个区域的基础设施建设和制度创新上下功夫，而对于特殊性的因素，要有针对性地进行帮扶，通过民政、社会力量等进行有效解决。

（二）精准扶贫的有效性有赖于因地制宜、精准施策

精准扶贫的核心之二是精准施策，要针对一个地区、一个群体，甚至针对特定的贫困户，制定相应的有差别的脱贫之策，脱贫对策的制定要有针对性、有目的性、有指向性，而不是盲目施策，或者只做表面文章的肤浅施策。“要更多面向特定人口、具体人口，实现精准脱贫，防止平均数掩盖大多数。”① 精准施策就是要因地制宜，不要一刀切：“要增加资金投入和项目支持，实施精准扶贫、精准脱贫，因乡因族制宜、因村施策、因户施法，扶到点上、扶到根上。扶贫项目安排和资金使用都要提高瞄准度，不要大而化之、撒胡椒面，更不能搞不符合当地实际的面子工程。”②

精准扶贫是我国新时期扶贫工作的重要特点。在前一阶段的几十年中，扶贫更多的是面向所有贫困人群，进行基础设施的改造，进行制度的建设，进行体制机制的创新，这些措施，对于大面积的贫困人群脱贫是非常重要的，甚至至今仍然是一些地区扶贫的核心工作，尤其是那些基础设施差、制度不到位的欠发达地区。但同时我们也要认

① 习近平：《在中央经济工作会议上的讲话》（2014 年 12 月 9 日）。

② 习近平：《在云南省考察工作结束时的讲话》（2015 年 1 月 21 日）。

识到，扶贫工作开展到今天，在多数地区大面积贫困已经基本消除的阶段，精准的扶贫战略就非常必要，要针对不同类型的贫困精准地发力，才能达到瞄准的效果。习近平针对新时期精准扶贫战略指出："精准扶贫，一定要精准施策。要坚持因人因地施策，因贫困原因施策，因贫困类型施策。俗话说，治病要找病根。扶贫也要找'贫根'。对不同原因、不同类型的贫困，采取不同的脱贫措施，对症下药、精准滴灌、靶向治疗。各地要通过深入调查研究，尽快搞清楚现有贫困人口中，哪些是有劳动能力、可以通过生产扶持和就业帮助实现脱贫的，哪些是居住在'一方水土养不起一方人'的地方、需要通过易地搬迁实现脱贫的，哪些是丧失了劳动能力、需要通过社会保障实施兜底扶贫的，哪些是因病致贫、需要实施医疗救助帮扶的，等等。国务院扶贫办要在各地调查的基础上，汇总出全国情况，提出分类施策的具体办法。"①

（三）精准扶贫要着眼于对扶贫对象进行精准化管理

精准扶贫的核心之三是对扶贫对象的精细化管理。对扶贫对象进行精细化管理，就是要在资源配置上进行有针对性的精细的管理，确保各种资源的使用准确到位。"精准扶贫，就是要对扶贫对象实行精细化管理，对扶贫资源实行精确化配置，对扶贫对象实行精准化扶持，确保扶贫资源真正用在扶贫对象身上、真正用在贫困地区。"②"贫困民族地区群众更期盼的是雪中送炭。要建立精准扶贫工作机制，瞄准特困地区、特困群体、特困家庭，扶到点上、扶到根

① 习近平：《在部分省区市扶贫攻坚与"十三五"时期经济社会发展座谈会上的讲话》（2015 年 6 月 18 日）。

② 习近平：《在参加十二届全国人大二次会议贵州代表团审议时的讲话》（2014 年 3 月 7 日）。

上、扶到家庭，力争用五到十年时间实现民族地区贫困家庭和困难群众稳定脱贫。”①

精准化管理强调扶贫的精确性、有效性，各种人、财、物的配置，各种制度措施的落实，都要落到实处。正如习近平所提出的：“扶贫开发推进到今天这样的程度，贵在精准，重在精准，成败之举在于精准。搞大水漫灌、走马观花、大而化之、‘手榴弹炸跳蚤’不行。要做到‘六个精准’，即扶持对象精准、项目安排精准、资金使用精准、措施到户精准、因村派人（第一书记）精准、脱贫成效精准。各地都要在这几个精准上想办法、出实招、见真效。”②

（四）针对不同贫困类型，进行分门别类的有针对性的扶贫

针对贫困发生学原理，根据不同的贫困类型，要实施不同的扶贫政策。我国的贫困大体可以分为制度供给不足型贫困、区域发展障碍型贫困、可行能力不足型贫困（结构型贫困）、先天缺乏型贫困和族群型贫困等类别。针对这些不同种类的贫困，中国的反贫困战略也可大致划分为制度变革型扶贫、基础性扶贫（或大推进型扶贫）、迁移型扶贫（或生态恢复型扶贫）、能力增进型扶贫（或结构型扶贫、造血型扶贫）、救济型扶贫（或输血式扶贫）和族群系统型扶贫，但是在反贫困实践中，各类措施往往齐头并进形成合力。③

习近平在部分省区市扶贫攻坚与“十三五”时期经济社会发展座谈会上的讲话中指出的“四个一批”体现了中央在扶贫战略上“分门别类”的“结构性扶贫”思想，这一思想正是新时代精准扶贫的核心

---

① 习近平：《在中央民族工作会议上的讲话》（2014 年 9 月 28 日）。

② 习近平：《在部分省区市扶贫攻坚与“十三五”时期经济社会发展座谈会上的讲话》（2015 年 6 月 18 日）。

③ 王曙光：《中国的贫困与反贫困——基于贫困发生学的研究》，《农村经济》2011 年第 3 期；王曙光：《乡村振兴战略与中国扶贫开发的战略转型》，《农村金融研究》2018 年第 2 期。

思想之一："一是通过扶持生产和就业发展一批。对有劳动能力、可以通过生产和务工实现脱贫的贫困人口，要加大产业培育扶持和就业帮助力度，因地制宜多发展一些贫困人口参与度高的区域特色产业，扩大转移就业培训和就业对接服务，使这部分人通过发展生产和外出务工实现稳定脱贫。二是通过移民搬迁安置一批。……目前，初步估算，全国有大约一千万贫困群众居住在深山、石山、高寒、荒漠化等生存环境差、不具备基本发展条件的地方，以及生态环境脆弱、不宜开发的地方。在这些地方就地采取扶贫措施，不仅成本高，而且很容易返贫，难以取得持久效果。三是通过低保政策兜底一批。对丧失劳动能力、无法通过产业扶持和就业帮助实现脱贫的贫困人口，要通过社会保障实施政策性兜底扶贫，主要是纳入低保体系。……要研究贫困地区扶贫线和低保线'两线合一'的实施办法，把低保线提高到扶贫标准线，对这部分人实行应保尽保。四是通过医疗救助扶持一批。因病致贫、因病返贫的贫困具有暂时性、间歇性特征，只要帮助他们解决医疗费用问题，这部分人就可以通过发展生产或外出务工做到脱贫。"①

（五）精准扶贫要广泛动员各种社会力量，建立长效机制

精准扶贫不是政府单方面的工作，更不仅仅是扶贫干部的工作，这项伟大的工作，涉及到每一个地区、每一个人、每一个部门。因此，在实际的扶贫工作中，就要强调"全社会扶贫"的理念，把不同区域、不同领域、不同行业的资源动员起来，把政府力量和市场力量结合起来。这就是"社会参与式扶贫"的精髓所在。"要健全东西部

① 习近平：《在部分省区市扶贫攻坚与"十三五"时期经济社会发展座谈会上的讲话》（2015年6月18日）。

协作、党政机关定点扶贫机制，各部门要积极完成所承担的定点扶贫任务，东部地区要加大对西部地区的帮扶力度，国有企业要承担更多扶贫开发任务。要广泛调动社会各界参与扶贫开发积极性，鼓励、支持、帮助各类非公有制企业、社会组织、个人自愿采取包干方式参与扶贫。”①

① 习近平：《在部分省区市扶贫攻坚与“十三五”时期经济社会发展座谈会上的讲话》（2015年6月18日）。

第四章
社会网络扶贫的理论与实践

一、引言：我国扶贫事业的历史成就与战略转型

（一）我国扶贫事业的几个基本历史阶段及其主要成就

新中国成立以来，党和国家高度重视扶贫工作，我国扶贫事业取得了举世瞩目的成就，为世界反贫困做出了不可替代的贡献。70年的扶贫事业可以大致分为六个阶段：第一阶段是发展壮大集体经济和初步建设基础设施阶段（1949—1978），为我国大规模减贫工作打下了良好的基础，是我国大规模减贫的发轫阶段；第二阶段是农村经济体制深刻变革和农村经济迅速发展阶段（1978—1985），这是我国大规模减贫的升级阶段；第三阶段是扶贫组织体系的系统建立和有计划地大规模扶贫阶段（1986—1993），在这一时期，我国扶贫工作进入了组织化、计划化和常态化阶段；第四阶段是实施八七扶贫攻坚计划（1994—2000），这是我国大规模减贫的攻坚阶段；第五阶段是我国扶贫开发的转型和进一步深化阶段（2000—2012）；第六阶段是十八大和十九大之后的扶贫攻坚最后阶段与彻底消除贫困阶段（2012—2020），这一阶段提出的精准扶贫等措施将对彻底消除贫困起到关键作用。

（1）第一阶段：发展壮大集体经济和初步建设基础设施阶段（1949—1978）。

新中国成立初期，土地改革和农业生产合作社的尝试使得土地和生产资料变为集体所有。在发展水平长期落后的背景下，国家通过在农村开展集体经济来统一调配资源以支持工业化战略的实施。1958年后我国人民公社制度开始在全国普遍建立，此阶段尽管在农业效率方面没有大幅提高，但却在扶贫事业上进行了积极有益和重要的尝试，在基础设施建设方面的成就尤其突出，交通、农田水利、电力、饮水、公厕条件等得到极大改善；农村金融方面，开始建设以农村信用合作社为基础的全国性农村信用合作网络；教育和科技方面，通过政府补贴和村社集体公共积累的形式办农村教育，农村教育水平有了质的提升，并构建了覆盖整个农村的农业技术推广网络；医疗方面，设立农村卫生院和医疗站以完善三级农村医疗卫生网络，成为发展中国家农村卫生工作的样板，极大地提高了农村人口的健康水平和预期寿命；另外，还通过五保户、储备粮等制度来建立初步的社会保障体系。

第一阶段的扶贫以探索农村经济体制的变革为主，并辅以普惠性的基础设施建设，这些措施，为我国大规模减贫工作打下了良好的基础，是我国大规模减贫的发轫阶段。

（2）第二阶段：农村经济体制深刻变革和农村经济迅速发展阶段（1978—1985）。

1978年改革开放后，农村经济体制向家庭联产承包责任制转变。市场化和对外开放使得农村经济高速增长，温饱问题基本解决。这一时期追求效率的发展模式使得贫富分化问题逐渐显现，中央政府及相关部门采取了一系列的针对性措施来应对贫困人口问题。1983年开始实施“三西”农业建设计划并设立专项补助基金，针对老少边穷地区实施优惠和扶持政策，各界人士开展“智力支边”活动，通过调查研究划分了18个连片贫困地区。这是我国大规模减贫的升级阶段，农村经济的快速发展为贫困人口的迅速减少起到决定性作用，其中制度变革起到关键性的作用。此阶段的扶贫活动更加精准，并且动用了政府之外更加丰富的社会资源，但扶贫以外源性的救助为主，贫困人口仍缺乏内生脱贫的动力。

（3）第三阶段：扶贫组织体系的系统建立和有计划地大规模扶贫阶段（1986—1993）。

改革开放的飞速发展使得大部分农村人口的生活水平大幅提高，但仍有少数的农村地区由于受到自然、历史、文化和社会条件的制约陷入了落后和贫困。自1986年开始，中央政府针对没有解决温饱问题和生存有困难的绝对贫困人口进行大规模有组织有计划的开发式扶贫。建立了以政府为主导的扶贫管理体系和严格的扶贫管理责任制。这一时期确定了具体的贫困标准并据此对贫困县和贫困人口做出划分，然后针对贫困县安排专项的扶贫投资。专门的扶贫组织的建立和扶贫标准的确定标志着扶贫工作的开展更加规范和系统，扶贫资源得到更加科学合理的安排。在这一时期，我国扶贫工作进入了组织化、计划化、规范化和常态化阶段。

（4）第四阶段：实施八七扶贫攻坚计划和大规模减贫的攻坚阶段（1994—2000）。

80年代进行了大规模扶贫后，贫困地区和贫困人口的范围逐渐缩小，集中于地域偏远、交通不便、生态失调等条件极其恶劣的地区。1994年，中央政府出台了《国家八七扶贫攻坚计划》，提出用7年左右的时间解决8000万农村贫困人口的温饱问题，扶贫工作进入攻坚阶段。针对落后的发展现状，一方面进行基础设施建设，包括水电、交通等；另一方面则改善当地的医疗和教育水平，并辅以其他扶贫措施：鼓励贫困地区开发有竞争力的产品、发展当地的支柱产业，兴办贸工农一体化、产加销一条龙的扶贫经济实体，帮助贫困地区兴办骨干企业改善当地财政状况及增加就业，国家在税收、信贷和产业政策方面给予支持等。该阶段扶贫不再简单地进行直接的救济扶贫，而是尝试以内生性扶贫为主的可持续发展模式，致力于在贫困地区因地制宜地发展经济，形成特色产业。

（5）第五阶段：我国扶贫开发的转型和进一步深化阶段（2000—2012）。

八七扶贫攻坚计划实施后，除了少数生活在自然环境恶劣地区的特困人口外大部分贫困地区人口已经基本实现了温饱，但这种温饱还缺乏稳定性，且脱贫人口的生活质量和个人素质还有待进一步的提高。为此，政府出台了《中国农村扶贫开发纲要（2001—2010年）》，提出要继续因地制宜地发展种养业，在生态保护的基础上实现可持续发展；推进农业的产业化发展；改善贫困地区的基本生活条件；加大科技扶贫的力度；扩大贫困地区的劳务输出；鼓励多种所有制经济组织参与扶贫开发。在此基础上提出的《中国农村扶贫开发纲要（2011—2020年）》又进一步细化了开展扶贫工作的具体措施和分阶段目标。在这一阶段，我国扶贫开发的思路进一步深化和转型，注重扶贫开发手段的多元化，关注点也更多地转向贫困人口可行能力的提升。

（6）第六阶段：十八大和十九大之后的扶贫攻坚最后决胜阶段与彻底消除贫困阶段（2012—2020）。

十八大以来，党和政府把扶贫工作提高到一个新的高度，习近平同志对扶贫工作高度重视，多次在讲话中强调扶贫开发的战略重要性。“贫穷不是社会主义。如果贫困地区长期贫困，面貌长期得不到改变，群众生活长期得不到明显提高，那就没有体现我国社会主义制度的优越性，那也不是社会主义。”[①] “消除贫困、改善民生、实现共同

① 习近平：《在党的十八届二中全会第二次全体会议上的讲话》（2013年2月28日）。

富裕，是社会主义的本质要求。”[①]“消除贫困、改善民生、实现共同富裕，是社会主义的本质要求，是我们党的重要使命。”[②]习近平同志把扶贫开发提高到“社会主义本质”来认识，把“共同富裕”和“消除贫困”视为“中国特色社会主义的根本原则”[③]。为实现党和国家提出2020年全面建成小康社会和彻底消除贫困的目标，这一阶段提出了精准扶贫等措施。从2012年党的十八大到2017年十九大这五年，我国脱贫攻坚力度之强、规模之广、影响之深、成效之大，前所未有。这五年，脱贫攻坚迅猛推进，全面建立脱贫攻坚制度体系，建档立卡摸准贫困底数，百万干部驻村帮扶，并实行最严格考核制度，5500多万贫困人口摆脱世代贫困奔赴小康之路。从十九大召开到2020年的三年时间，是我国扶贫工作的决胜时期。

通过以上对我国扶贫工作的六个阶段发展历程的梳理，我们可以看到，随着扶贫开发的逐步深入推进，我国的扶贫目标在逐步提高，从解决温饱到实现小康和全社会共同富裕；同时扶贫的手段也更加合理和多元化，扶贫工作经历了从直接救济到调动农民积极性以实现内生性的扶贫，从普惠性的基础设施建设到鼓励贫困地区发展优势产业，从政府主导到调动民间组织和发挥市场力量，从单一和有限的政策到多管齐下的系统性扶贫的变化。随着贫困范围的缩小，彻底消除贫困的任务更加艰难，进一步的扶贫开发需要更加精准，应根据各地区不同的自然和人文要素开展扶贫工作；另外，也应当重视贫困人口

---

① 习近平：《在河北省阜平县考察扶贫开发工作时的讲话》（2012年12月29、30日），载《做焦裕禄式的县委书记》，中央文献出版社2015年版，第15页。

② 习近平：《在部分省区市扶贫攻坚与“十三五”时期经济社会发展座谈会上的讲话》（2015年6月18日）。

③ 习近平：《紧紧围绕坚持和发展中国特色社会主义学习宣传贯彻党的十八大精神》（2012年11月17日），《十八大以来重要文献选编》（上），中央文献出版社2014年版，第78—79页。

的主观能动性，挖掘其自身力量以实现脱贫。

（二）我国扶贫开发存在的主要问题

第一，贫困对象识别不精准，扶贫资源分配不合理。贫困对象的识别是扶贫工作开展的第一步，决定了后续扶贫资源的投放。现阶段，识别贫困主要依据收入水平，而非考量贫困人口的生活质量。以收入作为衡量标准简单有效，但很难说触及了贫困的本质。另外，限于扶贫工作开展时有限的人力、物力、财力，在对贫困的识别上难以避免偏差。在宏观层面（贫困地区、贫困县）和微观层面（贫困人口）上识别贫困，都有可能出现真正贫困的地区没有覆盖、非贫困地区被划为贫困从而占用大量扶贫资源的问题。

第二，返贫问题严重，可持续性有待增强。脱贫人口的返贫也是扶贫开发中一个值得注意的问题。部分扶贫开发人员把贫困人口脱贫当作其政绩目标，因此更注重短期、快速的脱贫效果，缺乏对贫困人口的长期可持续的关注。另外，贫困不仅仅是收入水平低下这一简单的问题，贫困的背后有着复杂和深层次的原因。扶贫工作往往更加注重后期具体政策的实施，而缺乏前期充分的调研和研究，更有部分地区的扶贫工作仍停留在发放补助等直接救济模式。只有形成可持续的发展模式才能使得贫困地区真正脱贫。

第三，扶贫工作主体单一，主要依赖政府力量，要实现扶贫主体的进一步多元化。扶贫开发一般由政府牵头设立专门的扶贫组织或从财政拨款成立扶贫基金。尽管政府主导在动员和统筹扶贫资源方面更有优势，但自上而下的扶贫方式很难准确把握不同地区的贫困现状，难以真正地精准扶贫。而且单由政府承担扶贫工作不免产生巨大的财政压力。未来扶贫工作的开展应当积极动员企业、公益组织和个人的力量，合理安排全社会范围内的扶贫资源。

二、贫困的内涵和致贫根源：相关文献梳理

（一）贫困的内涵：从收入标准到可行能力与赋权原则

阿玛蒂亚·森认为，对贫困的度量应当包含对贫困本身的识别和把贫困人口的特征加总成一个总的度量。[①] 传统的贫困理论从物质获得的角度来界定和识别贫困。朗特里（Rowntree）从满足人的生理功能的最低需要出发，在研究贫困问题时把贫困家庭分为了两类："总收入不足以维持体能所需的最低数量的生活必需品（食物、住房、服装等）"的"处于基本贫困的家庭"和"因非必需支出或浪费性支出使得总收入不足以维持基本体能要求"的"处于次级贫困的家庭"。[②] 雷诺兹在其《微观经济学》一书中提出"贫困问题，是指在美国有许多家庭，没有足够的收入可以使之有起码的生活水平"[③]，从收入不足的角度定义了贫困。马丁·瑞沃林对仅仅基于人类必要生存所需要的食物支出而制定的绝对贫困线水平提出质疑，他认为绝对贫困线应该是基于不同地域比较而制定的包含必要食物支出和非食物支出的一个综合贫困线水平。[④] 除了界定贫困的视角不同，度量贫困的方法也有所差异，主要包括绝对贫困和相对贫困两类。朗特里、马丁·瑞沃林和雷诺兹所界定的贫困中包含了绝对的贫困线的定义，是绝对贫困的概念。而部分学者从人的比较和主观感受出发，来定义相对贫困的概念，认为在绝对贫困之外存在相对贫困，绝对贫困以收入作为决定性因素，如果达不到一定的基本生活必需就是贫困，相对贫困则是由社会经济的不断发展，社会成员和地区之间的不同形成。法克思认为

① 阿玛蒂亚·森：《贫困与饥荒》，商务印书馆 2001 年版，第 5—15、35—36、49—52 页。

② B. S. Rowntree, *Poverty: A Study of Town Life*, Longmans, Green, 1922, pp. 117-118.

③ 劳埃德·雷诺兹：《微观经济学：分析和政策》，商务印书馆 1982 年版，第 430 页。

④ 马丁·瑞沃林：《贫困的比较》，北京大学出版社 2005 年版，第 37—57 页。

相对贫困以社会平均生活状况来衡量，如果一个人或家庭的生活状况（以收入或消费衡量）低于社会的平均水平（如平均或中值收入）到了一定程度，就认为他们处于贫困状态。[①]贫困理论关注贫困人口的实际收入和生活状况，而相对贫困则重视收入差距。阿玛蒂亚·森在研究贫困问题时注意到贫困的概念中应当存在一个不可缩减的绝对贫困的内核，饥饿、营养不良等看得见的贫困是不涉及收入分配问题的，因而在其对贫困的度量中同时考虑到了绝对贫困和相对贫困两层内涵。阿玛蒂亚·森将贫困度量为P=H{I+(1－I)G}，其中H为贫困人口比例，I为收入缺口比率（穷人的平均收入与贫困线差距的百分比），G为贫困人口间收入分配的基尼系数。[②]

后来，对贫困的关注不再仅仅局限于对物质资源的获得上，人的可行能力也被纳入到贫困理论体系中。阿玛蒂亚·森首次提出了“可行能力方法”作为贫困的评价标准。他在其《贫困与饥荒》一书中已经提出用权利的方法分析贫困，后来又将其发展为可行能力这一更为完善的概念，认为“贫困必须被视为基本可行能力的被剥夺，而不仅仅是收入低下”[③]。斯坦·林恩把以收入定义的绝对贫困和相对贫困称为贫困衡量的第一阶段和第二阶段，第三阶段即广义的福利贫困中，福利不仅仅是经济福利或收入问题，还是物质消费品和所有非物资因素问题，如工作条件、闲暇、社会关系、政治权利和组织参与。[④]很多国际组织在制定其最新的贫困标准时也增加了对可行能力的考量。世界银行在21世纪初的发展报告中接受了广义贫困的概念，指出

---

① Victor Fuchs, “Redefining Poverty and Redistributing Income,” *The Public Interest*, 1967(8):88-95.

② 阿玛蒂亚·森：《贫困与饥荒》，第5—15、35—36、49—52页。

③ 阿玛蒂亚·森：《贫困与饥荒》，第5—15、35—36、49—52页。

④ Stein Ringen, “Toward a Third Stage in the Measurement of Poverty,” *Acta Sociologica*, 1985, 28(2):99-113.

"贫困不仅指物质的匮乏，还包括低水平的教育和健康，除此之外，贫困还包括风险和面临风险时的脆弱性以及不能表达自身的需求和缺乏参与机会"。以减少贫穷为主要工作的联合国开发计划署将贫困视为一个复杂的现象，它不仅使人失去收入和基本生活设施，还使人丧失能力。

（二）贫困发生学：从一般分析到社会网络

造成贫困的原因是多样的，一般包括自然地理因素、社会制度因素和经济发展等因素。

自然地理因素：从我国贫困县分布情况来看，贫困地区多分布在自然地理条件恶劣的西北、西南的山区、高原、沙漠、戈壁等区域。恶劣的自然条件会在资源和交通条件两个方面制约贫困地区经济的发展。首先，自然资源的匮乏是多方面的，贫瘠的土壤、恶劣气候和不利的灌溉条件下，粮食产出效率低，农业发展水平落后。其次，不利的交通条件会导致贫困地区信息闭塞，既不利于劳动力向发达地区的流动，也不利于外界的资源的传送和观念的传播，时至今日，仍然有很多贫困地区维持着相对原始的生产和交换方式。

社会制度因素：汤森德 1971 年提出，在资源贫乏之外，制度供给不足也可能成为贫困的根源，由此可能会导致分配不公和权利相对剥夺的问题。① 健全的社会制度应是多样和系统的，政治制度、金融制度、教育制度、医疗制度、社会保障制度等形成的制度网络是人在社会化的生活中必不可少的。而在贫困地区，往往存在以上一种或几种制度的缺位，个人或家庭无法从外界获得其生产生活必要的支持和

① P. Townsend, "Measures and Explanations of Poverty in High Income and Low Income Countries: The Problems of Operationalizing the Concepts of Development, Class and Poverty," in P. Townsend (Ed.), *The Concepts of Poverty*, London: Heinemann, 1970.

保障。

经济发展因素：经济发展水平直接决定了一个地区人口的生活状况，贫困地区往往产业结构单一，生产的基础设施建设薄弱，因缺乏可持续发展的支柱产业而长期处在落后的发展水平。因而在扶贫工作的开展中，除了外源性地直接救济，为贫困地区设计可持续的经济发展模式更加重要，它可以使贫困人口产生内生脱贫的动力，而非长久地依赖国家财政的补助和支持。

上述致贫原因侧重于从单一角度分析，而贫困更深层和系统的原因是社会网络的缺失。社会网络的缺失使得个体缺乏安全保障和共同体支持，最终成为孤独的个体而陷入贫困并很有可能导致生存绝望。对个人而言，比贫困更可怕的是被社会抛弃，游离于社会网络之外，无法从自身之外获得脱贫的资源和支持。

三、社会网络的内涵与社会网络扶贫的理论基础

（一）社会网络的内涵

社会网络的概念描述的是社会成员间彼此的相互关系模式，它将单个个体连接起来形成一定的社会群体。这种相互关系既包括有形的组织，也包括无形的制度和体系。有形的组织诸如个人在所在的社区 / 村镇中所参与的各种组织形式，无形的制度和体系则包含医疗制度、养老制度、保险制度和社会保障制度、教育制度等。这些组织和制度的存在将单独的社会成员网罗其中，使得个体通过有形的组织和无形的网络与其他成员紧密联系在一起，并且由于每个人所处的网络不同而产生各种不同的关系模式，从而形成各种具有不同功能的社会网络。社会网络的构建对于一个健全与和谐的社会来说至关重要，各种政治制度创新和社会组织创新的最终目的实际上就是为了构建一个有效的

社会网络，这个社会网络可以保障每一个成员的安全感、幸福感和成就感，从而使每一个成员获得存在的基础并感受存在的价值。社会网络扶贫就是要通过各种有形的组织和无形的制度的构建，为贫困人群构建一个获得社会安全感和社会资本的网络，为其可持续的脱贫提供坚实的基础。下面我们就社会网络扶贫的两大理论基础——社会资本和社会共同体建设，来具体深化对社会网络扶贫的作用机制的认识。

（二）社会网络扶贫的理论基础之一：社会网络与社会资本

何梦笔在研究中国问题时，广泛使用了网络的概念，并且从不同的角度给出了社会网络的定义。他认为，关于社会网络的定义具有一个共同的特征，即网络是某种在时间流程内相对稳定的人与人之间相互关系的模式。[①]除何梦笔之外，弗朗西斯·福山尝试把社会网络视作社会资本的一种形式，认为“网络是一群个体行为人，除了共同具有市场交易和一般规则外，还具有共同的非正式的规范或价值观”[②]。社会网络的成员间的相互关系可以明显地降低他们的不安全感，稳定对彼此行为的预期，从而在经济活动中降低其不确定性。更加重要的是，同一个社会网络中的成员在持久交往的过程中会逐步提高相互的信任程度，从而形成网络特有的社会资本。

社会资本是与社会网络紧密联系的概念。社会资本最早由莱达·贾德森·哈尼凡在1916年提出，他认为一个人的善心、所处的社会团体、与他人的情感联系等共同构成了他的社会资本。[③]简·雅各布

① 何梦笔：《网络：文化与华人社会经济行为方式》，山西经济出版社1996年版，第30页。

② 弗朗西斯·福山：《大分裂：人类本性与社会秩序的重建》，中国社会科学出版社2002年版，第18、254页。

③ L. J. Hanifan, “The Rural School Community Center,” *Annals of the American Academy of Political & Social Science*, 1916, 67(1): 130-138.

斯研究美国城市问题时认为，城镇聚居区内密集的社会网络是社会资本的一种形式，有利于促进公共安全。[①]皮埃尔·布迪厄认为社会资本是一种或多或少被制度化了的相互默认和认可关系的持久网络。罗纳德·伯特认为，社会资本指的是朋友、同事和更普遍的可以获得使用其他资本机会的联系。[②]罗伯特·普特南则认为社会资本是能够通过促进合作行为以提高社会效率的信任、规范和网络。[③]弗朗西斯·福山认为社会资本是一个群体成员之间共有的一套非正式的、允许他们之间进行合作的价值观或准则。[④]尽管学者们对于社会资本的定义各有侧重，但从本质上来讲，他们都认为社会资本是人们在社会交往时产生的诸如相互信任、交往规范和社会网络等正外部性，这些外部性有利于社会安全性和运行效率的提高。

（三）社会网络扶贫的理论基础之二：社会网络与共同体建设

社会网络在村社共同体建设中发挥着重要作用，它可以为贫困人口提供一定的底线保障和精神支持，并对其赋权赋能，从而使单个贫困人口联结为共同体并产生内生脱贫的动力，提高扶贫工作的可持续性，对于扶贫工作的开展具有十分重要的意义。

底线安全：单个人或单个家庭单独开展生产活动的风险较大，个人或家庭容易受到偶然因素的影响而陷入生产的停滞和生活条件的迅速恶化。气候条件恶劣、所处行业不景气抑或对生产经营活动的管理

---

① 简·雅各布斯：《美国大城市的死与生》，译林出版社 2006 年版，第 27 页。

② 罗纳德·伯特：《结构洞：竞争的社会结构》，上海人民出版社 2008 年版，第 9—10 页。

③ 罗伯特·D. 普特南：《使民主运转起来：现代意大利的公民传统》，中国人民大学出版社 2015 年版，第 206 页。

④ 弗朗西斯·福山：《大分裂：人类本性与社会秩序的重建》，第 18、254 页。

不善都会使得家庭和个人收入显著降低，而一旦罹患大病后所需的巨额医疗费用又会显著增加支出。这些收入和支出端的变化可能使一个家庭、单个个体正常的生活崩塌，陷入极端的贫困。而社会网络的存在则能很好地为贫困人口兜底，一方面，在社会网络中的成员之间可以结成帮扶小组，从而使个体或家庭获得其他成员的帮助；另一方面，单个人承担养老和医疗等费用的风险较大，普惠性的医疗和养老体系的建设可以分散个体面临的风险，降低个体陷入极端贫困的可能性。底线保障是社会网络在扶贫活动中最基本的职能，摆脱贫困至少应当确保基本的生活保障。

心理支持：社会网络的存在除了给予共同体成员物质层面的帮扶和保障，也可以在精神方面提供支持。首先，社会网络对生活底线的保障可以提升其成员的安全感，避免个体对于陷入极端贫困的生活状态的担忧；其次，社会网络使单个个体黏附在形成网络的多种制度和组织中，同时也在单独的个体间形成联系，从而增强个体成员在网络中的归属感，使其获得情感的慰藉和彼此间的信任。在积极情感的作用下，贫困人口更容易产生内生脱贫的力量，主动寻求摆脱贫困的出路。

可行能力提升：如果说收入水平低是贫困的外在表现和结果，那么可行能力不足则是深层的致贫原因。可行能力被剥夺反映了阿玛蒂亚·森对贫困本质更深入的认识，暂时低下的收入水平对贫困人口的危害远不如长期不足的可行能力。劳动和资本是生产活动正常进行所不可或缺的要素，个体或群体陷入贫困往往是因为劳动能力不足或缺乏一定的资本投入开展生产。社会网络可以对个体能力的提升产生重要作用，其中基本教育制度的构建可以有效地增加贫困人口的人力资本，提升其生产能力，以获得收入来源；普惠性农村金融体系的建设则可以使贫困人口获得用于生产的金融资源，改善其生产条件。另外，个体在所处网络中与其他个体发生联系能够增加其社会交往的频率，而社会交往所需的沟通和表达能力本身就是一种个人能力的体现，对于个体有效开展经济活动具有重要作用。

权利保障：缺乏基本的权利保障是很多贫困人口长期徘徊在贫困边缘的重要原因。公民享有的权利包括政治、经济、教育、社会保障等方方面面，但长期以来贫困人口缺乏基本的权利保障和应有的权利意识。在贫困地区建设教育制度、金融制度、医疗制度和社会保障制度可以更好地落实贫困人员参与交换、获得金融资本等经济权利、受教育的权利、得到基本社会保障等的权利等，提高贫困人口的权利意识，并通过完善合理的政治组织网络为他们提供了维权的有效途径。①

四、社会网络的具体表现形式

社会网络分有形和无形两种形式，有形的网络诸如社会组织、政治组织、宗族组织和宗教组织等存在可见的实体组织，这些组织将其成员联系在一起，而无形的网络主要是指社会制度，它通过一定的规定、规则等影响其成员的行为。

（一）经济与社会制度网络

经济与社会制度本质上是一种社会网络，它们为个体构建了其与社会组织或其他社会成员之间的特殊权利义务关系，从而构建了一种稳定的社会网络。在国家、社会组织、商业机构与个体之间构建的权利义务关系，在居民个体与国家、社会组织与商业机构的互动中构建的稳定的制度网络，为个体提供安全感、获得感，并提升个体的可行

① 李冰冰、王曙光：《社会资本、乡村公共品供给与乡村治理——基于10省农户调查的分析》，《经济科学》2013年第3期；王曙光、董香书：《农民健康与民主参与——来自12省88村的微观数据》，《农业经济问题》2013年第12期。

能力。

经济制度规定了一定区域内开展经济活动时基本的生产和交换方式，集体经济制度反映了集体组织与成员之间的关系，集体经济之壮大导致成员福利提升，通过提供安全保障使个体与集体之间的联系更牢固，使其免于贫困。此外，金融制度作为一项经济制度决定了金融资源的配置方式，普惠金融体系的建设有利于资金的有效利用，也赋予了个体合理利用外在资源开展生产和生活的机会，而不是使其游离于正规金融体系之外寻求成本高昂的民间借贷。

社会制度是一定区域内社会成员间相互交往等社会活动正常开展所需的规范体系，涉及生产、生活的方方面面，与每一个社会成员息息相关。医疗、养老等社会保障制度，通过个人、个人所在组织甚至政府财政拨款的形式提前缴付款项，并在因病因伤或达到一定年龄丧失劳动能力后获得收入和补偿，以维持正常的生活水平。社会保障制度的存在使得个体在丧失劳动能力和基本生活来源后，不至于从社会体系中滑落并陷入贫困。教育制度，特别是义务教育的推广，给全体社会成员提供了获得教育的机会。一方面在接受教育的过程中个体的专业知识和个人能力得以提升，从而提高其人力资本；另一方面推广教育更加深远的意义在于改变受教育人员落后的生产、生活观念，使个体能够与时俱进地了解新的社会形态和社会规则。

（二）社会组织网络

社会组织是现代社会在政府组织和企业组织之外第三种重要的组织形式，相比于政府和市场，更多地体现了社会资本的功能。非政治性、非营利性和自发性是社会组织最重要的三大特点。社会组织的非政治性和非营利性分别使其有别于政府组织和市场组织，社会组织设立的宗旨多为提供公共服务，但又不像企业那样以创造财富和利润为目的。社会组织大多为生活在一定区域内的人群自发设立，但也不乏政府牵头主导设立的组织。社会组织的维持需借助社会资本，而社会组织在其存续的过程中又会产生一定的社会资本，社会组织中非正式的制度、规范，以及人们在参与社会组织过程中形成的情感联系和信任关系都是重要的社会资本。按照功能分类，社会组织有生产性组织、权益保障性组织和帮扶性组织三类。

生产性组织：农村合作组织是最常见的生产性组织，新型的农业合作组织是改革开放后特别是20世纪90年代以来逐渐形成和完善的。在市场化背景下，农民以个人或家庭为单位从事农业生产会面临较大的风险。一方面个体的生产缺乏足够的资金和技术；另一方面农民的销售渠道有限，难以及时捕捉市场行情。为了提高生产效率和收入稳定性，农民自发地组成联合生产的组织，由此而形成的社会资本包括组织成员在合作的过程中所建立的人际关系、信任和其他非正式的规范。目前，合作组织有农村专业协会、农民专业合作社和土地股份合作社等几种形式。

权益保障性组织：老年协会、妇女协会是针对老年人和妇女两类特殊群体设立的权益保障性组织，除了维护以上两类群体的合法权益外，还通过开展文娱类活动等提高老人和妇女的生活质量。

帮扶性组织：对农民而言，帮扶性组织包括内部帮扶和外部帮扶两大类，分别对应互助小组和外部志愿小组。农村互助小组多由农民自发建立，设立初衷为在农忙时节在劳动力、农具等方面相互支援，有些互助小组从临时的互助发展为长期互助，进行更大范围的分工合作。互助小组只是一种生产上的简单分工和帮扶，不改变单个个体或家庭的经营模式。外部志愿小组是农村人口之外的人以志愿活动的形式参与农村服务，如乡村支教、弱势群体服务、扶贫开发小组等。

（三）政治组织网络

村“两委”作为农村两大政治组织，构建了农村正式的政治体系，并为村民提供了乡村治理和建设的平台。党委会作为领导核心，起着协调各方力量、统筹安排的作用，同时可以促进相关政策和精神的贯彻落实。而村委会作为基层群众自治性组织，是村民自治的载体，在乡村自治中发挥着重要作用。村民在村委会中行使其民主权利，包括通过村民代表大会民主选举村委会成员，通过民主决策的形式决定重要的村务，通过民主商议制定村规民约，民主监督村委会的工作开展情况。村民自治的形式培养了村民在参与乡村治理时的主人翁心态，使他们在农村事务的决策中有更多的话语权；另一方面，村民自治建立起村民与村委组织及其他村民的联系，打破了其社会交往的隔阂。

（四）宗族组织网络

宗族是家庭之上，由具有相同姓氏或相近血缘关系的人聚居在一起而形成的组织体系。宗族是传统中国乡土社会的根基，宗族事务甚至单个家庭的部分重要事务均由宗族中有威望和有地位的人决定。随着现代化、城市化的进行，大量的自然村消亡，行政村取而代之，但在远离城市的偏远山村里，仍有部分人口以宗族的形式聚居。相近的血缘关系是宗族成员之间自然形成的紧密联系，个体可由此获得一定的归属感；除此之外，宗族成员往往在宗族家长的领导下共同参与宗族共同体各项事务的决策、在部分个人事务上互帮互助，在生产、生活的实践中构建起一定的社会网络。

（五）宗教组织网络

宗教组织是基于意识形态上共同信仰的联结而形成的社会网络。

宗教可以向信仰者提供一定的情感支持，消除或减缓个人的烦恼情绪；其次，宗教团体通过各类仪式性活动的举办，在信仰者之间建立起互帮互助的互动模式。宗教团体为个人提供了心灵的归属，构成了防止个体脱离社会体系的另一层网络。

五、社会网络扶贫的实践模式

（一）通过大规模的制度建设构建和创新社会网络的底线保障基础

制度建设以正式的形式约定各方面社会生活的准则和规范，制度可以覆盖的人口范围广泛，且产生的影响更加显著和深远，因而中国几十年的农村改革和扶贫开发都把制度供给摆放在重要的位置，通过制度建设为其他改革和扶贫措施的推广奠定基础。制度供给型扶贫仍旧是我国当前扶贫工作中最重要的形式，也是构建社会网络的关键途径。[①]

集体经济制度是农村地区的基本经济制度，在集体经济制度下生产资料归集体所有。新中国成立初期，我国就在农村进行了建设集体经济的尝试，通过人民公社组织农户生产，生产资料和生产成果都由公社和生产队统一调配和划分。1978 年集体经济制度的人民公社模式转变为家庭联产承包责任制后，农村贫富分化问题开始显现。虽然一部分人先富了起来，但不可否认，也有一部分劳动能力相对低下的农民落入了贫困的深渊。尽管他们被简单粗暴地划分为低保户而获得直接救济，但却无法获得足够资源用以自我发展，也缺乏相应的社会保

① 王曙光：《中国的贫困与反贫困 —— 基于贫困发生学的研究》，《农村经济》2011 年第 3 期。

障制度维持基本的生活标准。但在传统的集体经济下，农民在生产中通过集体经济制度的安排与集体组织及其他成员建立紧密的联系，在一定程度上共同承担与生产相关的风险和收益，也通过集体开展的医疗、卫生、养老合作初步建立覆盖每位成员的保障制度。

此外，农村改革和扶贫开发中的制度供给远不止基本经济制度，还涉及金融、社会保障和教育等各方面的制度建设。20 世纪 50 年代开始，通过农村信用合作社的设立逐步建立了覆盖农村地区的普惠金融网络。合作金融的推广在农民之间形成了资金互助、自助的体系，为农民、农村、农业的发展提供相关金融服务。近年来，农村信用合作社改制形成的农村合作银行及商业资本入股的农村商业银行均是农村金融体系的重要组成部分。以养老制度和医疗制度为代表的社会保障制度为参与者提供了基本的底线保障。传统的合作医疗依赖于人民公社等集体组织的统筹领导，政府通过卫生院、保健站等医疗制度构建了各地的医疗保障体系。2002 年开始推广的新型合作医疗则采取了政府和集体引导、农民自愿参与的模式，实现了大病统筹和小病兼顾。类似地，农村养老保险制度目前也采取了个人缴费和政府补贴相结合的模式，逐步地实现所有农民都享有新型农村社会养老保险。义务教育的全面推广向所有适龄儿童提供了接受教育的机会，但目前农村地区在教育设施、师资等教育资源方面与城市还存在较大差距。

（二）组建各种社会组织，促进农村居民的联合

农村人口除了可以通过生产性组织联合之外，还可以在参与其他社会组织的过程中建立联系。社会组织是重要的、有形的社会网络，个体以社会组织的形式开展活动，从而获得集体的归属感，减轻独自面对生活的压力。

农村老年协会、妇女代表大会是重要的权益保障组织，为特定的

社会群体发声和争取利益。老年协会旨在提高老年人生活质量和保障其权益。老年协会可负责筹办休闲娱乐活动邀请老年人参加，在个别成员生病或遭遇其他生活变故时提供帮助，当老年人的权益遭受损害时积极维权。另外，老年协会的会长常由有知识、有威望的老年人担任，有些村委会在决策和执行村务时也会参考他们的意见。妇女代表大会则针对性地开展妇女工作，解决妇女群体面临的问题。老年人、妇女分别通过以上两类组织实现了联合，共同维护他们的合法权益。

除了权益保障组织外，活跃在农村的社会组织还包括一些内生和外生的帮扶性组织。农村的互助小组是自发成立的帮扶组织，如农村留守妇女互助小组。小组成员可以互相倾诉生活和情感上的烦恼，并寻求发现和实现自身价值的途径。外生性的帮扶组织则由农村人口以外的主体组织开展，这些组织在提高农村凝聚力方面也贡献颇多。

（三）加强村委会建设和乡村治理建设

村委会是基层村民自治组织，是村民行使民主权利和参与乡村治理的平台，未来农村的发展将离不开村民在乡村建设中更高的参与度。村民应当积极行使其民主权利、反映其在乡村建设和发展中的利益诉求，而村委会也应当本着对村民负责的态度执行好各项村务。

村务公开是提升乡村建设中村民参与度的重要举措。村委会应将重要的事务和决策结果以宣传栏等形式公开，如低保户的确定、村委会的选举、乡村建设的成果等。由此可以保证村民对乡村治理的关注度，并积极地建言献策。

（四）引导家族、宗族和宗教组织合理运行，增强村庄的社会黏合度

相比于其他社会组织、政治组织通过一定的规则和制度维系，宗

族和宗教组织基于共同的情感和认知——包括同宗同族的血缘关系和共同信仰的价值观念——在其成员之间建立联系。表面上看来宗教和宗族相比于具有正式规则的组织对其成员的约束更加宽松，但实际上宗教和宗族成员之间分享共同的价值观和家族观念因而可以自发形成稳定和紧密的联系。宗族和宗教在现代农村中都出现了一定程度的没落，这主要源于两者可能会有部分活动落后或有悖于现代社会运行规则，如不同宗族或宗教间的斗争，部分宗族或宗教活动中的性别歧视等。对此，应当采取取其精华、去其糟粕的态度而非一味全盘否定宗教和宗族在维系其成员关系中的纽带作用。在适当的引导下，使宗教和宗族成为乡村社会的重要黏合剂。

近些年来，修家谱的热潮在民间兴起，通过广泛搜集资料还原家族图谱和家族历史。宗族成员可以通过修家谱的活动找到归属感和身份的认同感，并且从先祖的事迹中学习家族文化，如孝亲敬长、勤奋好学等家风的传承。另一方面，宗教在一定程度上给人的精神以"终极关怀"，同时也在一定的时期内承担过道德教化的作用。对宗教的引导主要体现在对积极的宗教教义的推广，比如大多数宗教都宣扬的"友爱互助"等。

（五）动员全社会各种力量进行"参与式扶贫"

扶贫工作主体单一、过度依赖政府是当前扶贫开发的一大突出问题。多种主体的参与式扶贫一方面可以丰富扶贫开发的资源，降低政府财政支出、人员安排的压力；另一方面，各个领域的专业人员可以深入村庄内部，在了解当地独特情形的基础上制订更加精准的扶贫方案。多元主体包括政府、企业、非营利组织、个人志愿者等。如河南信阳郝堂村的扶贫开发就充分调动和利用了来自社会各界的力量。该村于2009年开展的内置金融实验由中国乡建院发起，在构建金融体系的基础上，乡建院为郝堂村的乡村治理、产业发展、住房改造等方面进行了规划和设计。在扶贫开发的过程中，地方政府积极地为郝堂村申请项目资金，支持乡村基础设施建设，村“两委”也主动配合构建村社共同体并引导村民自治，来自全国各地的志愿者、乡村教师、学者、建筑师和艺术工作者也参与其中，为郝堂村摆脱贫困、建设新农村贡献力量，多方行动形成了一个多元化的乡村减贫和乡村治理景观。

第五章
内生性扶贫的根基、机制、载体与抓手

一、如何正确地看待贫困?

中国是反贫困成效最为显著的国家，改革开放以来，约 7 亿贫困人口脱离了贫困，这个巨大的成就举世公认。但是，迄今为止，中国又是全世界贫困人群最为集中的国家之一。中国虽然持续数十年高速发展，但是实际上还是一个人均收入较低的国家。贫困人口的存在对于中国整个经济发展和社会和谐都造成了非常严重的影响。这个问题实际上跟我们每个人都息息相关。贫困人口的大量存在导致我们每人每天都有可能面临很多挑战，影响着我们这个社会的和谐、稳定与发展。

贫困，又是一个非常复杂的问题，不容易谈论清楚。贫困的原因，既有精神层面的，也有物质层面的；既有先天的因素，也有后天因素；既有整体的因素，也有个体的因素；既有经济层面的原因，也有非常深厚的文化、宗教、民族和历史的根源。所以我们在分析贫困的时候，应该用一种更加多元化的视角，不要把贫困问题简单化。认知层面的简单化，往往会导致在行动层面的偏颇甚至错误。

现在不论在理论层面还是在决策层面，对于什么是贫困，什么是真正的扶贫，还有很多认识误区，有必要从观念上加以澄清，以下几个方面的认识对扶贫工作极为重要：

第一，我们不要绝对地以收入水平为标准来看待贫困。收入水平不是一个绝对标准，贫困是相对的。一个人是否贫困，我们要综合来看，既要看收入，同时更要看当地的生态环境、当地的民风、当地人的幸福感、当地人的收入差距与平等感，这些都会影响一个地区的人的贫困水平。假定一个地方看起来人均收入比较高，可是生态环境差，人们的平等感比较差，幸福感差，民风不好，这种地方我认为仍然是贫困地区。我们在云南调研时，感觉很多地方民风淳朴，生态环境保护得很好，人们之间收入差距小，农民的幸福感其实不低，但是，你要看他们的收入水平，基本上人均在两三千左右。但是你能说这些人群就是绝对贫困人群吗？这些地方山清水秀，民风又很好，人们之间的收入差距不大，当地人民的幸福感并不低。所以很多干部用收入水平作为贫困的绝对标准，认定这些人是贫困人群，经常到这些所谓的“贫困人群”家里去访问，帮人家出主意搞创业，尽管初衷很好，但是却并没有获得当地人民的认同和欢迎，他们觉得自己过得很好，不需要扶贫。这种情况的出现搞得基层干部比较尴尬，但是细想，他们又有一定道理，问题出在我们一厢情愿地以绝对收入为标准来定义贫困，这个视角其实老百姓未必认同。

第二，所有的扶贫干部，包括挂职干部、外来帮扶人员等，不要以居高临下的“鸟瞰式的”眼光去看贫困人群。当你面对贫困人群的时候，不要觉得我们的生活状态就一定比他们更好。这是很多挂职干部和帮扶人员心理上的通病，每次面对贫困人群都以怜悯的眼光看人家，这是不对的。我研究贫困问题有年，我的经验是，你不要一厢情愿地认为你的生活状态就比人家更好，你要谦卑些、平和些、客观些，不要居高临下，不要采取俯瞰的视角。我认为我们很多人的生活状态还不如那些我们所谓的贫困人群的生活状态好，我们的幸福感有可能不如云南的一个所谓贫困农户幸福感高，这一点我们自己也许要更多地自省，这种自省、客观、平和、平等的观察者的心态，对于扶贫的顺利进展和准确找到贫困根源，是非常有益的。

第三，我们不要把自己认为好的生活方式和生活状态想当然地带到扶贫当中。比如有些人觉得贫困地区通信不发达，移动通信不普遍，也不使用微信，所以这个地方很落后。这是一种非常荒谬的想法。你要注意，这个村子里面实际上不太需要移动通信来沟通，因为一个乡土社会的相互联络就靠面对面的交流，不是靠手机，也不靠微信、QQ 和电子邮件。他们在这个乡土社会当中生活得很幸福，交流很充分，但是你偏偏要推广这个东西，这就是我们把自己认为好的生活方式想当然地嫁接或是移入到这些贫困人群当中去，这个思路是不对的。我们要顺应贫困人群自己的生活方式和文化形态，在这个基础上发现和发掘内生于贫困人群所在地区的产业发展潜力，以此来带动贫困地区发展。扶贫者不要生硬地把自己的生活方式一厢情愿地简单地照搬到贫困人群中，而看不到不同地域、不同民族和不同文化形态各自独立的“场域”。

第四，我们也不要用施舍的姿态来对待贫困人群。不要以为一个人贫困，你施舍他，给他慈善捐赠，给他送项目，就能解决问题。很多纯粹施舍的捐赠式项目的效果极为有限，甚至很多此类项目养成了贫困人群的高度依赖性，破坏了他们内心本来应有的自尊心，使他们丧失自我扶贫的内在动力。我特别强调内生性扶贫，就是提醒扶贫界要摒弃那种自上而下的外生式的施舍态度，要以提升贫困人群自生能力为根本目标。

第五，在扶贫时，我们不要只看到贫困地区的消极面，而看不到积极面，我们要换一种眼光看问题。我们到所有的贫困地区去看，实际上这些地方都有闪光点，都有积极的一面，甚至有些贫困地区有发达地区所不具备的东西。比如说我们到云南、贵州去，到青海和甘肃去，我们会发现这些地方民风淳朴，生活节奏缓慢，二元结构不明显，人们的幸福感比较高。难道我们每天追求的不就是这些吗？假如这个地方通过经济的发展，变得生活节奏非常快，人们的心态非常焦躁，生态环境变坏，民风变得不再淳朴，人们的平等感很差，我们的扶贫还有必要吗？我们在扶贫过程中要注意保护当地人民这种生存的幸福感，而不要在扶贫过程中把这种幸福感搞没了。我们要看到，在贫困人群当中，存在着大量的闪光点。所以，我们到一个地方去扶贫，不光要去分析这个地方存在的问题和弊端，而且要注意发现这个地方的优点和闪光点，这样我们才能找到这个地方减贫工作的着力点。比如云南这个地方民族文化非常璀璨，有非常丰厚的文化资源，民风淳朴，生活节奏比较适于人的居住等，我们可以有针对性地发展这个地方的文化旅游产业，发展民俗、民宿产业，开发当地的特色工艺品和农产品，这样我们的扶贫才有动力，才能抓到真正对的东西，扶贫也才会有真正的出路。

第六，扶贫不要"唯 GDP 论"，要考虑综合的、系统的、可持续的、长远的发展问题。现在党中央提出扶贫攻坚，要在 2020 年全面消除绝对贫困。现在给地方下达的任务是三年之内脱贫，这个任务一下达之后，很多地方就开始在 GDP 上做文章，这个方法是不对的。扶贫攻坚整个战略当然是极为正确的，但是"唯 GDP 论"是错误的，"唯 GDP 论"最后导致我们的扶贫工作变得非常焦躁，非常肤浅，往往造成形式主义，把 GDP 和收入看成唯一的目标，忘记了我们要综合地考虑问题，长远地考虑问题，忘记了着眼长期培植当地贫困人群自我发展的根基，忘记了解决一些长久性的、根本性的问题。短期主义和形式主义行为，使我们的扶贫工作往往不到位，即使在表面的收入意义上使一个贫困农户脱贫，也不能保证他在以后不返贫，不能保证贫困地区以后可以获得可持续发展。

第七，我们在看待贫困的时候，往往更多地注意到物质上的贫困，而没有注意到精神上的贫困、文化上的贫困、伦理上的贫困。我们去看帮扶的对象，很多人会问这个村需要什么产业，这个家庭需要什么帮助。但是我们忘了去分析，这个村乃至这家人在精神层面、在文化层面、在伦理层面需要什么，应该如何提升。很多地方穷并不仅仅是因为物质层面的贫困，而是因为民风、文化、伦理和乡村治理层面的问题。一个村庄没有凝聚力，没有很好的文化，没有好的风气和氛围，这个村庄就很难富起来。我下面讲到的内生性扶贫和社会网络扶贫，就贯穿着文化、伦理和治理的视角，这是扶贫中最重要也是最容易被忽视的部分。

第八，政府在扶贫方面也不要“唯项目论”。现在你去跟地方政府的官员谈论贫困问题，听到最多的两个字就是“项目”，他整天跟你谈项目，关心你带来什么项目。这当然是可以理解的，也是合理的，但是这种政绩驱动的“唯项目论”往往对真正解决贫困问题起不到太大的作用。政府要从完善服务体系入手，从确立服务理念入手，从转变政府行为入手，来提升当地对外来投资的吸引力和感召力。要通过改变政府行为方式，来动员民间力量、动员市场力量、吸引民营企业来参与扶贫工作。有些地方政府对于上项目比较热心，轮到他自己改变行为方式了，却很难改变，导致很多项目的实施出现问题，项目的执行质量不理想，因而导致很多项目的扶贫绩效不佳，其根源就在于政府的行为方式有问题。

第九，我们在扶贫过程中，既要重视看得见的基础设施（如交通等），也要注意看不见的“基础设施”，这就是理念的改变，而理念的改变是扶贫中最艰苦的一环。要在贫困地区逐步地加强各种对扶贫工作极为重要的理念的灌输和宣传，比如市场的理念和尊重契约珍惜信用的理念，比如要加强贫困人群的竞争意识、开拓意识、合作意识、开放意识、效率意识，要强化贫困地区的文化和道德观念。硬性的基础设施的改善相对简单，但是软性的东西改变起来比较难，比如说市场意识、效率意识、契约意识等。在扶贫工作中，我们既要抓有形的东西，又要抓无形的东西；既要看到物质层面的东西，也要看到理念转变的重要性，要在乡村中大力倡导现代市场经济理念，逐步培养贫困人群的现代观念，使其逐步适应现代社会的生活方式和生存方式。尤其是在易地扶贫搬迁的过程中，贫困人群被迁移到一个新的城镇社区，彻底改变以往在深山散居的状态，进入了在城镇社区聚居的生活，这对贫困人群的生存生活理念是一个很大的挑战，他们必须适应现代社区生活，必须学会遵守和尊重新的城镇社区的公共规则，必须树立一种现代社会的规则意识、公德意识、契约意识。因此在搬迁人群中进行这些新理念的教育，就成为决定易地扶贫搬迁工作成败的重要因素。

第十，现在的扶贫工作中出现一个怪现象，就是扶贫干部充满危机感，极为积极和忙碌，但是有些贫困户的积极性却不高，甚至出现贫困人群与扶贫干部对立的情况。这种情况的出现，表明有些地区的扶贫工作指导思想和方法出现了问题。我到云南弥渡县考察，当地扶贫干部说：我们扶贫干部面对贫困群众真是“急得要死”，千方百计想去扶贫，但是贫困户一点也不着急，他们是“死也不急”。为什么有这种怪现象？因为我们这么多年以来一直一厢情愿地、居高临下地去扶贫，主观地要去帮助贫困户脱贫，可是我们没有让他自己爆发出这种动力来，没有激发贫困人群内生的动力和激情，这是政府扶贫当中特别需要反省的问题。扶贫干部积极帮助贫困户脱贫，给他送项目，但是贫困户却不动，这说明他自己没有动力。毛主席在做群众工作的时候，特别注意“发动群众”，注意调动群众的积极性，今天我们在扶贫工作中也要注意“发动群众”，注意激发贫困群众的内生动力，不要简单地“给”和“送”。现在上扶贫项目，应该建立一种竞争机制，设立一个竞争条件，贫困人群都可以过来申请和竞争这个项目，政府来加以甄选。这样的话，就比单方面给他一个项目要好得多，农民自己就有动力去改善他的条件，积极去“动”，而不是“被动”，从“要我脱贫”转变为“我要脱贫”。

以上十个方面，是我们在认识贫困和扶贫中应该注意的一些问题。如果分析中国贫困的根源，我认为，当前中国绝大部分贫困仍然属于制度供给不足型的贫困。什么叫制度供给不足型贫困呢？就是公共制度缺失造成的贫困。比如说农村教育体系不完善，医疗卫生制度不完善，收入分配制度不合理，金融信贷制度、社会保障制度和养老保险制度、农村土地制度等还不到位等，这些制度方面的缺失是导致贫困的根本原因。我们在考虑扶贫工作的时候，要首先考虑在这些制度层面进行变革、完善，而这些完善公共制度的工作，都是普惠性的，惠及当地所有的农民，为扶贫工作奠定坚实的基础。公共服务体系和制度设施比较完善了，就为下一步的精准扶贫提供了有利条件。

部分地区的贫困属于区域发展障碍型贫困。这些地方往往因为区域发展特点，其交通、通信、市场设施不完善，有些地方因为恶劣的自然条件，从而引发贫困。这些地方大部分集中于西藏、云南、贵州、甘肃等等，由于高寒、多山、缺水、石漠化、荒漠化严重，容易发生贫困。对于这些由于基础的生存环境造成的贫困，一般来讲，要么需要大规模改善生态环境，要么需要移民搬迁。像贵州、云南很多地方，都需要进行大量的移民搬迁，移民安置工作很繁重。

还有一种是结构型贫困，也叫可行能力不足型贫困。这种贫困一般来讲是因为个体的能力不足造成的。大家注意，这个不足不是身体的缺陷，而是因为他的其他能力不足，如一个人的生产能力、获取知识的能力、决策能力、沟通能力、社会交往能力等的不足。这种贫困的原因一般都是个体性的。下面我们将要讲到的社会网络扶贫，针对的就是社会网络缺失导致的贫困，这种贫困的根源是一个人在一个社会群体内难以获得交往资本，从而成为一个孤独的个体，因此当他陷入贫困之后就很难脱贫。所以提升可行能力，既包含增加技能和知识，还要包含提升社会资本，强化贫困人群的社会网络。

当然在民族聚居区，存在着大量的更复杂的族群型贫困。尤其是边疆少数民族地区，存在大量因为生活方式、历史原因以及自然条件等原因造成的贫困，这种贫困我们称之为族群性的贫困。这种贫困的原因一般是综合性的，比较复杂。现在内陆边境国家级贫困县有 40 个，占全国内陆边境县的 30%。云南省 25 个边境城市当中，有 17 个属于国家级贫困县。在全国 592 个国家级贫困县当中，有 257 个少数民族自治县。

二、以多元综合的方式推进扶贫

由于中国大部分的贫困是制度供给不足型贫困，所以扶贫工作首要的是进行系统的制度供给，因为农村医疗制度、农村教育制度、农村金融制度、农村社会保障制度和养老制度等等不弄好的话，你想搞扶贫是没有办法的。所以，我们现在的当务之急是要完善这些制度，推动制度变革。比如说在教育方面，在新型合作医疗方面，农村金融创新方面，新型养老保险和社会保障制度方面，以及公共财政向农村倾斜方面，我们近年来有了一些显著的变化。土地制度的调整现在慢慢开始了，土地流转比以前更加灵活了，为规模经营提供了条件。制度变革型扶贫是一种普惠型的扶贫方式，对所有贫困者都有作用。

中国要大力推动基础型扶贫和生态恢复型扶贫，要大规模改善基础设施条件。我2015年到云南弥渡县苴力镇的时候，路还没修好，可是一年后苴力的九道湾公路就修好了，非常令人震撼。可是，我们很多乡镇，道路条件仍然非常差，这为发展设置了障碍。这些问题，国家财政、省级财政要想办法解决，我们不要以为强调精准扶贫了，这些事国家就可以不做了。精准扶贫不是国家推卸基础设施建设责任的借口，不要说我们现在搞精准扶贫了，我们就不管基础设施了。其实对于反贫困来讲，最有效的就是基础性扶贫与制度变革型扶贫，要变革制度，要提供基础设施条件，尤其是交通、通信这些基础条件。基础设施建设和公共服务制度完善问题，政府要拿出相当的财力来彻底解决。我们还要保护生态环境，搞好生态搬迁、易地安置，使贫困者能够跳出低水平均衡陷阱，实现整体脱贫。我考察过云南弥渡县苴力镇白云村，看了易地安置后政府出钱建设的集贸市场，政府给每一个贫困户一个摊位，让这些生态移民搬得出，还要住得下、活得好。

我们还要重视能力增进型扶贫，针对可行能力不足的不同情况，进行结构性的扶贫，也叫造血型扶贫。“授人以鱼不如授人以渔”，有些人有劳动能力，我们要给他们提供更多的条件，增进他们各方面的能力，让他们自我脱贫，这方面中国在最近几年有很多进步。其中一个途径就是通过融资，通过微型金融，来解决贫困人群的问题。云南省弥渡县搞了很多政府贴息的小额信贷，增强农民的自我脱贫能力，这方面我们大有可为。我曾经到云南大理州洱源县、鹤庆县去考察，那里大力推广社区发展基金，就是政府出资和农民自己出资相结合，共同打造一个基金，用发放小额信贷的方法来支持贫困户发展，这样就实现了自我发展，不用等待别人的救济。同时，针对农民自我组织能力不足的问题，政府应该加强合作社的教育，把农民组织起来，提高农民的市场谈判能力和抗风险能力。合作社是增强农民自组织能力的重要载体，同时我们还要大力发展新型农村集体经济。

由政府托底、对一些特殊人群进行救济式扶贫也是非常重要的，对残疾人、孤寡老人等，民政部门与非政府组织要进行慈善救济，同时通过社会保障体系的完善来解决特殊人群的脱贫问题。但是，即使是对那些失去劳动能力的人的扶贫问题，我们也要创新机制。我在弥渡县苴力镇调查时，发现他们有一种新模式，就是把那些五保户和孤寡老人集中起来，成立了一个养老院，办成“养老院＋花园＋果园＋乐园”的形式，这些老人自己种花，自己种菜，以院养院，自己解决自己的问题。有这种创新机制，就不需要等民政部门来救济，他们可以自力更生，自动组成一个可以实现自我救济、自我帮助的社区，来解决自己的问题，实现自足而快乐的生活。

三、精准扶贫和社会网络扶贫

最近大家提“精准扶贫”比较多，但是关于精准扶贫误区也非常多。

第一个误区，有些人认为精准扶贫就是一家一户的扶贫，每家每户调查清楚，建立台账，进行“一对一”的帮扶，以为这就是精准扶贫了，实际上这是一个很大的认识误区。

第二个误区，有些人认为精准扶贫就是一对一地通过社会捐赠和财政支持，让贫困户达到脱贫标准。只要当年收入超过贫困线，就算是脱贫了，这就造成一些形式主义的“假脱贫”。

第三个误区，认为精准脱贫就是实行扶贫干部“一对一”帮扶，帮助贫困户找项目、拉赞助、找贷款，最后让这个贫困户实现个体脱贫。

这些都是对精准扶贫的误解。精准扶贫实际上是对制度变革型扶贫、基础型扶贫等普惠型扶贫的一种补充，但它不能替代后者。不能说要搞精准式扶贫，国家就不再着重于基础设施建设，国家就在制度变革方面不进行创新了，我认为这是不行的。假如一个地方制度变革型扶贫与基础型扶贫没有到位，精准扶贫是不会有效果的。我经常讲，精准式扶贫是扶贫攻坚阶段最后要干的事，不是最初要干的事，这个地方基础设施还不行，很多制度安排还是缺失的，这个时候谈精准扶贫能行吗？村里进不去汽车，道路很差，你要一家一户去扶贫，那是很难奏效的。要解决一家一户的贫困问题，必须抓住这些农户贫困的根本，要建立一种常态化的机制，而不是拘泥于个案去扶贫。我们不要光搞那种个体化的、分散化的、个案式的、零星的扶贫工作，而忘记根本性的、关键性的、长期性的、整体性的工作。零零散散的扶贫效果不大，有了效果也是打折扣的，而且不可持续。

我最近提出了一个新的理念，这个理念我认为对于扶贫非常重要，叫“社会网络扶贫”。一个人陷入贫困不能自拔，主要原因在于没有强有力的社会网络来支撑他，于是他成为一个离散的、被抛弃的、孤独的、无助的个体。如果没有一种体制、没有一种网络把贫困者托起来，这个人就成了一个永远不能脱离贫困的个体。

仔细观察我们就会发现，非贫困人群背后都有大量的无形的制度和组织，形成了这些非贫困人群赖以生存的社会网络，比如教育制度、社会保障制度、养老制度、医疗和保险制度等；这些非贫困人群背后都有一个或多个组织，形成一个巨大的社会网络，把他们紧密地凝聚起来，使他们拥有巨大的社会资本，可以进行广泛的社会交往，从而实现有效的社会沟通，这些社会交往和社会沟通会帮助他们实现自己的愿望，并使他们感觉不再孤单，感觉自己被社会所需要，被社会所庇护。这些制度或组织成为一个坚固的底座，把非贫困人群托起来，使他们很难陷入贫困。所以我们要注意，一个人要脱离贫困，不陷入贫困，最关键的就是要有一个社会网络把他托起来，使他处于一个坚固的社会网络当中，永远漏不下去。贫困人群的脱贫，最根本的举措就是要构建这么一个社会网络，让他们永远在这个网络当中不漏下去，不成为一个孤独的个体。一家一户的分散型的扶贫不是精准扶贫的初衷，相反，我们要强调贫困农户一定要建立一种相互联系、相互凝聚、相互扶助、相互合作的机制，要建立一种让他永不散落和漏掉的机制，使贫困人群不成为一个个孤独的个体，而要融入整个社会。归根结底，就是让他们获得庞大的有效的社会资本。

构建社会网络，有很多途径。比如发展合作社就是有效提升农民社会网络的一种方法，让农民在一个合作社当中互相扶持，互相沟通，共同承担风险，共同探讨发展道路，共同推出自己的农产品品牌，“人人为我，我为人人”；要有龙头企业带动农户，通过“企业+农户”带动那些分散的农民，由村里的种养殖大户带动周边的邻居，把零散的农户像珍珠一样串起来，形成一个项链；还要加强乡村的治理，充分发挥村“两委”和村里其他组织的作用，使整个乡村有凝聚力，有感召力，及时与贫困户沟通，帮助贫困户解决问题，使贫困农户不觉得孤独；我们还要发展农村集体经济，集体经济壮大了，贫困农户就有后盾，就可以比较好地解决养老问题、社会保障问题、就业问题等等。

所以，我们要实施精准扶贫，首先就要考虑为农民建立起这样一个庞大的、非常有凝聚力的网络，不让任何一个农民漏下去。其实制度供给型扶贫就是为他们建立一种社会网络，一种制度性的网络。我们所有的扶贫工作都围绕一个核心，即构建一个结实的网络，如果你的扶贫是单打独斗地针对一个个的个体，效果是不会大的。云南弥渡县苴力镇雾本村冬桃专业合作社，就是依靠合作机制把农民联系起来，形成了一个牢固的有效的社会网络。刚才探讨的集贸市场是一种农村集体经济，它也在构建一个社会网络，而不是单个地去扶贫。

四、从外生式扶贫到内生性扶贫

我去年研究了福建宁德的扶贫模式。宁德是一个非常贫困的地区，最近二三十年以来，各级干部和老百姓一起奋斗，宁德发生了巨大的变化。宁德也是习总书记工作过的地方。我在研究宁德模式时就提出一个新的概念“内生性扶贫”，就是要在扶贫过程中着重于各种要素的整合和机制创新，激发和挖掘内生于贫困人群自身的力量，使贫困人群产生一种持续的自我减贫的动力和创造力。[①]

内生性扶贫引发了扶贫模式的三个重要转变。第一个转变是，我们的扶贫模式要从借助外部力量的外生性扶贫模式向激发贫困人群内在力量的内生性扶贫模式转变。假如一个地方基础设施不好，公共服务和制度条件缺失，就得主要依靠政府的力量，通过外部力量来解决，这叫外生性的扶贫。外生性扶贫是一个不可逾越的阶段，但单纯的外生性扶贫是不够的，这就需要内生性扶贫及时跟进，要通过机制创新，通过贫困人群自身的能力建设实现贫困人群的自我脱贫，只有这样的脱贫，才不容易返贫，才是可持续的脱贫。

第二个转变是，中国的扶贫模式慢慢由粗放型的扶贫向精准扶贫转变。在扶贫工作的攻坚阶段，原来的比较粗放的普惠式扶贫要慢慢转变为精准式扶贫，由“面上”的扶贫转到“点上”的、精准的扶贫。当然，“点上”的扶贫也离不开“面上”的扶贫作为基础，要“点面结合”，不能把精准扶贫搞成分散化的扶贫。我们要深刻分析每一个贫困者致贫的根源，寻找他致贫的具体原因，有针对性地探索脱贫方案，精准施策。

第三个转变，就是从单一型的扶贫向系统型扶贫转变。在扶贫的

---

① 关于宁德模式，具体可以参见本书第十四章。

早期阶段，一般都是政府主导的单一型扶贫，通过注入财政资金、人员帮扶等来扶贫，不能有效动员各种社会力量。现在我们做扶贫，确实应该八仙过海，各显其能，不能再单一化扶贫，要开展综合性、系统性、多元化、全方位的扶贫。第一，政策取向多元性。要发挥各方面的积极性，在政策层面鼓励他们发挥不同的作用。第二，参与主体的多元性。鼓励企业家、社会公益工作者、政府人员、教育工作者、金融机构等不同主体参与到扶贫工作当中来，形成扶贫的合力。第三，扶贫要素的多元性。社会的各种要素都能带来自己的资源，都有自己的优势，要广泛动员，多方借力。

内生性扶贫最终要实现三个目的。第一个目的，就是要培养农民的主体意识。扶贫干部“急得要死”，贫困户“死也不急”这个情况必须改变，一定要培养农民的独立自主性，激发农民的主体性，让他变为脱贫的主体，而不是单单干部去着急。不能让农民对补贴和各种帮扶资源产生依赖性，而要发挥农民自己的创新精神，只有这样，才能实现彻底的脱贫。

第二个目的，要实现机制化。通过各种机制设计，而不是直接的、明显的、物质的补贴或者是支持来实现农村的发展。要重视机制建设，拿看不见的机制来支持农村的发展。

第三个目的是实现农村发展的长期性与可持续性。一次性的发放资金、物资、财政补贴不能解决长期的问题，政府的思路应该是要实现农民发展的可持续性、自我的可复制性与长期性，不能采取短期的做法，不要急功近利，大跃进式的形式主义扶贫必须杜绝。

五、内生性扶贫的根基：乡村善治与发展集体经济

内生性扶贫的根基是乡村治理的完善和集体经济的发展。1978 年

改革开放之后，新的农业政策释放了农村经济的活力，农民人均收入在 80 年代初期有了突飞猛进的增长，农民劳动积极性提高了。但是我们也要对 1978 年以来的农村承包制改革的弊端有清醒的认识，这个弊端在于重新把农民变成分散化的个体，农民的耕作方式、生产方式重新又回到非常原始的生产方式和耕作方式。一个原子化的、分散的小农，他有可能短期解决温饱问题，但是对于发展问题，对于奔小康的问题，对于实现富裕问题的解决，却无能为力。所以中国最早开始探索家庭联产承包责任制的安徽凤阳小岗村的领导说："小岗村一年解决温饱，三十年未走进富裕。"在 80 年代初人民公社解体之后，短时间内经济发展很快，可是到了 90 年代之后，农村的各种问题就逐渐冒出来了。

最大的问题是农村变得非常凋敝，乡村治理出现很多真空地带。没有很好的乡村治理，没有强大的集体经济做支撑，农村的发展就会滞后甚至倒退，很多农村村容不整洁，村风不正，甚至有些村子流氓当道，邪气盛行，经济凋敝，社会混乱。人民公社制度被放弃之后，农村集体经济慢慢弱化，农民的生产方式分散化了，组织农民的难度非常大。乡村治理的真空化与集体经济的薄弱，我认为这是阻碍农村长远发展的两个重要因素，也是影响内生性扶贫的重要因素。

乡村治理是扶贫的基础，要彻底扶贫，还需要好的乡村治理，一个没有凝聚力的乡村是不可能搞扶贫的。一个项目落到一个治理得比较好的乡村就能变活、扎根，最后发展起来。一个好项目，落到一个乡村治理比较差的村庄，就死了。

所以我最近提出一个概念"多元共治"。我们现在的乡村治理，当然已经不可能退回到人民公社时期的乡村治理，今天的乡村治理是要鼓励多元参与，实现协商民主，要摒弃原来一元化的模式，吸引各种社会力量来参与乡村治理。村委会是村庄治理中核心的领导力量。

此外还有合作组织等经济治理力量以及家族、乡贤、企业家等乡村精英的力量，还有非政府组织等社会各方面的力量。这些力量都可以参与到乡村治理当中来，保证乡村有很好的治理，而不是一盘散沙。所以我们必须加强乡村的治理，要打造新乡贤体系，把村里那些有知识、有文化、有能力、有威望的人集中起来，让他们在村庄发展过程当中、村庄的治理当中有更多的发言权。打造新乡贤，就是要全面地重新塑造一个强大的乡村治理体系。我觉得各位扶贫的干部，不光要去拉项目，还要观察这个村到底是不是有凝聚力，这个村庄当中哪些人有能力、有知识、有奉献精神、有威望、有权威，这个村庄在外部还有没有一些有巨大社会资源的乡贤，扶贫干部把这些人的力量聚拢起来之后，扶贫工作就有一个坚实的基础。

成都的村民议事会制度值得借鉴。村民议事会是独立于村“两委”的议事决策机构，村里每三十户左右选出一个委员，组成村民议事会，村庄的重大决策归村民议事会来讨论决定。这个村民议事会是最高决策机关，而村委会是最高执行机关。后来我到成都的蒲江县等几个县去考察，当地村委会主任都表示愿意搞村民议事会。以往很多村庄的公共事务推行不下去，农民意见很大，上访的很多，现在通过村民议事会，自己决策，村民愿意接受，村委会只是去执行村民议事会的决策，这样一来就避免了很多矛盾纠纷。村民议事会发挥了民主协商的作用，有了村民议事会之后，村庄决策变得有效率了，村庄的公共治理更完善了，这就为村庄的内生性扶贫奠定了基础。

同时，要特别注意发展农村集体经济。一家一户的，原子化、分散化的小农是不能解决奔小康问题的，将来还要鼓励集体经济的发展。现在几乎所有乡村的公共品依靠向政府伸手来解决，因为集体经济缺位。但是有了集体经济之后，这些问题村庄自己可以解决。人民公社时期我国的农村经济基础很差，但是农村集体经济为村庄发展提供了非常强大的后盾，集体几乎提供了所有的村庄公共品，有合作医疗，有赤脚医生制度，有村集体办的教育，有自己的五保户养老制度等等，国家的财政压力就很小了，因为集体经济有实力。如果没有强大的集体经济，乡村的公共品就不可能很有效地提供。要壮大集体经济，政府应该给集体经济的发展提供条件，要盘活集体资产，尤其是土地，鼓励发展乡村的集体产业。

在 1978 年之后，党的文件当中一直强调农村要实行双层经营，就是鼓励个体经济跟集体经济同时发展。邓小平同志有一个著名论断，叫“两个飞跃”：“第一个飞跃”就是人民公社解体之后，老百姓分到了地，通过承包制激发了他们劳动的热情，提高了积极性，这是一个飞跃；“第二个飞跃”，就是由个体经济再飞跃到集体经济，实现共同富裕。这是大概 30 年前小平同志一个高瞻远瞩的思想。可是，我们现在理解小平同志的思想，把后半段忘记了，小平同志讲“两个飞跃”，可是我们第一次飞跃之后，第二次没有飞跃起来，忘记了发展集体经济。我们的农村缺乏集体经济，所以对老百姓的扶贫工作很难到位，乡村水利、农田改造、道路修建、文化设施、医疗卫生都靠上面拨钱，因为集体经济没有了，这些都影响到了村庄的发展和扶贫工作。所以，我们在扶贫中要把发展集体经济提上议事日程，要实现小平同志讲的“两个飞跃”中的第二次飞跃。十八大、十九大以来农村集体经济的发展进入了一个崭新的阶段，这是一个令人振奋的现象。有了壮大的农村集体经济作为基础，内生性扶贫就有了动力源泉。

六、内生性扶贫的有效机制：市场机制培育与社会力量动员

内生性扶贫的有效机制是大力培育市场机制，广泛动员社会力量。

第一，我们要大力塑造市场主体，给当地企业发展提供良好的条件。比如说现在很多地方都有大量农民出去创业，但是出去打工的年轻人也有很多回乡创业。这些回乡创业的年轻人有很好的工作经验，也积累了一定的资金，我们的地方政府要更多地考虑如何用市场机制来扶持这些人，给他们良好的创业条件，在企业注册、资金支持、税收优惠、创业场所等各方面给他们优惠待遇。这样就把企业家培养出来了。这些具有企业家才能的人，就可以广泛带动贫困群体去脱贫创业。

第二，要大力完善要素市场。一个是劳动力要素。劳动力要素市场的培育很重要，要进行大量劳动力培训，政府要做大量的中介服务，让贫困群体和农民能够出得去，让外面的人能够进得来，劳动力市场要建立起来。另一个要素是土地。要有一个很好的土地流转的市场。这个对于农民的规模化经营非常重要。一个合作社，一个家庭农场总要有几百亩、几十亩地经营，土地流转市场必须建立起来。

第三，还要建立广泛的社会力量动员机制。我一直强调动员社会力量，把内生资源跟外生资源有效地融合。社会力量包括外来的企业家、社会团体工作者、专家教授、大学生、政府扶贫人士以及各类乡村建设参与者。这些人到农村来，可以给传统的封闭的乡村带来很多新鲜的知识和信息，可以帮助贫困群体建立更大的社会网络，从而有助于扶贫工作的广泛和深入开展。

七、内生性扶贫的组织载体：把分散小农整合为“大农”

近年来中国政府一直强调要培育新型经营主体，新型经营主体主要有：龙头企业、农民合作组织、家庭农场、种养殖大户。这四类主体都能起到农业规模化经营、集约化经营的作用，都能把农户连接起来，都能起到塑造一个社会网络、让小农户充分组织化而不成为一个个孤单的个体的作用。

培育新型主体的目的是让一个小农变成“大农”。未来中国农村的出路就是要把小农改造成“大农”。小农在一定阶段、一定地区仍然会大量存在，可是它一定不是主导性的力量。因为小农在经营过程当中风险极大，市场竞争力很弱，小农没有议价能力，没有谈判能力，没有信息处理能力，没有预测能力，没有抗风险能力，因此小农经济没有办法对接大的市场，尤其在农产品市场开放的背景下，在农业全球竞争的背景下，小农的局限性更加凸显。因此，扶贫过程中要着重扶持龙头企业、家庭农场、合作组织和种养殖大户这些新型经营主体。

在推广合作社时我提出两个概念。一个叫全过程合作，农民的合作实际上是贯穿于农业生产的各个方面，从种子开始到生产，到销售，到资金，都可以合作。全过程合作就是把农业生产的上下游打通，从上游的化肥、种子、生产工具、农药诸方面的合作，到中游的生产过程、技术培训、灌溉、农作物管理的合作，一直到下游的营销、品牌建设等等的合作。另一个是全要素合作，即把劳动力、土地、资金、信息、技术、管理进行全要素合作，实现各要素的最大效用。总之，通过全过程合作和全要素合作，我们的农民就不再是一个个原子化、分散化的小农，而是进入一个社会网络，能够实现各个要素的整合。

八、内生性扶贫的有效抓手：产业扶贫、互联网与新型乡村工业化

内生性扶贫的有效抓手就是农业产业的打造，没有产业作为有效

抓手，扶贫就会落空。一个地方必须发展自己的优势产业，而且这个产业要适合于当地的发展，能够带动贫困户持续脱贫致富。

打造产业是扶贫的重中之重。而且，在产业扶贫当中，农民的企业家精神也得到了培养，各地的产业品牌也培育出来，最终实现整个地区全面的发展。比如说我们考察过云南弥渡县苴力镇的养猪产业，要把这个产业链做好，这方面还有很大的潜力可以挖。一村一品，一镇一产业，要把产业精心打造起来。

最近一些年以来，互联网在中国发展迅猛。互联网革命不仅是一场技术革命，而且也是一场社会革命，互联网对整个社会形态产生了深刻的、革命性的影响。互联网极大地改变了人们之间的社会交往形态和经济交易形态，改变了社会共同体形成的方式。在农村的城镇化、工业化和现代化过程中，互联网扮演着一个重要的角色，它极大地促进了农村的信息化，也就是通过互联网的发展与普及，建立了一个极为有效的农村信息化网络，把农村社会经济的大数据整合起来，降低农村经济社会运行的成本，促进乡村治理和农村经济的发展。

近几年中国农村出现了一个新现象，就是“淘宝村”。我们不要把淘宝村仅仅视为利用互联网来兜售农产品的一种商业模式和物流模式，实际上，淘宝村是中国乡村工业化在互联网时代的一种新的形态的体现，预示着中国乡村工业化的一种新的趋势，可以称之为一种新型的乡村工业化。“新型乡村工业化”与原来的“传统乡村工业化”有何区别？表面上，从商业产品的生产和销售这个角度来看，似乎新型乡村工业化和传统乡村工业化没有什么本质区别。但是从乡村工业化过程中的信息传递方式、生产组织方式、产品销售方式以及对农村社会结构的影响来看，新型乡村工业化与传统乡村工业化有着巨大的不同。

2015 年，我考察了河北的一些淘宝村。河北以及全国各地有很多淘宝村，乡村工业正在如火如荼地发展，涉及很多产业。从产业来看，大部分淘宝村都是比较低端的产业。比如说我去了一个淘宝村，专门做汽车的各种装饰、配件等，生产制作的场所比较脏乱，技术门槛不高，管理水平也不高。可是我们不要看不起这些淘宝村，这些淘宝村吸收了大量的农村劳动力，尤其是闲余的劳动力（比如妇女和老人），提高了农村的就业和收入水平。同时，淘宝村还使得农民可以在家门口致富，避免长途迁移到大城市打工，这就保持了乡村的完整状态，维护了农村中家庭的稳定。这种乡村工业很初级、很原始、很粗陋，但是也很有活力，在生机勃勃地发展，它确实代表了中国乡村工业化的一个侧面。

淘宝村对农村社会结构的影响是深远的。我们以往强调在乡镇企业发展过程中，要“离土不离乡，进厂不进城”，农民要实现就近就业，农民在自己的家门口成为产业工人，实现身份的转变，从而实现农村的工业化和城镇化。但是这些年以来，农民大量流出，在大城市做农民工，这对农村的社会结构和乡村治理造成很大的负面影响。农民大量外流，造成大量的“空心村”。农民外流之后，家里的孩子就很难接受良好的教育，没有父母的熏陶，没有亲情的哺育，时间长了，孩子的心理问题很大，这些从小没有父母亲情哺育的农村孩子，到了成年之后，来到城市，就会引发大量的社会问题和家庭问题，因为他们从小就没有家庭的概念。农民外流之后，家庭就不完整了，丈夫和妻子往往分离，家庭的和谐受到损害，长期下去，农村的社会风气就乱了，农村社会伦理和道德处于失控状态。传统乡村工业化所导致的农村劳动力外流也引起了空巢老人问题，农村养老成为一个巨大的社会问题，孝道在农村迅速消失。同时，从更宏观的视角来看，农民大量外流，也引发乡村治理的失效，乡村里没有青壮年了，缺乏人力资本，何谈乡村治理？所有这些弊端都表明，原来的工业化模式必须转型。

我在河北调研，路上看到一个令人印象深刻的标语："与其东奔西跑，不如在家淘宝。"作为一个农民，与其整天东奔西跑到大城市打工，不如在家用手机或网络终端，建立一个淘宝店，依托当地资源做好一个产业，然后利用互联网把这些产品卖到全国各地甚至世界各地。依托"淘宝"产业，一个农民就可以获得很可观的收益，而且可以每天跟妻子、孩子、父母在一起享受天伦之乐，比东奔西跑在外地打工要好得多，幸福指数要高得多。基于互联网的新型乡村工业化极大地改善了乡村家庭的结构和乡村社会的结构，保障了传统乡村家庭的稳定性，维持了传统乡村的家庭伦理和孝道，使乡村治理的效率得到提升，乡村重新变得生气勃勃了，不再是死气沉沉的。所以我觉得对于这种淘宝村，应该有更积极的看法，要看到这些淘宝村对乡村治理的积极作用和对乡村伦理体系建设的正面作用。

互联网对乡村工业化的另一个作用体现在信息传递方面，这对于扶贫工作也极为重要。在互联网时代，信息的传递和扩散更加便捷，信息的生产成本更为低廉，信息的利用渠道和方式也越来越多元化，从而更有可能实现信息的共享。通过互联网，淘宝村能够迅速实现信息的互动和共享，农民可以很快实现对外界信息的获取，大量的信息（包括产品需求的信息、金融支付的信息、企业管理的信息、社会文化的信息等）通过互联网传递到农村，乡村工业在接受到这些信息后，会做出相应的反应。农民通过互联网学习到外面的世界的新东西，这就是"干中学"，互联网时代这种"干中学"的效应，比传统农村工业化时代要快得多、大得多。在获取到这些信息之后，农民就会及时调整自己的产品结构、生产方式、管理模式、金融支付方式，从而迅速改变乡村工业化的运行模式。当然，在这个过程中，外界的社会文化信息的渗透也越来越快，农村的现代化进程和城镇化进程也相应加快了。农村电子商务极大地改变了农村资源配置的方式和效率，实现了城乡资源的互动。很多城市的青年创业者和大学生也来到农村创办电子商务企业，淘宝村不仅吸引外出打工的农民回流农村，也吸引了富有创新精神、懂得互联网和现代科技的年轻人来到农村，这就为新型乡村工业化提供了人才基础。农村电子商务的发展，可以带动农村产业的各个层面，包括农产品的加工和生产、农村服务业、农村文化产业的发展，整体上提升乡村工业化的层次。

淘宝村基于互联网，还可以实现乡村工业化的“去中心化”发展。互联网本身就是“去中心化”的，因此原来不具有地理优势的农村，由于有了互联网，其信息获取方面的劣势慢慢被消解了，再加上城乡物流体系的长足发展，农村完全具备了“去中心化”的发展能力，可以不依附于大城市和大的商业中心，而各自独立发展。这就为小城镇化的发展提供了基础，也为保持乡村面貌、建设美丽乡村提供了条件，不至于在城镇化的过程中消解乡村、瓦解乡村，使美丽乡村建设可以和乡村工业化同步协调进行。

九、政府：为中国减贫和农村发展创造一个长治久安的条件

最近十八届三中全会提出一个概念，要让市场在资源配置中起到决定性作用，使政府在资源配置中起到更好的作用。这句话说得非常艺术，一个是“决定性作用”，一个是“更好的作用”。在扶贫攻坚阶段，政府实际上有大量的行动空间，在很多方面大有可为，但是需要有三个转变。

第一个转变是政府的行为应该实现从硬到软的转变。我们以往更加注重硬件建设，道路、基础设施这些当然非常重要，但是我们现在要更加重视软件设施的建设。软件设施就是机制建设，比如鼓励合作

社发展、建立社区发展基金、加强乡村治理，这些都是软的、看不见的东西，但是这些东西对扶贫非常重要，具有造血功能。

第二个转变是从明到暗的转变。以前的扶贫往往政府站在明处，用明的补贴来扶贫，这个方法在一定阶段有一定的必要性，但是不可持续，容易造成贫困人群的惰性。政府要把这个明的补贴变成暗的补贴，要采取“竞争性发放”的方法。政府有一笔补贴，不是给每个人免费发放的，而是要竞争性发放。假定这边有一百万扶贫资金，可以搞一个回乡青年创业项目支持基金，不要免费发放，而是要求回乡创业的青年递交申请书，把他的优势、条件、设想、商业计划书、以前做的工作和创业经历等告诉政府。一个青年要写好这个申请书，就必须考虑自己有什么优势，有什么长项，要让政府知道自己能够办成这件事。政府在收到的几十份申请书当中，挑选优秀的青年给他补贴，给他支持，这叫暗的补贴，这种竞争性的、市场化的方法，更值得提倡。

第三个转变是由直接向间接的转变。很多地方在扶贫中把干部派到某个村里去蹲点扶贫，这个干部千方百计找政府要钱，协调各方面的资金放到村里面去，在村里硬性推广某个产业，比如推广种蘑菇、养殖某种牲畜等，但是对这个种养殖项目的市场情况没有摸清楚，往往导致推广之后效果很差，东西卖不出去，不仅浪费了政府很多钱，农民也没有脱贫。这种直接的方法不如间接的方法，即政府不直接介入农村的各种事务，只是提供一种机制，让农民主动发展，要从直接的介入变成间接的机制支持。政府应该发挥巨大的引导作用，在精准扶贫当中发挥协调作用，而不是充当直接介入者。要注意对接农民和市场，协调农民与企业的关系，让市场机制和农民，企业利益共同体机制来解决问题，政府在其中扮演一个协调者、沟通者的角色。

最近一两年以来，政府下达的扶贫攻坚任务越来越多，时间越来越紧迫，有些地方制定了不切实际的指标和目标。这些都不同程度地反映了我们在扶贫中急躁、冒进的情绪。要克服这种冒进情绪，不要急功近利，也不要做花架子，不要有“毕其功于一役”的思想。消除贫困自然是越快越好，但是快也要讲究科学，讲究实事求是，否则“欲速则不达”。今天中国面临这样一个重大使命，就是要努力消除贫困，努力把它送进博物馆。但是要把贫困送进博物馆，就要高瞻远瞩，着眼于长远，着眼于机制建设，着眼于可持续。要为中国农村发展创造一个长治久安的条件，从各方面夯实农村发展的基础，从机制和制度层面找到可持续发展的有效途径，从而实现系统性的、内生性的扶贫。

第六章
微型金融发展与减贫机制创新

一、引言：我国反贫困的成就与深度贫困地区减贫的挑战

新中国成立揭开了我国大规模减少贫困人口伟大事业的序幕，迄今70年的扶贫事业可以大致分为六个阶段：第一阶段是发展壮大集体经济和初步建设基础设施阶段（1949—1978），为我国大规模减贫工作打下了良好的基础，是我国大规模减贫的发轫阶段；第二阶段是农村经济体制深刻变革和农村经济迅速发展阶段（1978—1985），这是我国大规模减贫的升级阶段；第三阶段是扶贫组织体系的系统建立和有计划地大规模扶贫阶段（1986—1993），在这一时期，我国扶贫工作进入了组织化、计划化和常态化阶段；第四阶段是实施八七扶贫攻坚计划（1994—2000），这是我国大规模减贫的攻坚阶段；第五阶段是我国扶贫开发的转型和进一步深化阶段（2000—2012）；第六阶段是十八大和十九大之后的扶贫攻坚最后阶段与彻底消除贫困阶段（2012—2020），这一阶段提出的精准扶贫等措施对彻底消除贫困起到关键作用。[①] 尤其是十八大以来，我国减贫力度不断加大，贫困人口

① 王曙光、王琼慧：《论社会网络扶贫：内涵、理论基础与实践模式》，《农村经济》2018年第1期。

大量减少，贫困发生率大为降低，减贫效果非常明显，为世界减贫事业做出了突出贡献，也极大地推进了中国贫困地区的经济社会发展，贫困地区农民可支配收入增长速度较快，超过全国农村平均水平。

表 6.1　我国贫困人口和贫困发生率的变化（2010—2017）

年份	贫困人口（万人）	减少量（万人）	贫困发生率（%）	减贫幅度（%）
2010	16567		17.2	
2011	12238	4329	12.7	26.1
2012	9899	2339	10.2	19.1
2013	8249	1650	8.5	16.7
2014	7017	1232	7.2	14.9
2015	5575	1442	5.7	20.6
2016	4335	1240	4.5	22.2
2017	3046	1289	3.1	29.73

数据来源：国务院扶贫开发领导小组办公室，2018 年。

表 6.2　全国农村与贫困地区农民可支配收入的增长变化情况（2011—2017）

农村居民可支配收入				贫困地区农村居民可支配收入					
年份	绝对值（元）	名义增长（%）	实际增长（%）	年份	绝对值（元）	名义增长（%）	实际增长（%）	贫困地区高于全国（百分点）	贫困与全国之比
2011	7394/6977	17.9	11.4	2011	3939		15.1	4.1	56.4
2012	8389/7917	13.5	10.7	2012	4602		14.0	3.3	58.12
2013	9430	12.4	9.3	2013	6079	16.6	13.4	4.1	64.46
2014	10489	11.2	9.2	2014	6852	12.7	10.7	1.5	65.32
2015	11422	8.9	7.5	2015	7653	11.7	10.3	2.8	67.00
2016	12363	8.2	6.2	2016	8452	10.4	8.4	2.2	68.37
2017	13432	8.6	7.3	2017	9377	10.5	9.1	1.8	69.81

说明：十八大以来，贫困地区农村居民收入年均实际增长 10.4%，2013—2017 年贫困地区农村居民人均可支配收入年均名义增长 12.4%，扣除价格因素，年均实际增长 10.4%，高于全国农村平均水平 2.5 个百分点。

数据来源：国务院扶贫开发领导小组办公室，2018 年。

本章重点研究微型金融在深度贫困地区减贫的作用机理，从乡村全面复兴的视角为未来深度贫困问题的解决提供顶层设计思路。所谓乡村全面复兴，就是使乡村在生态建设、产业发展、乡村社会治理、乡村文化与伦理重建等方面获得全面的可持续的发展，从而有助于深度贫困地区有效减贫甚至永久性地脱贫。这就要求我们不仅把微型金融看作一种外在的金融工具，而且要以“大金融”的理念，将微型金融与整个乡村的生态建设、产业发展、乡村治理和文化伦理建设融合在一起，致力于乡村的全面复兴，这样的金融减贫思路才是正确的思路。局限于微型金融谈微型金融，就不能达到真正消除深度贫困的目的，难以实现深度贫困地区的可持续发展与有效减贫，同时也难以实现微型金融机构自身的可持续发展。

二、微型金融在深度贫困地区有效减贫中的功能机理：七大效应的分析

微型金融是向传统上难以获得基本金融服务的贫困人口、弱势群体以及微型企业提供的持续的信贷服务，一般是基于接受贷款者信誉的无抵押无担保的小额度信用贷款，以实现贫困人口的自我脱贫和贷款机构的可持续发展为最终目标。孟加拉乡村银行的创始人尤努斯教授在小额信贷（微型金融）方面做出了巨大的贡献，创造了一整套可复制的微型金融模式。[①] 微型金融具有鲜明的特点：（1）将贷款对象定位于传统信贷体系下无法获得金融服务的穷人，这是与一般商业性贷款最为不同的一点。（2）是一种信用贷款，无需土地、房产等作为

① 关于孟加拉乡村银行的小额信贷模式，参见王曙光：《穆罕默德·尤纳斯教授和孟加拉乡村银行的信贷哲学》，《中国金融家》2006 年第 11 期；王曙光：《小额信贷：来自孟加拉乡村银行的启示》，《中国金融》2007 年第 4 期。

抵押，用社会担保取代了经济担保。（3）贷款额度小，一般等于或小于一国人均国民生产总值，有时甚至是一国人均国民生产总值的10%左右。（4）偿还方式灵活，按照当地实际情况分为一周、半月或一月偿还一次，这样一方面分散了风险，提高了贷款回收率，另一方面也减轻了农户一次性还不上款的顾虑。（5）期限短，具有可持续性，一般小额贷款借出的期限控制在一年以内，并且如果农户还款信誉良好，可续借2—3年。（6）贷款利率高于一般的商业银行贷款，但低于民间的高利贷利率。（7）一般实行小组联保，但也有其他模式。[①]

微型金融在反贫困尤其是深度贫困地区有效减贫中起到重要的作用，其作用机制主要包括七大效应：

（一）滴落效应

库兹涅茨曲线效应表明，在一定时期，经济发展和金融发展会拉大收入差距，导致基尼系数上升；但是在一定阶段之后，经济发展和金融发展会通过滴落效应和扩散效应，导致收入差距缩小。这就是在经济发展和金融发展这一变量与收入差距这一变量之间的倒U型曲线的关系。[②] 所谓滴落效应（或涓滴效应），是指在经济发展和金融发展到一定的阶段之后，由于较为发达的地区生产要素价格的上涨，平均利润率降低，而欠发达地区的生产要素成本低的优势会逐步显现出来，加之政府的引导，生产要素会向欠发达地区转移，促进经济增长，缩小区域之间的发展差距。国际实践证明，运用系统性的激励和约束框架，建立相应的农村金融发展机制，鼓励微型金融机构发展，

① 王曙光：《农村金融学》，北京大学出版社2015年版，第157—159页。

② 关于库兹涅茨曲线效应，参见王曙光、李冰冰：《农村金融负投资与农村经济增长——库兹涅茨效应的经验验证与矫正框架》，《财贸经济》2013年第2期。

构建多层次、广覆盖、可持续的普惠金融体系，可以在一定程度上缓解贫困人群的信贷约束，从而平滑其收入水平，降低经济发展和金融自由化过程中的收入不平等程度。

（二）赋权效应

微型金融在贫困人群赋权的过程中也扮演着重要角色。贫困人群的赋权，包含重新向贫困人群赋予教育、医疗、社会保障等项基本经济权利、社会权利和政治权利，使这些弱势群体可以分享社会发展带来的成果。微型金融在服务贫困人群的过程中，能够促进贫困人群在教育、医疗和社会保障等方面的基本需求，从而倒逼社会变革。比如，微型金融的贫困客户，在接受微型金融的贷款服务之后，有了更高的教育需求，有了更多的教育支出，这就从需求方倒逼教育体制的变革，从而使贫困人群享受更多的教育公共服务。

（三）赋能效应

阿玛蒂亚·森认为，贫困的发生，其最根本的原因在于“可行能力”的丧失与剥夺，使得贫困者因不具备基本的能力而陷入贫困不能自拔。可行能力包含着一个人改变自己境况、适应周遭社会的最基本的能力，如认知能力、判断能力、应对挑战的能力、创新的能力等等。[①] 微型金融是提升贫困人群可行能力的重要途径之一，通过信贷等方式，贫困人群能够极大地以自主的内生的方式拓展自己的可行能力，提升他们应对生活挑战并改善生活境况的能力，并获得一种可持续的发展。

---

① 阿玛蒂亚·森：《贫困与饥荒》，商务印书馆 2001 年版，第 5—15、49—52 页。

（四）社会网络效应

笔者曾经提出“社会网络扶贫”的概念。社会网络的缺失使得个体缺乏安全保障和共同体支持，最终成为孤独的个体而陷入贫困并很有可能导致生存绝望。对个人而言，比贫困更可怕的是被社会抛弃，游离于社会网络之外，无法从自身之外获得脱贫的资源和支持。社会网络扶贫就是要通过各种有形的组织和无形的制度的构建，为贫困人群构建一个获得社会安全感和社会资本的网络，为其可持续的脱贫提供坚实的基础。微型金融为贫困人群构建社会网络提供了助力，贫困人群在获得微型金融服务之后，会通过联保小组、信用互助、合作组织、村委会以及各种乡土社会组织，来提升自己的社会资本，加强自己的社会网络，从而摆脱孤立无援的境况。[①] 农村商业银行、村镇银行、小额贷款公司、资金互助组织等微型金融机构，也在不断地通过支持农村合作组织、通过与村委会联合起来对贫困人群进行信用考察、通过担保机制的构建，来帮助贫困人群建立广泛的社会网络。

（五）治理效应

微型金融对于乡村治理会产生有效的积极的影响。乡村治理的好坏，实际上是影响微型金融机构效率和贷款安全的重要变量。很多微型金融机构在开展微型金融服务的过程中，往往与村庄的治理紧密地结合起来，通过信用村的评定和整村授信，通过吸收村干部参与信贷客户的信用评定，通过对合作组织和集体经济的信贷支持等方式，有效参与了乡村治理。在一定程度上，我们可以说微型金融机构是改善整个乡村治理模式的重要主体。而乡村治理改善之后，对微型金融机

① 王曙光、王琼慧：《论社会网络扶贫：内涵、理论基础与实践模式》，《农村经济》2018年第1期。

构的可持续发展，起到了极其重要的基础性的作用。

（六）文化伦理效应

微型金融机构还通过自己的服务，通过村庄的征信体系建设，对整个村庄的村风、道德体系等起到积极的作用，推动了乡村的伦理建设。同时，微型金融通过支持乡村的文化产业（民俗、工艺品、旅游、民宿等），推动了当地的文化建设和文化复兴。

（七）乡村产业链效应

乡村的全面复兴，其基础是乡村的产业振兴。微型金融机构在进行信贷服务的过程中，会主动发现和扶持那些当地的优势产业和特色产业，对有企业家精神的农民和微型企业进行支持，从而在培植产业链、振兴农村产业、挖掘农村产业潜力方面起到明显的积极作用。

三、公益机构主导型、商业机构主导型和政府主导型微型金融

（一）福利主义和机构主义微型金融

微型金融在中国的发展呈现出多元化的局面，微型金融机构的种类繁多，其目标和运作模式也各有不同。根据微型金融发展的目标，可以分成福利主义（welfarism）微型金融和机构主义（institutionalism）微型金融。所谓福利主义微型金融，乃是强调微型金融对于穷人和弱势群体的福利提升功能，持福利主义观点的人认为，微型金融是为了帮助穷人和弱势群体摆脱困境而开展的特殊的金融服务，因此应该以提升穷人福利为首要目标，而不是以营利为首要目标。福利主义观点在公益类微型金融机构中有普遍的影响，他们关注穷人的福利的改善，因此在微型金融的产品设计、定价以及金融服

务各方面照顾穷人的利益。一些对贫困国家的发展援助以及扶贫项目，也基本上采取福利主义的观点，更注重改善穷人的经济和社会地位，使他们能摆脱贫困并更好地融入社会中。所谓机构主义微型金融（有些中国学者也翻译为“制度主义”，实际上 institution 在此处更强调“微型金融机构”，即指向机构的可持续性，因此翻译为“机构主义”更贴近英文原意），则强调微型金融机构的财务可持续性，认为只有实现微型金融机构自身的可持续发展，才能为穷人和弱势群体提供更好的金融服务，如果微型金融机构本身不能实现财务上的可持续，就很难谈到持续提供金融服务并改善穷人的福利状况。

从表面上看来，福利主义微型金融强调从服务对象着眼，以改善穷人的福利为首要目标，而机构主义微型金融则从服务提供者着眼，以提升微型金融机构的自身可持续性和盈利能力为出发点，这两个观点似乎是矛盾的。在现实中，确实也存在着这样的微型金融发展目标上的分野，并造成了不同微型金融机构“分道扬镳”的局面：一些微型金融机构纯粹考虑扶贫问题，而不管机构自身的财务可持续性，结果导致微型金融机构在实施金融扶贫一段时间之后，便出现严重的财务问题，以至于最终停止服务；而另一些微型金融机构则走了另一个极端，单纯考虑机构自身的发展，强调财务可持续，强调盈利，而不强调对穷人的扶助，结果在微型金融的产品设计、运作机制和定价方面完全不考虑穷人的情况，最终使得微型金融机构完全成为逐利的商业机构，以利润最大化为第一目标，逐步偏离微型金融的服务对象，有些甚至走向高利贷、垒大户、纯商业的道路，丧失了微型金融本身存在的意义。

而事实上，福利主义和机构主义微型金融在发展目标上并不矛盾，而且完全可以实现兼容。福利主义微型金融既要强调其提升穷人福利的功能，同时也要强调自身机构的可持续性，不能以丧失机构自我发展能力为代价来进行金融扶贫；机构主义微型金融既要强调机构自身的可持续性，同时也要在定价和运行机制方面考虑到穷人的福利，不能唯利是图、竭泽而渔，不能以商业化为借口，最终脱离微型金融需求者，否则就偏离了微型金融真正的发展方向。一个好的微型金融机构，既能够使自身实现财务可持续，又能够帮助穷人和弱势群体脱离贫困，使两个目标兼容并相得益彰。

（二）公益机构主导型微型金融

我国非政府组织近年来有了长足的发展，很多非政府组织致力于运用金融手段进行有效的扶贫，成为我国微型金融发展的主要力量之一。

自 1993 年中国社会科学院农村发展研究所在河北易县建立第一个以小组模式为依归的扶贫经济合作社开始，我国已经拥有数百家由非政府组织主导的微型金融机构。这些以扶贫为宗旨而不以利润为首要目标的非营利机构，在很不宽松的法律环境与政策环境下努力生存，虽然也有少数微型金融组织获得了成功，但是大部分机构却仍未实现财务盈余与机构的可持续发展。民间公益类微型金融组织面临的第一个问题，也是其最大的发展障碍，在于其法律地位的不确定性与含混性。至今，尽管学术界与微型金融业界呼吁多年，但是仍然缺乏一部法律或规章对民间公益类微型金融机构进行清晰的法律地位界定与监管。因此，大部分民间公益类微型金融机构仅仅作为在民政部门注册的非营利组织而存在，而不可能以任何形式的金融机构存在。法律地位的不确定性影响了微型金融机构的对外信誉度、吸引资金的能力以及与其他经济主体的缔约能力。

公益类微型金融机构面临的第二个问题是如何在扶贫目标与盈利目标之间实现一种有效的平衡，使民间微型金融机构既可以实现其反贫困的目标，又能以一定的盈利能力实现机构的财务可持续性。在微型金融领域，一直存在着坚持扶贫目的的“福利主义”与坚持机构可持续发展的“机构主义”之间的争议。实际上，任何一个微型金融机构，都必定是“福利主义”和“制度主义”的有机结合与微妙权衡，机构的可持续发展是成功实现扶贫目标的制度前提，而反贫困则是机构可持续发展的最终目的。但是，如何实现这两个目标的平衡，如何使微型金融机构有一个正确的定位与发展愿景，则一直是困扰很多微型金融机构的重要问题之一。

公益类微型金融机构面临的第三个问题是如何实现有效的风险控制以及如何设计有效的内部治理机制，从而对机构的管理层与信贷员进行有效的激励与约束。外部的风险控制涉及贷款发放机制与回收机制的设计，以及对微型金融客户的信用甄别与信息处理；而内部治理机制主要涉及小额贷款机构如何协调好出资人、管理者和相关利益者的相互关系，以及如何设计有效的薪酬机制与监督机制。

（三）政府或准政府主导型微型金融

中国的贫困大致可以分为制度供给不足型贫困、区域发展障碍型贫困、可行能力不足型贫困（结构型贫困）、先天缺乏型贫困和族群型贫困。中国的反贫困战略大致也划分为制度变革型扶贫、基础性扶贫（或大推进型扶贫）、迁移型扶贫（或生态恢复型扶贫）、能力增进型扶贫（或结构型扶贫、造血型扶贫）、救济型扶贫（或输血式扶贫）和族群系统型扶贫，但是在反贫困实践中，各类措施往往齐头并进形成合力。解决中国当前的贫困问题，需要综合性的系统思路，需要扶贫主体的多元化和扶贫模式的多元化。其中能力增进式扶贫，是当前扶贫工作的重要思路之一。能力增进型扶贫着眼于提高贫困人群的禀赋和可行能力，信贷扶贫是能力增进型扶贫的重要方式之一，也称为

"金融反贫困"，它通过赋予贫困人群一定的信贷资源，使其拥有自我发展的能力。

中国政府目前正在全国各地大力推进"金融反贫困"，试图从金融服务的角度，赋予更多穷人信贷权，改变以往穷人被剥夺信贷权、被排除在信贷体系之外的状况。政府主导型的微型金融，其供给主体主要是国务院扶贫办以及各地区的农业部门、民政部门以及青年工作和妇女工作部门。国务院扶贫办正在大力推广社区发展基金，努力通过社区治理的改善来推动微型金融发展，从而实现金融反贫困的目的；各地农业部门和民政部门集中扶贫资金，通过微型金融的方式对贫困人群进行定点式扶贫；各地政府中青年工作和妇女工作部门也通过农村青年创业小额信贷和妇女再就业小额信贷，加大对他们的微型金融支持力度。

政府改变以往直接发放补贴的做法而改为金融方式扶贫，这是政府扶贫模式和思路的重大转变，这个转变最终要达到三个目的。第一个目的，是培养农民的主体性意识。农民是反贫困的主体，也是农村发展的主体，政府实际上是外在的支持者，是一个辅助者，一定要培养农民的独立自主性，培养农民的主体性，实现农村的内生性的发展。不能让农民对政府的补贴产生依赖性，而要发挥他自己的主动创新精神，这样才能实现农村真正的减贫和发展。第二个目的，是要实现机制性。就是通过机制创新和机制设计来实现农村的发展，来实现反贫困，而不是通过直接的、明显的、物质的补贴或者是直接扶持的方式来实现农村的发展。机制性的发展，就是更加重视制度创新，政府不拿能看得见的东西来支持农村，而是拿看不见的机制来支持农村的发展。第三个目的，是实现农村发展的长期性与可持续性。一次性的发放资金补贴和物资，这种方式可以解决一时的困难，但不可能解决长期问题。政府扶贫思路的转变，要实现农村发展的可持续性、自我的可复制性与长期性，这样的话，农村的发展才是良性的、自我可循环的、自我可复制的发展。

政府主导型的微型金融，也存在着若干问题。由于政府一般缺乏微型金融服务的经验，缺乏系统的信用评估手段和风险控制机制，因此在微型金融的运作模式上还存在很多弊端，资金的使用效率受到影响，虽然达到了一定的扶贫目的，但是其自身的财务平衡问题很难解决。未来政府主导型的微型金融，应该更多地与商业金融机构和专业从事微型金融业务的非政府组织对接，政府只作为资金的提供方和监督者，这样就不但达到了扶贫的目的，而且提高了扶贫资金的使用效率，可以滚动使用扶贫资金，创造一种长效扶贫机制。

（四）商业机构主导型微型金融

目前，大量商业性的金融机构也参与到微型金融供给者的行列中。近十年来，农村的小额贷款公司、村镇银行、农村信用社、农村合作银行和农村商业银行、农业银行、邮政储蓄银行、股份制银行以及各地的地方商业银行等，几乎都开发了自己的微型金融产品，为农民以及农村中小企业提供微型金融服务。随着农村微型金融服务的供给主体越来越多元化，随着商业机构大举进军农村金融市场，农村微型金融体系的效率正在逐步提升。

商业性金融机构普遍通过社区银行的模式来推行微型金融，这是一种值得关注和推广的模式。社区银行是资产规模较小、主要为区域内微型客户（主要是微型企业和居民家庭）提供金融服务的区域性的小型商业银行。社区银行虽然体量小，但是由于其经营灵活，对客户提供比较贴心的周到的金融服务，因此其竞争能力也很强，生命力很旺盛，一旦出现金融危机或大规模的金融风险，这些社区银行往往有很强的生存能力。从根本上来说，社区银行的竞争力和生命力来自于它对区域内微小客户的信息的准确全面的把握。社区银行对当地的产业发展状况、经济发展状况、市场供求情况、人力资本状况、资金供求状况等十分熟悉，其信息不对称程度相对大银行而言较小，风险识别能力和风险处置能力较强，这种信息优势使得社区银行的安全赢利空间比较大。社区银行与微型客户有天然的“盟友”关系，他们不仅在规模上相互匹配，而且能够凭借其信息优势、区域优势等克服信息不对称，可以从微型客户那里获得更多的软信息，因此可以更好地降低成本和进行风险控制。

四、微型金融在深度贫困地区减贫中遇到的瓶颈与挑战

我国的深度贫困在边疆地区表现得很突出，可以说，边疆民族地区是我国深度贫困的集中之地，有极强的代表性，也是扶贫攻坚战中最难啃的硬骨头。我国边疆地区一般是少数民族聚居的地区，那里民族分布比较复杂，民族文化呈现极大的丰富性、多样性、融合性，因此边疆地区的民族问题解决得好不好，对我国民族和谐和国家稳定至关重要。同时，由于地域、文化、自然条件、历史发展等方面的原因，我国边疆地区的民族经济大多处于比较不发达的状态，贫困发生率一般比较高，脱贫攻坚的任务比较繁重，老百姓的生活水平亟待提高，因此边疆地区的反贫困对整个中国的反贫困意义重大。[①] 很多边疆地区又同时是生态脆弱区，在新疆、内蒙古、西藏、云南、广西等大面积的地区，高原植被和森林很容易被破坏，沙漠化、石漠化、森林退化等问题比较严重，一旦生态遭到破坏，就很不容易恢复，而且

① 王曙光、王丹莉：《边疆民族地区普惠金融构建与机制创新》，《中国西部》2018 年第 1 期。

对整个中国版图上的生态都会产生严重的影响，因此保护生态对于边疆民族地区的生活和生产至关重要。所以，边疆地区和民族地区、贫困地区、生态脆弱区这几个概念是高度重合的。由此看来，边疆地区的经济社会发展，就有着特殊的战略性的意义。

我国金融服务的真空地带和短板地带大多在边疆民族贫困地区。近年来，边疆民族地区的金融服务覆盖面在加大，金融机构空白乡镇数量在大幅减少，老百姓获得的信贷支持和各种金融服务大幅提升，信贷可及性提高显著。一些金融机构（农信社和农行等）在边疆民族地区加大信贷支持力度，在极为艰苦的条件下开展对边疆少数民族群众的金融服务，金融机构维系成本很高，风险很大，但这些金融机构的服务对于民族地区经济社会发展作用巨大。当然，从总体来说，边疆民族地区的金融服务距离群众的需求和区域发展的需求而言还是有一定差距的，有些边疆民族乡镇没有金融机构，很多农牧民还没有获得金融支持。[①]

概括来说，根据笔者在新疆、西藏和内蒙古部分深度贫困地区的调研，微型金融机构在边疆深度贫困地区扶贫中遇到的瓶颈与挑战大致包括以下七个方面：

第一，边疆民族地区的地域广大，在新疆、西藏、内蒙古等广大的地域，人口稀少，每家每户居住分散且相距遥远，客观上造成客户到金融机构的距离远，交往成本高，金融机构服务客户的成本也高。

第二，正是由于边疆民族地区特有的地域地貌特征（比如草原、沙漠、山地），造成金融机构所搜集到的客户的信息往往出现不完备的情况，信息扭曲和失真的概率更高，甄别信息和更新信息的成本更高。

① 王曙光、王丹莉：《边疆民族地区普惠金融构建与机制创新》，《中国西部》2018 年第 1 期。

第三，边疆民族地区的文化多样性比较明显，各地民俗、文化、生活形态、生产方式差别很大，导致金融服务的需求多样性也非常明显，与内地有很大区别。这就给金融机构的产品设计提出了更高的要求。

第四，边疆民族地区由于经济社会发展一般而言较为落后，因此在接受现代金融服务的过程中往往存在认识方面的偏差，老百姓对现代金融机构的了解比较欠缺，对金融机构的运行、定价、服务等知之甚少，客观上加大了金融服务的困难。

第五，边疆民族地区的自然条件差，造成金融机构设置服务网点的成本高，网点的维系成本高。

第六，边疆民族地区虽然民风淳朴，但信用体系建设往往存在滞后现象，没有完备的征信体系，加上少数民族群众对金融信用的理解往往不深，客观上加大了金融机构信用管理的成本，对资产质量的提升构成了一定的挑战。

第七，边疆民族地区由于教育一般而言比较滞后，导致金融人才奇缺，金融机构由于人才缺乏，极大地影响了其管理质量、运行质量，金融创新和风险处置的能力较差，一些现代金融技术的运用受到很大限制。可以说，这些问题都影响了金融机构在边疆民族地区的生存质量，从而影响了金融机构对边疆民族地区的金融服务水平。

五、未来微型金融如何助力解决深度贫困？——着眼于乡村全面复兴的制度框架

未来微型金融如何在解决深度贫困问题中起到更大的作用，并同时实现自身的可持续发展？对于这个问题，我认为必须将微型金融置于一个“大金融”的框架中，要着眼于乡村全面复兴，以深度贫困

地区乡村产业振兴为核心，以全面改善深度贫困地区乡村治理与伦理文化为基础，以构建贫困人群社会网络和提升贫困人群可行能力为手段，最终实现脱贫攻坚与自身可持续发展双重目标的兼顾。

第一，微型金融机构要以深度贫困地区产业振兴为核心，着力构建产业链。边疆民族深度贫困地区虽然地处偏远，经济发展水平不高，但是蕴含着丰富的产业资源和文化资源，当地的特色农业产业、民族民俗手工艺术产业、民族特色旅游和文化产业等，都是有待开发的富矿。微型金融机构要在发现和挖掘当地产业资源和文化资源上下功夫，构建有效率的产业链，为深度贫困地区的持久发展提供有效保障。

第二，微型金融机构必须与深度贫困地区乡村治理相结合，必须与深度贫困地区农村社区发展相结合，才能获得健康的发展。没有好的乡村治理，没有好的农村社区管理体系，没有好的村风和乡村伦理体系的支撑，微型金融机构在深度贫困地区扶贫必然面临更大的风险。农村微型金融机构要有意识地推动深度贫困地区乡村治理的完善和农村社区管理体系的构建，有意识地推动乡村风气和信用环境的改善。事实上，深度贫困地区的最大短板和弊端也在于此，很多深度贫困村党支部涣散，村治溃败，伦理失序，因而长期陷入贫困而不能自拔。因此，农村微型金融机构应该帮助村庄实现有效的治理，致力于改变其村风，为微型金融机构的运转提供一个优良的信用环境。

第三，微型金融机构要进一步支持深度贫困地区农民合作组织和农村集体经济的发展。大部分深度贫困地区的合作组织和集体经济极其薄弱，有些深度贫困地区甚至完全缺失合作组织和集体经济，这是致贫的根源之一。农村微型金融是一种金融工具和手段，微型金融要真正达到减贫的目的，就必须与农业的规模化和农民的组织化相结合。实践证明，仅仅向单个的贫困家庭实施微型金融减贫，其效果是有限的。因此，未来农村微型金融必须在推动深度贫困地区的农民组织化和推动集体经济发展方面下功夫。政府也要支持深度贫困地区集体经济和农村合作经济的发展，这才是治本之道。

第四，要着力于提升深度贫困地区农民的可行能力。微型金融机构要与政府一道，与社会民间组织一道，加强贫困家庭的知识培训和技能培训。农村商业银行、村镇银行、小额贷款机构等，都要把深度贫困地区贫困人口的培训和教育作为重要工作，这对于提升微型金融的贷款质量极为关键。

第五，要重视微型金融的机制创新，在有条件的地区开展有效的基于互联网的金融服务和金融创新，以极大地降低微型金融机构在深度贫困地区尤其是地广人稀的边疆民族地区的运行成本。当然，这需要政府在网络通信等基础设施方面对深度贫困地区进行大规模财政投入，从而建立微型金融开展互联网金融服务的基础。各类微型金融机构可以借助互联网金融的平台，突破物理网点的限制，通过 POS 机、手机银行和村庄内部的电子机具等方式向贫困客户提供存款、支付、授信等一系列电子化的金融服务，降低农民获取金融服务的门槛。

第七章
农民合作组织发展与反贫困

一、农民合作组织促进农村减贫的核心机理

推动农民合作组织发展是减贫的重要手段。通过合作社这个组织化的平台，贫困人群获得了更多的提升“可行能力”的机会，从而为减贫提供了强大的内在动力。具体来说，农民合作组织促进农村减贫的核心机理包括以下方面：

第一，社会网络效应。合作社具有契约和交易功能，是社会网络扶贫的关键机制。合作社为贫困人群提供了重要的社会网络，提升了贫困人群的社会资本，是本书所提出的社会网络扶贫的核心机制之一。作为一种社会网络的构成形式，合作社的优越之处是：它是一个被法律所保护的正规的法人组织，可以在市场中与任何个人和法人进行合法的市场交易。因此，合作社这一社会网络对贫困人群更多地参与广泛的市场交易意义重大，是最有市场价值的社会网络形式。贫困人群和弱势群体通过组建合作社，可以与村庄之外的市场要素进行很好的结合，签订契约，进行各种形式的商业合作，合作社的这种契约功能和交易功能赋予了贫困人群丰富的社会资本，增强了贫困人群应对不确定性和提升收入的能力。

第二，组织化效应。合作社具有重要的“组织化”功能，为贫

困人口的组织化提供制度基础，实现贫困者的联合，克服了分散化的小农经济的弱点。分散的原子化的小农尽管也可以通过各种方式实现能力的提升和境遇的改善，但是由于受到组织化低的局限，个体小农很难实现与外部要素的对接，其应对市场不确定性的能力是非常有限的。因此，以往传统的针对个体的能力增进的减贫模式，在减贫效果上是极为有限的。实现贫困人群的更大规模的联合，使贫困人群通过劳动力、资金、技术、土地和其他要素的更大范围的合作，可以实现更大的发展。

第三，人力资本效应。合作社改善了农村贫困人口的人力资本状况，提升其知识资本（包括技能和其他管理知识），为贫困人群提供更多的教育、培训和实践机会。合作社是一个培养人才的大学校。贫困人口通过参与合作社，能够学到大量关于市场交易的知识，极大地提升贫困人口的契约意识（守信意识）、竞争意识、效率意识。熟悉市场的运作机制和有关定价与产品的一系列知识，为他们进入市场、改善自己的境况提供了条件。贫困人群通过合作社还可以大大提升其生产技能，各种养殖和种植类的合作社为其成员提供了标准化养殖和种植技术，提供各种培训和教育，这些“干中学”的形式，是提升贫困人口“可行能力”的主要途径。

第四，乡村治理效应。合作社显著提升了乡村治理的微观效率，为农民和贫困人口参与村庄治理、参与村庄民主政治提供了机会和平台。已经有大量文献证明，有效的民主政治参与和有效的乡村治理，对于一个村庄的减贫有明显的促进作用，因为民主政治参与和乡村治理是促进公共品公平和有效供给的前提。贫困人口通过参与合作社，其民主政治意识得到提高，同时也累积了以成员身份平等合法参与民主治理的经验，累积了在一个组织化的平台上进行有效沟通、讨价还价、达成合作和妥协的经验。这些经验对于一个村庄的民主治理是非常重要的。农民通过合作社，就可以以一种组织化的形式参与到村庄治理和民主政治之中，从而表达自己的政治诉求，推动村庄公共品的公平有效供给和村庄的民主政治建设，这比通过分散化的个体来表达诉求更有力量。

第五，产业化效应。合作社是乡村产业化和要素市场化的重要载体，通过乡村产业的发展和就业机会的增加使贫困群体的收入水平得到提升。乡村中的各种要素，如果没有合作社这个平台，就难以形成产业化和规模化的生产，因而难以与外部市场相对接。贫困人群参与合作社，就可以分享乡村产业化的红利，通过农产品的利润和就业等渠道，提升自己的收入水平，从而实现脱贫。在乡村产业化过程中，农民合作加速了农村生产要素的流动与整合，提高了农业生产要素配置的效率，土地、资金、劳动力、技术等要素的有效配置又提高了农民和贫困人口的市场收益。

第六，风险控制效应。合作社提高了小农和贫困人口抗风险的能力，增强了他们作为弱势群体的自救、自助能力，避免农民和贫困人群的破产危机。农业生产的市场风险和自然风险都很大，单个农民是很难抵御这些风险的，合作社作为一个集团可以有效对抗风险，减少不确定性，对贫困人口的减贫意义重大。尤其是在农业市场不断向全球开放的过程中，一定要加强农民的组织化，农业生产的规模化，要不然很难保障中国农业的安全，农民就有可能面临破产。

第七，边际收益提升效应。合作社在市场化的交易中，能够显著增加成员的边际收益，在一定程度上阻断了农业生产边际收益递减的效应。农业生产中一个很大的问题是，农民往往面临着边际收益递减的情况，农业生产的丰收往往造成农民的收入下降。这跟农民的组织化程度低有关系。由于农民都是分散的个体，导致农民在生产的过程当中缺乏一种有效的计划，没有办法作为一个集团跟外部企业达成订单合约。小农跟市场很难对接，天然地没有办法控制市场和适应市场，因此小农的市场收益不仅低而且具有不确定性。合作社可以提高农产品的边际收益，提升合作社产品的品牌效应，提升合作社产品的市场议价能力，使农产品获得更高的市场回报。农民合作提升了农业生产的规模效应和农产品的市场竞争力。合作社有规模经营的优势，可以大幅降低生产成本。合作社有技术方面的优势，可以在比较大的生产范围内推广统一的规范的农业技术。合作社有信息的优势，可以对接市场的信息，从而提升农业生产对市场的反应能力。合作社还有管理优势，有销售渠道的优势。所有这些，都提升了农业生产的边际收益，对贫困人口增加收入有直接的促进作用。

二、新型农民合作社的制度特征

合作社是理解中国发展的关键词之一，一百多年的合作社发展史是中国近代史的一个缩影。20 世纪 20 年代中国开始引进合作社制度，中华人民共和国建立之后，开始大力推广农民合作，并在 20 世纪 50 年代末期开始了轰轰烈烈的人民公社化运动。改革开放之后，人民公社退出历史舞台，中国开始实施以家庭联产承包责任制为主体的农业经营模式，但是农民自发的合作形态在中国从来没有完全消失。进入 21 世纪，农民合作蓬勃发展，农民对合作社的合法性的呼唤加速了合作社的立法进程。2007 年通过了《中华人民共和国农民专业合作社法》，这是新中国第一部正式的合作社法律。这部法律对于我国农民合作社发展的促进作用是显而易见的，中国合作社的规范性也大为提升。在这部法律出台之后，我国农民合作社的数量呈指数级增加，各类合作社如雨后春笋般竞相冒出。这部法律对我国农业产业化、农业现代化的转型也功不可没，对大规模的减贫工作起到非常关键的作用。现在农民合作社的发展很快，达到200多万家（截至2018年的数据），这个数量还在膨胀中，但是合作社的发展呈现出不均衡的特点：一是地域发展极不均衡，比如说东部地区的山东、浙江、江苏这些省份，合作社的发展比较好。西部的农民合作社发展稍微弱一些。二是合作的形态不均衡，大部分合作形态都着重于生产和销售的环节，但是资金合作、消费合作、农机合作、技术合作比较少。三是发起人结构的不均衡。目前的农民合作社，相当大一部分都不是由农民发起的，要么是由当地政府主动来组织大家建立起来的（当然农民要自愿），要么是由一些工商企业发起的，要么是一些知识分子和公益组织、扶贫组织发起的。四是发展质量不均衡。现在农民合作社良莠不齐，有些质量很好，但是也有很多合作社质量比较差，管理不善。

与1978年前人民公社时期的农民合作相比，2007年之后的农民合作可以称之为新型农民合作社。新型农民合作社在领办人、契约、异质性、所有权方面呈现出一些新的特征[①]：

第一，从发起人的结构而言，各类合作社同时得到发展，其中有政府部门牵头发起兴办的合作社，有一些准政府部门（比如各种挂在政府的协会、农业技术推广部门和农机站等）兴办的，有公司领办型合作社，有村庄能人和种养殖大户发起的合作社，也有非政府组织发起的合作社，还有各地供销社领办的合作社。

第二，从契约角度来看，新型农民合作社重新回到合作社成员之间比较对等和自愿的契约关系，社员有退出权，有签订契约或不签订契约的自由选择权，这和传统的农民合作有根本的不同。没有人会强迫一个农民加入合作社，这是非常非常关键的东西，这种对等的契约

---

① 王曙光：《论新型农民合作组织与农村经济转型》，《北京大学学报》（哲学社会科学版）2010年第3期。

关系，对合作社的效率有很大的影响。[①]

第三，新型合作社当中，成员的异质性比较强。一个俱乐部，假如大家的诉求非常不一样，经济和社会地位非常不同，就表明成员之间的异质性太强。哪种俱乐部会更有效率呢？是异质性特别强的还是同质性特别强的？一般而言，异质性很强的俱乐部很难有统一的意见，很难达成一致的契约，因此管理成本高。现在我国农民专业合作社当中，成员异质性比较强，既有很有实力的企业家，又有普通农民，很多成员的经济地位、社会地位和话语权是不平等的。我认为，异质性强对于农民专业合作社的效率是有影响的。但是我同时又要强调，异质性并没有成为影响对等契约关系的因素，为什么呢？即使是异质性再强的合作社也必须尊重普通成员的完全退出权，现在任何合作社都不可能强迫农民留在合作社，不让他退出。当然在实践中，对于退出权的实施也可以设定条件，设置一定的退出成本，同时在加入合作社的时候也可以设置一定的门槛条件，这些条件和门槛是否合理和有效，在理论界还是有争议的。

第四，从所有权的关系来看，新型农民合作社跟传统合作社和人民公社不同，加入合作社的农民仍然是要素的所有者，其所有权关系不变。人民公社时期最大的弊端并不是激励和约束制度不行，而在于产权缺失。现在的合作社，所有权关系是不变的，一个农户拿土地加入合作社，但是其产权还是属于农户，合作社并没有侵夺他的土地产权（主要指经营权）。在新型农民合作当中，产权得到保障，因此土地以及其他要素进入合作社的时候，所有权仍归成员所有，这一点非常重要。合作社只是改变了要素组合形式，并没有改变产权归属。新型农民合作社从契约来讲，从产权来讲，两方面都优越于传统体制下

① 王曙光：《合作社：自由人的自由联合》，《农村经营管理》2009 年第 7 期。

的合作社，这个合作社就可以办得久一些，不会很快垮台，原因在于它有产权保护和契约平等权。[①]

第五，与农业产业转型相匹配的是，新型农民合作组织涉及的产业和服务领域逐步多元化，能够为农业产业化提供全方位的服务，同时为适应农业产业化和集约化的趋势，新型合作社在自主品牌建设和专业化方面也有了迅速的发展。

第六，新型农民合作组织逐步趋向一种"全要素合作"的发展模式，劳动力、技术、信息、土地、资金、企业家才能等要素均进入合作社，出现了生产合作、供销合作、消费合作、技术合作、土地合作、信用合作互相交融、多元综合的合作趋势。

当然，在新型农民合作中，也有一些不足。现在的合作社，利润导向过于强烈，利润第一，而不是服务农民第一，这种过于明显的利润导向有可能对农民的利益、对合作社的发展起到消极的作用。同时，新型农民合作社的组织化程度比人民公社时期肯定要低，其合作半径、要素整合程度还是低了一些，现在很多地方一个村搞一个合作社，一个村甚至搞两个合作社，合作社规模很小，覆盖范围很小，规模经济的效应不明显，这就是规模局限。所谓规模局限，就是达不到真正的规模经济，影响了要素在更大范围内的配置，也影响了农业产品的品牌塑造能力和市场竞争力。[②]

---

① 王曙光：《中国农民合作组织历史演进：一个基于契约—产权视角的分析》，《农业经济问题》2010 年第 11 期。

② 王曙光：《发展合作社应实现要素更大范围的配置》，《中国农民合作社》2012 年第 4 期。

三、农民合作组织的弱内生性是否影响了农民和贫困人群的福利?

2008年到2010年左右，我对各地合作社进行了密集的调研。我有一个发现，我看到几乎每个合作社背后都有一个公司在控制（我国的《农民专业合作社法》是允许公司作为一个法人领办农民合作社的），这是一个非常普遍的现象。一般来讲，公司领办一个农民合作社，都是因为这些企业家在跟农民打交道的过程当中遇到了一些瓶颈，比如农产品标准化方面存在问题、农产品来源渠道不稳定问题等。

实际上，不论是国外还是国内，围绕着合作社的发展，一直存在着两种不同的思维模式或者学术流派：一种可以称之为“原教旨主义模式的合作社流派”，一种可以称之为“修正主义模式的合作社流派”。

原教旨主义的合作社派强调合作社的发展应该遵循欧洲合作社的经典模式或曰古典模式（classical model）。这种模式可以用罗虚戴尔原则来概括，其中的核心原则是一人一票的民主决策制度、限制股金分红和按交易额分配的利润分配制度、为社员服务及社员身份的平等性与同质性。这些最经典的合作社原则在一个多世纪以来通行全世界，逐渐被全世界所广泛接受。这些原则也是国际合作社联盟（ICA）所倡导的主要原则。但是随着世界经济的发展，各国的经济形态、市场竞争形态、社会阶层形态、外部环境等都发生了根本性的变化，原教旨主义的合作社发展思路越来越不能适应市场竞争带来的挑战，也不能适应社员的新要求。在这种情况下，合作社的发展模式也必须与时俱进，于是就出现了修正主义模式的合作社流派。严格讲来，任何一种从异文化中移植过来的东西，最终都必然在与本国文化交融的过程中发生变化，而且任何一种东西在长期的历史变迁中也会发生变化，而不会是一成不变的。这里一个是历史的维度，一个是文化的维度，这两个维度意味着任何一种经济制度或文化制度都必然是“修正主义”的。合作社作为一种由外国引进的典型的“舶来品”，到中国之后必然发生变化。这就好像印度的佛教到了中国一定会发生变化一样。合作社在中国的变化，是一种必然现象。实际上，合作社从欧洲传到日本、韩国等地，也发生了若干变化。即使在欧洲合作社的发源地之一的德国，合作社原则在近20年中也发生了若干重要变化。

修正主义的合作社流派根据社会经济发展的新形态，对原有的经典合作社原则做了若干修正。其中包括：一人一票的民主决策制度逐渐转变为加权投票的民主决策制度；在按交易额分配之外加入股权分红制度；社员身份逐步出现异质性和多元化倾向，允许更多的资本所有者进入合作社；合作社服务范围也逐步广化和泛化，不仅为社员服务，更为非社员服务，不仅为本国人服务，更为全球客户服务。这些变化，在欧洲、美国、日本、韩国以及我国台湾都出现了。

可以说，根据社会结构、经济形态、市场结构等方面的新变化，而对经典合作社原则进行若干有益的修正和调整，使合作社更能适应现代市场经济的竞争，是各国合作社采取的一致做法，是一个全球现象。实际上，任何一种生产关系或组织制度的产生与发展，都要与生产力或社会经济发展的情况相适应，当生产力或社会经济形态发生变化的时候，固守僵硬的死的模式是不行的，一定要随之对生产关系或组织制度加以适应性调整。

在中国，尤其是学术界，持有原教旨主义观点的人比较多。他们认为，公司领办型合作社就是合作社的变异，很多研究者深恶痛绝地把公司领办型合作社认定为“假合作社”，抨击之，批判之。我认为这一派意见有一定的合理性，因为在合作社发展过程当中，由公司领办本身就蕴含着一定的风险，蕴含着利益分配不公的可能性。但是也有一些学者认为公司领办型合作社在中国的出现有其深刻的经济和历史根源，不可一棍子打死，而且在当下的合作社生存环境和市场环境中，公司领办型合作社有它的比较优势，对农民的发展也有益处，要客观看待，并积极引导其走向规范化。我认为后者的意见比较可取。

认识中国的专业合作社，尤其是公司领办型合作社的异化问题，不应该单纯从情感出发来谈问题，不能动辄代表农民来批判公司领办型合作社，不能动辄站在道德的高地上进行简单的指责和道义批判。从某种意义上来讲，公司领办型合作社只是若干非农民领办型合作社中的一个。换句话说，非农民领办成为中国农民合作社中非常常见的现象，公司领办型是其中一种。这些现象，反映了中国农民合作组织在现阶段明显的“弱内生性”[①]。

问题是：我国农民合作组织的这种“弱内生性”出现的根源何在？这种“弱内生性”对农民和贫困人群的福利产生了何种影响？

从公司领办型合作社广泛存在这一现象来考察，我们可以看到，农民合作组织的“弱内生性”是有它的社会经济根源的。

首先，我国当前农村市民社会基础的薄弱性。欧洲经典合作社的诞生与发展，是与欧洲市民社会的兴起分不开的，市民社会的兴起，使得人们的民主意识、自我意识、合作意识等大为增强，这才有了经典合作社产生的基础。农村普遍缺乏市民社会基础，则农民的民主意识、自我意识、合作意识很差，在一个组织中很难通过民主管理和民主决策来实现自己的目标，也不懂得如何通过民主程序、通过讨价还价和妥协来维护自己的利益。

① 王曙光：《论新型农民合作组织与农村经济转型》，《北京大学学报》（哲学社会科学版）2010 年第 3 期；王曙光：《中国农民合作组织历史演进：一个基于契约—产权视角的分析》，《农业经济问题》2010 年第 11 期。

其次，我国当前农村市场发育基础和农民市场意识的薄弱性。经典合作社的出现是与一定的市场发育基础联系在一起的。我国当前的农村市场发育不完善，很多农民尚在一种自然主义的封闭的农村社区中活动，农民的市场意识比较薄弱，他们对商品、市场、竞争等市场经济的观念没有深刻的清晰的认识，这就导致由农民自发产生组建合作社的几率大大降低。

再次，农民合作意识基础的薄弱。这是与市民社会基础的薄弱联系在一起的。同时，我国农民合作意识的薄弱，还与我国合作社发展的特殊历史过程有关系。我国在 20 世纪 50 年代到 70 年代，政府运用政治力量大力推动合作社发展，结果导致农民丧失独立的自主权，出现“一大二公”式的超前的人民公社，忽视了农民的契约权、财产权和收益权，使农民的利益受到极大的影响。所以，农民对于合作社有很多误解，根本不了解真正的合作社是什么样的，对合作社发展心存疑虑，这也导致其合作意识薄弱。

最后，农业市场竞争的激烈化。改革开放几十年来，随着农业产业化的逐步推进，资本对农业产业的渗透和控制逐步加深，这就导致农业市场的竞争愈加激烈化，单纯由农民组建的合作社在资本规模、生产规模、技术层次、人才竞争力方面很难与大型农业资本相竞争。可以说，我国当前的农村竞争环境，是不利于纯粹由农民发起的合作社发展的，他们在当前的农业市场上不可能占有优势的竞争地位。

从以上四个方面来看，我国现阶段单纯由农民发起和组建的合作社之所以很少，关键是缺乏这类合作社的生存市民社会基础、市场发育基础、合作精神基础和竞争环境基础。所以，公司领办型的合作社在中国的普遍存在，也许是一个必然的现象。在公司领办型合作社的发展中，农民和公司形成了较好的利益对接：农民拥有劳动力、土地和生产优势，而企业则拥有多方面的其他优势，可以弥补农民在社会经济转型中的很多天然劣势。这样一个利益对接格局的出现，是公司领办型合作社目前尚为广大农民所接受的一个根本原因。农民在公司领办型的合作社中，实现了单个小农所没有的收益，其福利具有帕累托改进的性质。尽管还不是一个最好的选择，但是比起单纯由农民组建的合作社来，公司领办型合作社确实有多方面的优势，有利于农民和贫困人群福利的增进。领办合作社的龙头企业有哪些优势呢?

第一是品牌累积的声誉优势。龙头企业大都拥有自己的自主品牌，而一个品牌的声誉要经过多年的累积，才会有一定的市场知名度和市场竞争力。公司领办型合作社可以直接利用这种品牌声誉优势，来开拓市场。而农民自己如果要累积这样的品牌声誉，需要很长的时间成本和其他成本。

第二是企业家精神优势。龙头企业的领导人必须具有较强的企业家精神，才可以办成龙头企业，这种企业家精神包括熊彼特所说的创新精神、敬业精神以及企业家所独有的开拓能力。而一个农民要具备企业家精神，也需要长时间的磨炼和市场经验，不是一朝一夕就能具备的。

第三是市场敏感性优势。龙头企业的市场敏感度更强，更能捕捉市场机会，对市场信号更能迅速地做出反应。与龙头企业相比，农民对市场的敏感性相对较低，捕捉市场信息的能力较差，对市场获利机会的回应也比较缓慢一些。

第四是市场网络与营销优势。龙头企业经过多年的市场开拓已经累积起一个比较完备的市场网络，而一个市场网络的形成需要付出很高的时间成本、物质成本和人力成本。这些市场网络可以直接为合作社服务，不必再花费成本构建营销网络。

第五是管理优势。龙头企业具有较多的高素质的管理人才，相对来说，农民的管理技能要经过多年的培育才能适应市场竞争和合作社运转的需要。

第六是市场谈判能力和订约优势。龙头企业有较强的市场谈判能力，这一方面源于其市场谈判经验，一方面源于企业的实力。另外，龙头企业对外签订契约的能力也较强。很多银行根本不跟合作社这样的组织签订贷款契约，原因在于合作社是一个有限责任为零的组织，其抵押担保机制难以建立，而龙头企业则可以很容易与银行签订契约。

因此，龙头企业与农民和贫困人群比较起来，具有多方面的优势，这也就是现阶段很多农民加入公司领办型合作社的一个动机：他们可以利用龙头企业的这些优势，使合作社及其产品在市场中更具有竞争力，这样合作社的盈利能力就会增强，就可以为农民社员带来更多的实惠和福利增进；而为了这些福利的增进，农民社员在组建合作社的过程中和合作社运作的过程中，都愿意自动让渡一部分权利，来凸显龙头企业的作用，使资本在合作社治理中占据更多的话语权。

从契约角度来看，公司领办型合作社实际上是兼业小农与农业产业资本之间缔结的一个合约。我们要知道，在这个合约中，合约缔约双方的地位实际上是天然地不平等的，表面上看契约是自由而平等的，没有人强迫对方去签订契约，但是一个大企业和一个农民在实际上不可能有同等的话语权。在这个过程当中，农民之所以要加入合作社，是为了得到公司领办型合作社给他带来的若干好处，这个好处用经济学语言来讲，就是带来福利的帕累托改进。其实，在公司领办型合作社中，企业家和农民都得到了福利的帕累托改进。农业产业资本这一方获得政府大量的租金，同时获得了纵向一体化的好处，农民也获得了更多收益，规避了经营风险。

纵向一体化使得农业产业资本跟农民之间的关系发生了根本的变化。原来在市场上，农业产业资本与农民是买卖关系，是市场分工的关系，是产业链上下游的关系。而农业产业资本和农民组建合作社之后，就实现了纵向的一体化，由市场上的契约关系变成内部的交易关系。罗纳德·科斯讲企业的边界[①]，合作社作为企业当然也有边界。当农业龙头企业感觉把跟农民的交易内部化之后，即纵向一体化之后得到的好处更多，他就会跟农民组建合作社。假如他认为合作社成本更高，而市场交易成本更低，他就去独立办企业去了，当然对于农民也是如此。所以我认为公司领办型合作社对于农业产业资本有好处，对兼业小农和贫困人群也有好处。具体来说，兼业小农和贫困人群获得了以下福利：

第一，兼业小农和贫困人群在这个过程当中获得了规模收益，降低了企业家的搜寻成本与培育成本，因为要找一个企业家、要培育一个企业家很不容易。企业家更能够判断市场，他有这个经验，而农民没有这个经验。

第二，在这个过程中，兼业小农和贫困群体还获得了大量与集约化经营相关的收益，避免了风险，风险规避的能力提升了。

第三，兼业小农和贫困群体在这个过程中支付了一些学习成本，但是获得了市场谈判的经验。农民学到很多关于市场的知识，在营销、市场开拓、信息处理等方面的能力将大为提高。农民和贫困人群在公司领办型合作社中还获得了很多“干中学”的机会，他们会在这个学习过程中增加其人力资本。

第四，在农民与龙头企业的博弈中，农民学到了很多内部讨价还价、争取权益和妥协的知识，与此同时，龙头企业的行为也会慢慢趋于规范，从而使合作社的内部治理趋于完善。

---

① 罗纳德·科斯：《企业的性质》，载奥利弗·E. 威廉姆森、西德尼·G. 温特编：《企业的性质：起源、演变和发展》，商务印书馆 2010 年版。

第五，农民在这个过程中还学习了大量的有关民主管理和民主决策的知识，他们在与龙头企业和合作社内部其他成员的长期合作过程中，明白了自己的权利该如何维护，明白了决策的民主程序，明白了如何制定相应的制度来保护自己的利益。可以说，合作社是一所伟大的学校，是农民学习民主、体验民主的大学校。

因此，我们千万不要把兼业小农和贫困群体跟农业产业资本简单地对立起来，不要认为在这个兼业小农和贫困群体与龙头企业的契约中，兼业小农是一个纯粹的利益受损者，这是错误的看法。公司领办型合作社当中，产业资本跟兼业小农在不断博弈，形成一个利益共同体，这是一个相容性的集团，而不是排他的集团。

奥尔森讲到，相容性的集团有可能出现集体的共同利益，它们有可能为了共同利益不断地相互博弈。①公司领办型合作社的发展过程就是农民社员和领办合作社的企业之间为了共同的利益而不断博弈的过程，他们之间形成了一个相容性的集团。当然公司领办型合作社也有很大的弊端，有可能对农民和贫困人群的合作社成员的福利造成消极的影响。公司领办型合作社的弊端，主要有三个：

第一，公司领办型合作社容易造成合作社内部治理的变形和无效。由于龙头企业在合作社中的话语权很大，又主导着整个合作社的外部市场开拓和内部管理，导致合作社的内部治理结构极为不规范，出现龙头企业单边控制的局面。这样很容易导致一般农民社员和贫困群体的利益受到损害，合作社的民主决策、民主管理的机制往往失效。

第二，利润分配的不公平。有些研究者认为，公司领办型合作社容易造成龙头企业剥削农民和贫困群体成员的现象。实际上有这个可

① 曼瑟尔·奥尔森：《集体行动的逻辑》，上海人民出版社 1995 年版。

能性。龙头企业在利润分配中有可能制订有利于自己的分配方案，从而侵蚀农民社员的利益。特别是在内部治理结构非常不规范的情况下，这种情况可能尤其严重。

第三，容易造成政府支农资金被龙头企业侵占的现象。很多龙头企业之所以积极参与合作社构建，除了降低生产成本的动机之外，还出于套取政府支农资金的动机，这是不可否认的事实。政府的很多支农资金和各种合作社补贴很有可能通过合作社这个渠道，被实际控制合作社的龙头企业所占有，这实际上也侵害了农民和贫困群体的福利。

以上分析了我国当前农民合作社异化现象的表现、社会经济基础以及其弊端。我们的结论是：第一，“异化”是有其社会经济基础的，公司领办型合作社的出现，归根结底是因为中国农村还不具备经典合作社产生和发育的社会经济土壤，同时龙头企业在多方面确实具备很多优势，从而形成龙头企业和农民社员的利益对接；第二，“异化”是一个全球现象，而不是一个孤立的现象；第三，我们需要做的，是寻找“异化”的原因，而不是简单地指责这种“异化”。

那么，问题就落在这样一个命题上：如何让公司领办型合作社获得健康的发展，增进农民和贫困群体成员的福利？这需要具备三个条件：

第一，这种发展是一种可持续的发展。也就是要使得合作社能够在内部管理、对外的市场竞争力、盈利能力等方面实现合作社可持续发展。

第二，这种发展是保障农民利益的发展。公司领办型合作社的发展，不能以剥夺农民和贫困群体的福利为代价，而应该保障农民的利益，增进农民的福利。

第三，这种发展应该是提升农民能力的发展。公司领办型合作社的最终目的，是提升农民的可行能力，拓展农民的自由，赋予农民更多的权利，使其各种素质得以全面发展。

按照这三条标准，我认为，要使得公司领办型合作社有一个健康的发展，需要从以下四个方面着手：

首先，要完善公司领办型合作社的内部治理结构。完善的治理结构是一个合作社的灵魂所在。理事会、监事会和社员大会都要有切实的权利和义务，社员在合作社运行中也要有切实的权利，不能流于形式。与分配模式、社员同质性等指标相比，内部治理结构更为重要。

其次，要实现公司领办型合作社的民主管理和民主决策。这要基于一个完善的内部治理结构。合作社的内部治理最终要实现民主管理和民主决策。这样，就可以在很大程度上平衡龙头企业的权利，使农民社员的权益得到保障。

再次，利润分配制度要完善，既要保护资本的利益，更要保护社员的利益。如果在利润分配中不保护社员的利益，而是偏向资本所有者，那么合作社就没有举办的意义了。

最后，农民必须有自由退出权。自由退出权是保证一个合作社内部治理和制衡结构有效的必要条件。在一个合作社中，不管是由农民发起的合作社，还是公司领办型合作社，只要农民有自由退出权，就可以对内部治理造成一种压力，如果合作社严重侵害社员的利益，社员就可以实施自由退出权，最终使这样的合作社归于解体。

在所有这些措施里面，一个最重要的核心的东西就是社员的自由退出权。合作社是马克思所说的“自由人的自由联合”。合作社社员在加入合作社和运营合作社的过程中，始终是以一个自由人的身份而存在的，他可以自由选择加入还是不加入，而在加入之后，也可以自由选择继续参与合作社还是选择自由退出。强调“自由人的自由联合”，就意味着合作社是一个自由人的联合体，合作社的每一个决策都必须经过这些自由人的充分协商和平等约定，这就是所谓的“用手投票”；就意味着合作社的社员可以拥有自由退出的权利，以表示自己对于合作社的消极评价，这就是所谓的“用脚投票”。

我国合作社在20世纪50年代到70年代的曲折发展过程中，一个最大的教训就是农民丧失了自由退出权。农民自由退出权的丧失，使合作社内部出现了普遍的“搭便车”的现象，导致合作社无效率；而更重要的是，农民社员自由退出权的丧失，导致合作社发展最终脱离了正常的轨道，成为集中式计划体制的一部分，从而使合作社的激励机制丧失。

在公司领办型合作社中，自由退出权意味着对龙头企业行为的一种制约，当社员退出合作社，实现“用脚投票”的时候，龙头企业不得不修正和调整自己的行为方式，以使得合作社继续运转下去。这是对龙头企业的一种制衡机制。自由退出权也意味着农民话语权和谈判能力的提高，只要农民社员拥有退出权，就可以在很大程度上制约龙头企业的决策，使农民在合作社内部治理中获得一定的谈判地位。

四、提升农民合作社自生能力，促进减贫和农村发展

合作社是内生性扶贫和社会网络扶贫的核心机制，是有效减贫的最重要手段之一，也是我国乡村振兴战略和农业供给侧结构性改革的关键环节。未来合作社的发展，核心的问题是解决好农民合作社的自生能力建设问题，也就是要激发农民自身参与合作社的内在动力。目前，全国合作社尽管很多，但是合作社的自我生存能力普遍不高，合作社的竞争实力还有待加强。很多合作社规模小，获利能力低，对社员的凝聚力弱，管理效率低。我认为，要提高农民合作社的自生能力，关键是要进一步提升农民的合作意识，塑造农村的新型合作文化。在农村中大力普及合作理念，推广合作社思想，让农民深入了解

合作社的基本原则、管理模式和对农村发展的重大意义，是政府和其他社会团体应该担负的责任。政府和社会团体尤其应加强对贫困群体的合作社教育，使贫困群体了解合作的好处，理解合作社的运作方法，鼓励贫困群体更多地参与合作社的运营和管理。

同时，合作社本身也要升级，要推动我国的农民合作向更高的层级迈进。近年来，我一直强调推动中国农民合作社的全过程合作和全要素合作。全过程合作意味着农民在整个生产过程中实现全方位的合作，合作贯穿农业生产的全部程序。全过程合作包括：第一，农业生产上游环节的合作，即各种投入品和消费品的合作，包括化肥、种子、生产工具和机械、农药、信贷等合作。第二，农业生产中游环节的合作，包括生产过程、技术培训、灌溉、农作物管理等领域的合作。第三，农业生产下游环节的合作，即农产品加工、品牌建设、营销等领域的合作。

要推动农民的全要素合作。从本质来说，农民参与合作社，是要实现各种要素的共享与互助。农业生产涉及多方面的要素，这些要素包括劳动力、土地、资金、技术、管理、信息等各个方面。农民进行全要素合作意义重大。第一，只有实现全要素合作，才能实现各种农业生产要素的合理有效配置；第二，只有通过全要素合作，农民才能实现农业生产各个环节的有效配合；第三，只有通过全要素合作，农民才能实现更高程度的规模经济和范围经济；第四，只有通过全要素合作，才能使农民合作社成为真正具有市场竞争力的特殊企业，单一的合作会极大地限制农民合作社的竞争力。因此，我们可以说，全要素合作是农民合作社可持续发展的必要条件。①

---

① 王曙光：《农民合作社的全要素合作、政府支持与可持续发展》，《农村经济》2008 年第 11 期。

政府在支持农民合作社发展中负有重要的责任。政府必须对农民合作社进行制度补贴。所谓制度补贴，就是政府运用各种政策和法律手段，降低农民加入和运营合作社的成本，提升农民加入和运营合作社的收益，从而增强其自生能力，使合作社获得较为宽松的政策空间和市场空间；其中尤为重要的是降低农民合作社的准入成本（在合作社注册中予以免费并降低合作社准入门槛和简化注册手续）、降低农民合作社的企业家搜寻成本和培育成本（对合作社骨干成员进行系统培训以提升其企业家才能）、降低农民合作社的信息成本和市场准入成本（政府为农民合作社提供市场信息和建立信息网络，扶持农民合作社产品进入超市等市场网络）以及降低农民合作社的运营成本（严格按照法律规定进行税收减免和财政补贴），使农民合作社在市场竞争中增强其比较优势。

现在各级政府已经充分认识到发展农民合作社的必要性。各地在支持合作社发展方面都出台了很多政策，也搞了很多创新性的手段。但是，从全国的层面来说，很多地方的政府部门对于合作社这个组织还不是很了解，不知道何为合作社的政府官员大有人在。同时，对如何支持合作社，如何规范合作社，也存在很多行为偏差。概括来说，大体可以归结为三大偏差：其一，以政府的意志代替农民合作社的意志。合作社是农民自愿组建的互助性的民间组织，合作社本着为合作社成员服务的精神组建，其精髓是“合作、自愿、互助、民主”。而很多地方政府往往把政府意志强加到合作社身上，这就违背了合作社的原则。其二，政府对合作社的支持手段比较简单化，大部分采取直接拨款补助的方法，这导致政府的很多资金支持都没有效率。其三，在合作社的组建过程中，直接以政府的名义组建各种合作社，对合作社的组织形式和内部治理结构进行严格的控制，使合作社实际上成为政府的一个派出机构。

政府支持合作社应该始终遵循四大原则。第一，民主性原则，就是政府在支持合作社发展过程中，一定要以一种平等的心态，来扶持合作社，而不是一种居高临下的心态，不是一种命令的心态。第二，市场性原则，是指政府在扶持合作社时，其方法应该是符合市场原则的，其手段应该是市场化的，应该使参与的各方都能从这个市场化的支持机制中获得好处，避免风险。第三，协调性原则，是指政府支持框架的核心应该是协调不同参与主体之间的关系，尤其是协调合作社与产业界、金融界的关系，使各主体之间的关系和谐起来，为合作社的发展营造一个比较宽松的外部环境。第四，制度性原则，是指政府应该在制度建设方面支持合作社，使合作社的支持框架更具有长期性、稳定性，应该把一些机制设计制度化、规范化。

人才是政府扶持合作社的重要领域。政府可以和高校以及科研机构进行合作，对合作社的管理人员、技术人员进行定期培训，提升其人力资源素质。在我考察的合作社中，他们最迫切需要的人才就是技术、营销、对外贸易等方面的人才，而合作社又难以提供有吸引力的薪酬待遇，所以根本留不住人才。因此，政府一方面可以加大对现有人才的培训，另一方面也可以在人才招聘方面有所作为，比如对高素质人才进行补贴，或利用“村官”等机制为合作社配置人才。高校也可以与合作社进行合作，由合作社为高校学生提供实习和调研机会。

现在，农民合作组织面临着新的发展机遇，农民合作组织的崛起也意味着农村微观经营组织结构正在发生着“第二次飞跃”，即由分散的小农模式转向集约化、规模化、产业化的合作社生产模式。但是，历史教训告诉我们，合作社必须在充分尊重农民的意愿、充分尊重农民的首创精神、充分尊重并严格保护农民的平等契约权利、充分尊重并完整保障农民的财产权利和退出权的情况下，才能获得健康的发展。同时，政府应该加强对农民合作组织的制度补贴，加强农民的合作社教育、企业家才能培育和合作社内部治理规范化，还要为农民合作社创造一个公平而有效的市场环境。所有这些工作，都为扶贫工作构建了一个更加有力的组织载体，使贫困人群能够获得更多的发展机会，同时促进乡村治理和乡村民主政治的完善。让农民和贫困群体能够自己团结起来，凝聚起来，依靠自身合作的力量与贫困进行斗争，从而产生强大的反贫困的内在动力，这是发展合作社的初衷所在，也是社会网络扶贫与内生性扶贫的奥义所在。

第八章
社区主导型发展与社会网络扶贫

一、社区主导型发展的目标和内涵

（一）传统农村社区面临的问题："双重消解"与"社区溃败"

中国的传统社会是一种"超稳定社会"。这个"超稳定社会"的奥秘，实际上就在乡村。中国乡村的哪些因素建构了这个"超稳定结构"，支撑着这个"超稳定结构"？我认为有两个东西支撑着中国的超稳定社会结构，其中一个是富有生命力的传统社会的内生性乡村治理体系，另外一个就是历史悠久的中国农业文明体系。前者是一种制度性的体系，主要体现为一整套特有的基于乡土社会和宗族关系而构建的农村社区管理体系，后者是一种技术性体系，主要体现为一整套实现人与自然和谐统一的可持续的农业耕作模式和农业哲学。本章主要讨论前者，也就是要探讨中国农村社区的特有结构及其对反贫困的意义。

传统的农村社区管理结构为中国数千年乡土社会的延续和发展提供了微观基础，这种传统农村社区管理结构也是产生中国传统文化和伦理的主要源泉之一。传统农村社区管理结构提供了有效的减贫机制，通过社区和宗族内部的各种机制的设计，对社区和宗族内部的贫困者进行有效的社会救济和社会保障。新中国成立之后，传统的农村社区管理结构消失，乡村借助国家强大的动员能力和正规政治组织对乡村的全面介入，借助农村集体经济体制的全面发展，建立了强有力的现代农村社区结构，为新中国农村的公共品（主要是医疗、教育和养老）的全面提供奠定了基础。

这两个体系都有其合理性优势。前者提供了内生性的、有生命力的社区体系，依靠宗族，依靠传统的乡土社会网络，维系了中国长时期的“超稳定社会”。而后者，在中国快速工业化和现代化的过程中，也扮演了重要角色，这个体系在当时农村人均收入极低的条件下，实现了农村公共品的大面积普惠式有效供给，其对中国乡村治理现代化的贡献，值得肯定。

然而，在改革开放之后，传统农村社区管理模式面临“双重消解”：一方面中国内生性的乡土社会的社区管理体系被消解掉了，另一方面，新中国成立后建立的那种嵌入式的、依靠国家能力与政治动员而有效运作的乡村社区管理体系也被消解掉了。这就导致中国农村出现了大面积的“社区溃败”。很多人都看到了今天乡村的溃败与凋敝，随着农村人口的大量流失，“空心村”大量出现，村庄毫无生气，医疗、教育、文化、卫生、农田水利等方面的公共品供给体系失效，很多村庄垃圾成堆，村容村貌很差，村庄风气也大不如前，伦理道德水平下降，传统道德式微甚至消失，可谓“礼崩乐坏”。原来的传统的东西消解掉了，新的东西没有成长起来，农村社区管理出现了真空，这种状况对于农村贫困问题产生了重要的影响。社区溃败是贫困产生的根源之一，也为有效的扶贫工作制造了障碍。社区溃败这一现实本身，意味着我们的扶贫工作的重心必须放在重建社区上。

（二）社区主导型发展的目标和内涵

社区主导型发展的目标是通过借鉴中国传统乡土社会社区结构，结合现代乡村治理体系，建立新型的乡村社区，从而实现社区主导型的发展，促使传统乡村伦理和文化的回归，从而为深入的社会网络扶贫和内生性扶贫创造条件。这种新型社区，是一种活化的具有生命力的社区，是一种有凝聚力的社区，是一种能够整合各种要素和资源的社区，能够促使社区成员形成共同的行动、达成有效的合作，以应对村庄面临的各种挑战。社区主导型发展的具体途径和切入方式可以是多元的，既可以通过社区合作金融的形式来切入，也可以通过文化项目、产业项目和生态项目来切入。社区主导型发展的主导力量和参与力量也可以是多元的，乡村正式政治组织、合作经济组织、由各个群体构成的民间协会组织以及外部的志愿者组织等，都可以参与到社区主导型发展中。本章所探讨的几种模式，比如内置金融模式、社区发展基金模式等，偏于以社区合作金融导入的社区主导型发展模式和扶贫模式。

基于社区发展而进行的扶贫模式，可以称之为社区主导型扶贫。社区主导型扶贫把社区重建当作扶贫的关键环节。社区重建的重点，在于重构一整套有助于社区达成一致行动和有效合作的社区组织形式和社区运行机制。不论是合作金融导入型，还是文化导入型和生态项目导入型，所有这些形式都是围绕“社区重建”这个核心而展开的，只有在重构社区的基础上重新恢复社区的凝聚力，才能真正实现金融扶贫、产业扶贫和文化生态扶贫的目标；反过来说，即使金融项目、文化项目、产业项目、生态项目规模再大，实力再雄厚，如果没有具有强大凝聚力的社区作为后盾，如果社区成员难以通过社区达成有效的一致的行动和合作，那也是无济于事的，这些项目最终都必然归于失败。道理在于，所有具体项目的导入，都是基于村庄社区成员的合作来实现的，这些合作形式构成乡村的强大的社会网络，从而帮助社区成员和贫困人群积极参与这些金融或产业项目。如果没有强有力的社区重建作为基础，如果没有重构乡村的社会网络，项目本身是很难获得好的效果的。因此可以这样说：一切以扶贫为目的的金融、产业和文化生态项目，都必须以重建农村社区、重构乡村社会网络为核心。

社区主导型发展和社区主导型扶贫的最深远目标，是实现乡村的社会—伦理—文化重建，尤其是实现乡村孝道（农村社区成员伦理关系的核心）的回归和乡村家庭—团体观念的重建。这一目标是潜在的，是农村社区主导型发展的深层目的，也是乡村恢复活力和凝聚力的基础条件。乡村经济社会的现代化、市场化，导致农村人口结构的深刻变化，从而导致乡村社区的伦理失序和善俗式微，这是中国乡村一切问题（包括贫困）的根源，因此一切乡村发展与扶贫问题的根本解决，需要从此处下手才有出路。

二、社区主导型发展和社区主导型扶贫的组织形式和运行机制

社区主导型发展和社区主导型扶贫必须具备一定的社区组织形式，这种组织形式包含着正式组织（体制内的政治组织和经济组织）、非正式组织（体制外的民间组织和宗族组织）。正式组织形式包含村委会和村庄党支部等政治治理组织，也包含农民专业合作组织等经济组织。非正式组织包含村庄内部的民间组织如老年协会、乡贤协会、妇女协会以及各种文化娱乐组织（比如很多村庄组织的秧歌队、龙船队、社火队、合唱团等），也包括基于宗族关系而成立的各种家族互助共济组织，甚至也包括一些非正式的商会组织、教育组织（如书院）和基于某种民间信仰的组织（如妈祖信仰组织）等。这些组织形

式对于动员村庄成员是非常必要的，是形成村庄凝聚力和行动力的微观基础。村庄内部的公共事务，小到处理村庄的垃圾，大到村庄基础设施的建设，如果没有这些正式组织和非正式组织的支撑，是很难有效推动的。可以说，社区组织形式的完备性和覆盖人群的广泛性，是村庄形成“一致的行动”的基础。

社区主导型发展和社区主导型扶贫还必须具备一定的社区运行机制，包括决策机制和运转机制。合理、科学、规范、有效和持久的决策机制和运转机制，是维系“共同体”的体制基础，也是形成有效的“一致的行动”的必要条件。在农村社区中，每一种社区组织形式都必须具备特定的决策机制与议事规则，并形成一整套自我维系的运转机制，这些决策机制和运转机制是“历史地”形成的，要尊重传统，并适应特定的农村社区组织的性质和目标。不同的农村社区组织的性质不同、目标不同、参与者不同，其议事规则、决策体系和运转方式就会有差异，不能互相照搬，尤其不能强求一些非正式组织套用正式组织的规则和运行模式。但有效的社会组织形式必须具备有效决策的功能和顺利运转的功能，其内在的运行机制必须是能够应对外部挑战和呼应内部成员的要求的，否则这种农村社区组织就难以自我维系。因此，制定社区组织内部的民主决策、民主议事和民主参与的程序与规则，从而维系社区组织的效率和功能，是非常必要的。

在农村社区组织中，有必要区分主导型的社区组织与非主导型的社区组织。当村庄需要共同的合作行动和重大决策的时候，主导型社区组织起到关键的作用，而非主导型组织起到辅助和协同的作用。一般而言，一个村庄的正式政治治理组织（村委会和党支部，一般称为村“两委”）自然而然是主导型社区组织，而其他组织则一般为非主导型社区组织。当村庄面临重大挑战和重大决策的时候，一个强有力的村庄正式政治组织的存在往往成为决定成败的关键因素，如果村庄正式政治组织（村“两委”）具备强大的政治权威和道德合法性，则基于民主决策的一致的行动比较容易达成，金融—产业—文化—生态等不同种类的项目比较容易在村庄内部落实；相反，如果村庄正式社区组织涣散无力，缺乏政治权威和道德合法性，没有感召力和凝聚力，则整个村庄就难以形成一致的行动，其他社区组织也无法发挥有效的作用。这就是为什么在实践中很多优秀项目最终归于失败的最重要根源。

在农村社区组织中，还有必要区分嵌入型组织与内生型组织。那些由村庄外部力量所形成的、广泛且深入参与村庄内部社区发展的组织形式，称为嵌入型组织，比如各种志愿者组织、非营利组织以及政府为完成扶贫使命而派入乡村的正式组织（以挂职干部、村官等为代表）。嵌入型组织既包含正式组织，也包含非正式组织，但无论其组织形式如何，都属于外来的组织形式。在社区主导型发展中，一个最为棘手的问题是如何处理嵌入型组织和内生型组织之间的关系。一般而言，金融—产业—文化—生态等不同种类的项目的成功运作，都离不开内生型组织与嵌入型组织之间的有效融合和顺畅合作。一些嵌入型组织，如村官和村挂职干部，往往难以被当地农村社区成员所接受，甚至发生内部社区成员排斥外来挂职干部和村官的行为，最终使扶贫工作受阻；一些外部的志愿者组织和非营利组织，怀着美好的愿望，带着精心设计的项目来到村庄，但是由于与内生型组织没有很好的沟通和融合，没有获得内生型组织和社区人员的合法性认可，结果使好的项目归于失败。这些教训表明，一切外来因素都是次要的，最终起作用的还是内在因素。对于扶贫而言，最重要的还是发挥农村的内生型组织和社区成员的力量，而不是仅仅依赖外部志愿者和其他嵌入型组织的力量。嵌入型组织如果不注意“发动群众”，其美好愿望是不能实现的。

有一种力量介于嵌入型组织和内生型组织之间，这就是近几年学术界讨论比较密集的“乡贤”。“乡贤”这个群体，本来产生于村庄内部，是从村庄内部成长起来的优秀人物，这些优秀人物包括企业家、官员和学者等，这些人与村庄有着天然的亲和力和归属感，有为故乡奉献的意识；但是由于这些企业家、官员和学者往往长时期生活和工作在远离村庄的其他地区，因此在政治意义和地理意义上又不属于村庄内部，他们不是村庄内部的成员，因而又与村庄有着天然的距离。所以乡贤作为一种从村庄内部产生的力量，从其归属感而言是内生的，往往比较容易获得村庄社区成员和村庄各类嵌入型组织的认可，在与村庄成员和各类内生型组织的沟通方面成本较低，容易达成合作；但是乡贤作为一种长期游离于村庄外部的力量，其身份又是“嵌入的”，在政治身份和经济身份上与村庄成员有明显差异。因此有效发挥乡贤的作用，是社区主导型扶贫面临的重要任务，我们在本章第六部分将提供一些经验模式以供借鉴。

在社区主导型发展和社区主导型扶贫的实践中，要注意两个结合：第一个结合是作为主导的正式社区组织和非正式社区组织的有效结合。在实践中，村“两委”作为正式社区组织的主要力量，要注意与各类协会组织、志愿者组织以及家族组织等进行有效沟通和融合，注意发挥他们的力量，获得他们的认同和参与。第二个结合是嵌入型社区组织与内生型社区组织的结合。在实践中，外部的志愿者、非营利组织和政府嵌入的挂职干部等组织，要有意识地与当地的内生型组织进行有效的充分的沟通，这些外来的嵌入型的权威要认识到，不论自己的知识、资源和能力有多强大，如果不与内生型组织相结合，如果不能充分发动内生型组织的力量，单靠自身是无法发挥应有的作用的。内生型组织也要主动接纳嵌入型组织，与外来的力量进行充分的沟通和合作，勇于接受外来的知识和观念，而不是采取激烈的排外态度。当然，嵌入型组织和内生型组织的融合，是一个长期博弈的过程，也是一个“示范—学习—模仿—接纳”的过程，在这个过程中，村庄作为一种准封闭性的社区，逐渐在外部的嵌入型组织的渗透和熏陶下，展现出某种开放性的特征，逐步接纳外来的文化、意识和观念，这对于村庄扶贫和发展意义重大。正是在这个互动的过程中，嵌入型组织和内生型组织各自贡献了自己对于村庄文化和结构的知识并实现这两种知识的相互融合，从而实现一个村庄的成功转型，为有效的农村发展与扶贫提供体制条件。单方面的强势介入（从外部嵌入型力量而言）或强势排斥（从内生型的力量而言），往往造成巨大的沟通成本和合作成本，造成社区发展和扶贫的巨大障碍。

三、传统乡村社区治理模式与贫困者救济机制：一种借鉴

中国传统乡村社区治理模式与贫困者救济机制是建立在中国家族（宗族）社会和熟人社会基础上的，在上千年的演变中不断完善。这些机制对今天的村庄社区发展和扶贫工作仍然具有很大的启发意义，很多机制值得在新的社会经济条件下借鉴和发扬。

（一）中国古代的传统乡村社区的特点

第一，传统乡村是一个熟人社会。中国依靠熟人来维系乡土社会的秩序，大家彼此熟悉，世代生活在一个比较封闭的社区里面，大家的信息非常透明，这是一个非常重要的特点。

第二，中国的乡土社会是一个差序格局社会。差序格局这个概念是费孝通教授提出来的，就是每个乡土社会中的成员都是以自我为核心，按照跟自己的亲疏远近慢慢地往外推，来形成一个差序的格局，从而确定一个交往和信任的次序。就像一个石子投入湖中所形成的涟

漪，越往外越是浅，越往外越是缺乏信任。这与西方的契约社会是不同的。

第三，中国传统乡土社会是一个由乡村精英治理的社会，乡村精英承担着治理乡土社会的重任。这些乡村精英，有些是乡村的知识分子，有些是有经济地位和德望的乡绅，有些是一个家族内的长老，这些人负责治理传统乡土社会。

第四，传统乡土社会的治理是“皇权不下县”。在中国的传统乡村中，实际上正规治理是很少的，我们老说“皇权不下县”，什么概念呢？中国古代的皇权一般到县为止，乡和村几乎没有皇权的存在。乡和村靠什么呢？中国以前有“三权”，其中皇权是在县以上存在；第二个是族权，宗族社会的权力；第三个是绅权，就是乡绅的权力。绅就是乡村精英，那帮乡下知识分子担当了乡村治理的重任。乡和村这两个级别，基本上是没有皇权的直接干预的，由族权和绅权来负责治理。

第五，中国传统的乡村社区主要是依赖宗族与宗法制度来维系的。宗法制度是维系传统社会秩序和伦理的主要机制，这种制度演变为祠堂、族谱、乡约等各种具体的制度。

（二）传统乡村社区治理的五大基本理念

由中国乡土社会这五个特点造就了中国传统乡土社会中乡村社区治理的五大理念：

第一，以宗法制度作为乡村社会治理与救济的基本制度。宗法制度是一套维系乡村社会和谐的主要制度，靠家族和宗族维系。如果宗族内部出现问题怎么办呢？比如宗族内一个家庭出现意外灾害从而丧失生活来源，怎么办？也靠整个宗族的内部机制来实现社会救济。中国古代的社会保障，不是依赖商业保险，而主要靠宗族制来提供，保障农村人口的生存和发展，实现救荒、救灾、社会救济的目的。

第二，以文化伦理教化为乡村治理的基础。中国古代十分讲究伦理，文化教化非常重要，所以《周易》里面就讲“观乎人文，以化成天下”。在传统的乡村治理中，主要靠思想教化来维系传统的伦理道德体系。承担教化功能的主要就是乡村知识分子和贤达（乡贤）。当然，从广义上来说，乡村的各种祠堂崇拜仪式、各种节庆仪式、祭祀仪式以及婚丧嫁娶等民俗仪式，都是进行伦理教化的工具和途径。

第三，以乡土社会内部激励与约束作为治理工具。乡土社会惩罚一个人主要不是靠外部的政府和法律，而是靠乡土社会内部的奖惩机制。实际上，祠堂、乡约、家谱都有惩戒的功能。一个犯重大错误的人被“出约”（逐出乡约）或者被逐出祠堂（永远不在祠堂内受到后人祭祀）和从家谱中除名（永久性地被逐出家谱），是一件天大的事，是一个人在乡土社会和宗族社会中所遭受的最严重的惩罚。

第四，以儒家乡土精英和底层人民的结合作为维系手段。中国以前的知识精英们，实际上他们的生命弹性非常大。以前乡土社会中的读书人，早上还在耕地呢，晚上就登上宫殿与皇帝谈论国家大事，“朝为田舍郎，暮登天子堂”，这个社会地位的变动和调整是西方传统社会难以想象的。大部分知识精英在退休后又回归自己出生的那个地方，成为乡土社会中最有威望、最有知识、最有见地的乡土精英和长老，这些人往往成为有权威的、能够判断社区成员对错的道义审判者和执行者，就是可以执行“准法律”裁定的一批人。

第五，以乡规民约作为乡村治理的法治基础。中国古代传统的乡村治理不是靠法律，而是靠一种介于正规的法律和不成文的民俗之间的乡规民约。乡规民约是基于乡村的伦理习惯和民俗传统而制定的一整套乡土行为规则，这套行为规则有规劝族人和乡里向善的意思，也涉及对族人和乡里的救济的制度，但是乡规民约也带有某种强制性

（尽管不是法律意义上的强制性），也有一定的惩罚机制，有时候这种惩罚还非常厉害。

乡约，是农村非正规制度的制度化、乡土伦理的成型化。中国古代乡约太多了，直到现在，乡规民约在很多乡村也是非常流行的。宋代有一个非常有名的《吕氏乡约》，是由“蓝田四吕”（即吕大忠、吕大防、吕大钧、吕大临）倡导制定的，这四个兄弟于北宋神宗熙宁九年（1076）制定了这个乡约，对一千年来的中国乡村治理模式影响甚大。“乡约”既是一个农村社区（一个乡或者一个村）的居民互相劝勉、共同认同的一套伦理规则，也是一套完整的社会保障与社会救济制度，显示出我国古代乡村自治的一种雏形。“乡约”的实施，是首先推举年高德劭者为“约正”（即主要的负责人）——“约正一人或二人，众推正直不阿者为之。专主平决赏罚当否”，另外每月选一人为“直月”（即具体的赏罚执行人），实施劝勉赏罚。“乡约”以定期聚会形式，敦促乡邻向善除恶：“每月一聚，具食；每季一聚，具酒食。”在聚会的时候实施赏罚：“同约之人各自省察，互相规戒。小则密规之，大则众戒之，不听则会集之口，直月告于约正，约正以义理诲谕之，谢过请改则书于籍以俟，其争辩不服与终不能改者，听其出约。”这些“乡约”看起来似乎是一些没有约束力的伦理条款，但是在乡土社会中，它们的实际约束力其实是非常强大的，如果被“出约”，后果就很严重，这个人在乡间就很难生存，这个家族的名声也就完了。吕氏四兄弟在乡间很有文化，很有威望，倡导高尚的品德，倡导族群之内的扶危济困，他们订的《吕氏乡约》包含四项，即“德业相劝，过失相规、礼俗相交、患难相恤”。“患难相恤”中包括对于水火、盗贼、疾病、死丧、孤弱、诬枉以及贫乏这七个方面的救济，实际上是民间的社会救济制度。“乡约”实际上并不简单的是道德教化，它是中国传统宗族社会一个具有自治功能、社会保障功能、社会救济功能的制度设计，能够保证一个宗族和谐、延续和稳定。

中国古代传统乡村治理的实践历史非常悠久，积累了大量的经验，这些经验以往我们都是简单地当作封建糟粕而加以批判，但是以现代的眼光来看，传统乡土社会的治理当中还有一些很值得汲取的精华，要批判吸收，而不是一味地否定。

（三）中国传统乡土社会的贫困者救济和保障机制

中国传统乡土社会中，依赖宗族社会的凝聚力和一整套机制，建立了比较完备的贫困者救济机制和保障机制，其中主要的机制是义庄、义田、社仓、义学等。

义庄是传统乡土社会中进行社会保障和救济的一种机制。历史上，范仲淹在苏州建立的范氏义庄很有名。范仲淹小时候家境贫寒，读书时以米粥果腹还吃不饱，因此他显达之后就特别关注平民和社会底层人民的福祉。义庄就是一个在家族内实施社会救济的机制。在范氏义庄内，凡是范氏族人，可以领口粮、领衣料、领婚姻费、领丧葬费、领科举费、设义学（请本族有功名的人教育本族子弟并给教授者束脩）、借住义庄房屋、为急用钱或贫穷者借贷（要到时偿还，若不能归还，也不扣其月米，以保证他的基本生活）。因此在范氏义庄内，衣食住等基本生活需要都可以满足，婚丧嫁娶的经费也由义庄承担，范仲淹可以说为家族成员（范围非常大）构建了一个衣食无忧的“初级共产主义小社会”，这也是我国古代大同思想的一种尝试。自从宋皇祐元年（1049）范仲淹首创范氏义庄以来，义庄这种以家族为纽带的社会救济和社会保障组织就在江南开始发展起来，其后江苏金坛县张氏、新淦郭氏、莆田陈氏都相继设义庄。到明代义庄增加，安徽、广东、广西、陕西、直隶都有设立义庄记载。至清代，设义庄者激剧增多，民国时期，义庄也在不断发展。要研究中国乡土社会的治理和宗族内的救济机制，不能不研究义庄。

义田也是传统宗族社会中的一种社会救济和社会保障机制。一个家族假如有两千亩地，其中五十亩作为义田保留下来。义庄内一般都有义田的设置。义田留下来给那些一旦陷入困境（比如说火灾、病患等等）的宗族成员。这是一个非常重要的保险机制。我国古代没有商业保险，救济主要靠义田这种宗族内的机制，这是一种多人帮一人的制度，实质上是一种互助保险。当一个家庭摆脱贫困了，再把这块田让出来给更加贫困的家庭，这样轮流使用下去。

社仓是一种基于信贷关系的社会保障机制，比较有名的是南宋朱熹创立的崇宁社仓。朱熹创建的义仓受到了皇帝的关注。义仓并不是纯粹慈善救济和无偿捐助，它实际上是一种带有公益性质和家族救济性质的借贷机制。义仓一般是春季放款，用粮食来放款，秋冬季还款，所以朱熹创立的这个义仓实际上是公益性的小额贷款。王安石在大概一千年前（1068）就提出一套完整的小额信贷制度，其中的很多机制如市场化的利率水平、信用评估制度、五户联保制度等，都很先进，比 2006 年诺贝尔和平奖获得者尤努斯教授整整早将近一千年。[①] 但是我们知道，王安石的青苗法设计的小额信贷机制，是一种官方小额信贷，是由政府推行的，后来变法失败了，整个青苗法被废除了。又过了将近一百年的时间，朱熹批评王安石，他说王安石这个青苗法初衷非常好，可是有个大问题，就是由政府推行的小额信贷机制往往风险很大，官员往往靠摊派（即所谓抑配）来发放贷款，村民往往发生赖账，现在我们经济学上的术语叫“道德风险”。朱熹把王安石失败的原因分析得很清楚。朱熹想，我能不能办一个民间自动发

① 王曙光：《农村信贷机制设计与风险防范：以王安石青苗法为核心》，《长白学刊》2008 年第 12 期。

起的、以宗族社会和乡土社会内部的互相制约为基础的、以家族的乡谊作为纽带的小额信贷呢？这个思路非常好，他把官方小额信贷变成一种以家族为纽带的小额信贷，利用了乡土社会的惩罚机制，这就是义仓，我们也叫社仓。社仓一般没有专门的仓库而在祠堂庙宇储藏粮食，粮食的来源是劝捐或募捐，存丰补欠。一般春放秋收，利息为十分之二。孝宗乾道四年（1168），建宁府（治今福建建瓯）大饥。当时在崇安（今武夷山）开耀乡的朱熹，同乡绅刘如愚向知府借常平米600石赈贷饥民。贷米在冬天归还，收息20%，小歉利息减半，大饥全免。计划待息米相当于原本10倍时不再收息，每石只收耗米3升。后来归还了政府的常平米，至淳熙八年（1181）已积有社仓米3100石。这一年朱熹将《社仓事目》上奏，孝宗“颁其法于四方”，予以推广。以后的物流仓储业把朱熹作为开山鼻祖，把他“供”起来了，叫“紫阳仓祖”[①]。朱熹开创的义仓，我认为是具有小额信贷性质的机制，但更重要的，它是有社会保障功能的。义仓的利息是较高的，年利率20%，相当于大概月息两分，比现在农信社的利息高很多，但是对于贫民而言，这个利率比高利贷低多了，可以接受。

义学是与官学相区分、以公益为目的的一种乡村教育形式，它尤其是支持那些贫困家庭的子弟上学。有义庄必有义田，有义田必有义学，这是中国古代漫长的两千多年封建社会如此稳固的主要原因之一。

① 王曙光：《中国农村》，北京大学出版社2018年版。

四、社区主导型发展与社会网络扶贫：村社内置金融模式

村社内置金融是中国乡建院创建者李昌平提出来的一个概念，并由乡建院进行了广泛的实践。村社内置金融这个概念强调建立一种内生于乡村社区内部的、与外生性的商业金融不同的、带有合作金融性质的金融体系。这种村社内置金融体系具有以下三个特征：第一，它由农民在本村范围内筹资创办，其信贷业务也只面向村内居民；第二，它的运营管理依托组织成员的民主自治；第三，它的成员享有其全部经营利润，并承担其全部风险。因而内置金融属于农村合作金融的范畴。[①]

笔者考察过实践村社内置金融模式比较成功的河南省信阳市平桥区郝堂村。郝堂村以前是一个山区贫困村，人口 2300 人，村域面积 20 平方公里。这个村周围山清水秀，但是长期以来村庄受到交通、基础设施以及其他条件约束，发展缓慢，大量劳动力流出，导致整个村子缺乏活力，很多资源难以有效利用，公共事务难以有效解决，村庄呈现凋敝状态。2009 年时郝堂村人均收入 4000 元左右，其中打工收入占 70%，农业收入占 30%。为了打破郝堂村发展的恶性循环，村干部与中国乡建院决定进行内置金融的探索。2009 年 10 月，郝堂村在中国乡建院的协助下组建了“夕阳红养老资金互助合作社”，创业资本金共 34 万元。其中，乡建院提供 5 万元，当地政府资助 10 万元，村内 7 位“乡贤”（已致富村民）提供 14 万元，村内 15 位老人（合作社的首批社员）提供 3 万元，村委会提供 2 万元。按照规定，政府、7 位乡贤和李昌平的出资不参与分红，利息收入主要分配给老人社员。

---

① 韩朝华：《内置金融：启动乡村振兴的内生动力》，中国社会科学网（http://ie.cass.cn/scholars），2019 年 1 月 25 日。

这样的机制设计目的在于既实现村民内部的金融合作，使村民能够在不受商业金融约束的情况下实现融资，增加收入，又同时实现村风的改善，使孝道回归，使老人生活得更有尊严，从而改变整个村庄的伦理状况。

郝堂村内置金融的具体操作机制是：村民向合作社贷款必须有两位入社老人担保，并经理事和监事中70%的人同意，且借款人必须以自己承包土地的使用权或房屋所有权为抵押。合作社在放贷上坚持“几不贷”：家庭不和睦的不贷，有赌博、吸毒、懒惰嗜好的不贷，有不良贷款记录的不贷。由于合作社成员的主体是村内老人，对村内居民的家庭情况和个人品性了如指掌，因而在面对借款者时不存在外部金融机构难以克服的信息不对称问题。郝堂村充分利用了传统农村社区作为一个熟人社会相互信任的机制，使信贷风险被控制到最低限度，到目前为止，合作社没有发生不良贷款，且经营效益很好，资金规模不断扩大，每年分红额逐年提高，深受村民欢迎。

该资金互助合作社于2009年10月开业。开业后的效果出乎村民预料，内置金融模式进展顺利，资金互助规模迅速扩大。2011年，资金规模达到650万元。从2009年以来，郝堂村养老资金互助合作社累计为老人分红139万元，还积累了80多万元。当然，内置金融不仅是一套合作金融机制，而且还借此大规模推动了整个村庄的建设，推动了农村集体经济的发展，从而带动了整个农村社区治理的改善。在内置金融发展的基础上，郝堂村开展了大规模的美丽乡村建设，进行垃圾分类和自然环境整治，并收储土地以改造村庄。而随着美丽乡村建设的推进，郝堂村内的土地实现显著增值并带动村集体经济呈爆炸式增长。2015年，郝堂村集体资产总规模超过了8000万元。借助养老资金合作社的金融功能，郝堂村将村民的400多亩土地集中起来建设新农村，发展旅游业，由此获得的土地增值收益归村民全体享有。全村许多村民也借此机会经营农家乐，目前郝堂村已经成为当地有名的人文旅游景点。2013 年，郝堂村被住建部列入全国第一批 12 个“美丽宜居村庄示范”名单，还被农业部确定为全国“美丽乡村”首批创建试点乡村。从总体来看，村社内置金融对郝堂村的发展产生了深远的影响，推动农业产业、农村环境与生态、乡村治理、乡村伦理与文化等方面的改善，极大地改变了村庄的面貌，促进了农村发展与扶贫工作，创造了可复制的模式。

村社内置金融，实际上就是基于村庄和合作社的一种内生的、带有合作性质的农村信用体系与乡村治理体系。村社内置金融不仅仅是一个金融体系，更是一个乡村治理体系。乡建院所倡导的村社内置金融，志不仅在金融，而更在重构中国的乡村治理。村社内置金融的核心和精髓是乡村重建，其生命之源来自于对乡村治理的重塑与改造，来自于传统伦理的回归，使原来溃败的乡村重新变得有活力、有凝聚力。中国传统的乡村为什么有生命力，持续几千年都有这种生命力，其中的诀窍和秘密就是乡村伦理的稳定性，伦理的生命力很强大。传统乡村通过各种手段，造就了一种伦理的生活，可是我们现在的乡村，伦理生活几乎是丧失掉了。所以村社内置金融，实际上是乡村伦理复活和回归的一个重要载体。通过乡贤文化的重塑，通过孝道文化的重塑，就把伦理重新恢复起来了，乡村重新变得温暖，重新变得有感召力。

村社内置金融还具有深刻的政治含义和政治功能，村社内置金融所衍生出来的一套内部协商机制、民主管理机制、乡村治理机制，会重塑中国的村民自治体系，重塑中国的乡村政治，使得乡村由原来的一元化的政治体系，转向多元共治的政治格局。

村社内置金融主要有三个功能[①]：

第一是要素整合功能。通过村社内置金融，把政府、商业机构、农民、非政府组织、乡建知识精英这些要素都整合起来了，使各种要素在这里集聚，充分发挥各自的作用，共同构建乡村共同体。

第二是要素回流功能。最近二三十年城乡差距拉大，主要原因在于要素的单向流动，其中人力资本由农村单向地流到城市，金融资本也单向地从农村流到城市，两个单向流动掏空了农村，导致城乡差距拉大。当然这种流动在一定历史阶段也有积极效应，就是促进了中国的城市化和经济发展。但是将来如何遏制这种单向的流动呢？通过村社内置金融这种机制，可以诱使要素实现双向流动。一些城市的人力资本，城市的金融资本，有可能通过这个机制回流到乡村。所以我们在村社内置金融中要设计一个机制，要鼓励城市的这些要素，包括金融资本、人力资本，通过这个机制和平台，重新回流到乡村。

第三是要素“活化”功能。村社内置金融就是把农村这些原来不能流动的死的要素“活化”。现在农村集体资产虚化、固化、异化，我觉得将来是要“活化”，要强化，让集体资产、农村土地、农村宅基地等等要素充分流动起来，这对整个村庄的发展、对于扶贫工作、对于改善贫困者的福利，都是至关重要的。

中国未来一定要从分散的小农经济走向一个组织化的大农经济。当然这个过程，应该是顺其自然的、符合历史规律的、非政府强制的一个过程。应该是由民间发起、内生出来的这么一种力量，让这种变化具有建设性和持久性。尽管集体化的方向跟 20 世纪五六十年代一致，但是方法完全不同，不能是政治的、强制的，而是自然的，这种新型的集体化，是农村社区发展的一个趋势。

---

① 王曙光：《中国论衡：系统动态均衡理论与新十大关系》，北京大学出版社 2018 年版。

五、社区主导型发展与社会网络扶贫：社区发展基金模式

在探索如何为贫困群体提供适当的金融服务，从而实现他们收入水平提高的过程中，社区发展基金（Community Development Funds）作为一种较为新颖的金融反贫困模式，在全国各地的试点中取得了良好的效果，被越来越多的人所关注。社区发展基金通常是社区主导型发展（Community Driven Development）的一个组成部分，通过对社区居民进行赋权，并向他们提供小额信贷等金融服务，培养社区居民的权利意识、发展意识与自我组织、自我管理能力，最终结合社区综合开展的科技推广、医疗合作、公共品供给等其他项目，实现社区的独立和可持续发展。所以社区发展基金虽然是一种金融组织，但是其根本目标却是社区发展。[①]

我国出现最早的社区发展基金是 1993 年贵州草海自然保护区的“村寨发展信用基金”，后来安徽霍山县 1998 年成立的“社区基金”、香港乐施会从 1999 年起在西部地区实施的“社区发展基金”、财政部和国务院扶贫办从 2006 年开始推广的“贫困村村级发展互助资金”也都属于社区发展基金的范畴，其中以财政部和国务院扶贫办的“贫困村村级发展互助资金”最为普及。

社区发展基金的一项主要业务是向贫困群体发放小额信贷，因而它秉承了小额信贷一直以来的一种思想：不需要慈善，也不需要政府养活，穷人完全可以借助市场的分工合作体系所形成的适当的金融服务，摆脱贫穷。传统观念认为，贫困群体的贷款需求数额小、数量多，对他们的甄别过程本身就极为复杂，极大地增加了贷款发放的操作成本，并且贫困群体普遍从事于农业生产活动，面临着由农作物收

① 王曙光、胡维金：《社区发展基金与金融反贫困》，《农村经济》2012 年第 2 期。

成不确定带来的系统风险与农业生产周期变化带来的流动性风险，还缺乏可以有效抵押的资产，因此面向贫困群体的信贷是一种低收益、高风险的行为。在这种观念的影响下，贫困群体大多被排除在正式金融的服务范围之外，这无疑减少了他们通过金融机制改变自身生活状况的机会。但是格莱珉银行的创始人尤努斯认为，所有人都有一种与生俱来的生存技能，最要紧的不是教给穷人们新的技能，而是努力去最大限度地利用他们现有的技能。使穷人得到贷款，就是使他们得以立即实践他们已经掌握的技能，而他们挣到的钱继而转变为开启一系列其他能力的钥匙。小额信贷的核心是其商业性，它不是对资金需求者进行简单的慈善性的捐助，而是期望通过商业性的贷款，提高借款人的生产能力并产生商业性回报，从而实现小额信贷机构的自我维持和商业上的可持续发展，同时也内在地提高当地贫困人群的生活水平。

社区发展基金还是一种构建在社区基础之上，以社区自我组织、自我决策、自我管理为原则的金融服务机制，体现了参与式扶贫所倡导的赋权理念，这也是社区发展基金相对于以往的农村资金互助社、农村合作基金会等金融反贫困模式的制度创新和优势所在。赋权理念最早由阿玛蒂亚·森提出，他以独特的视角分析了贫困的成因，认为贫困者之所以贫困，根本原因不在于资源的匮乏，而在于穷人应该享有的基本权利的缺失，比如获得基本教育、医疗、金融等服务的权利，交换的权利，自我组织的权利，自由迁徙的权利等。受到森的思想的影响，国际各级组织开始转变以往的扶贫方式，大力推广蕴含赋权理念的参与式扶贫，即通过让被扶助者主动参与到扶贫开发项目中，打破以往权利分配不均的格局，使他们获得发展的机会并走上持续发展之路。社区发展基金作为参与式扶贫的一种具体组织形式，在实施过程中始终把对社区居民的赋权放在首位，从而取得了其他金融反贫困模式难以达到的效果。

社区发展基金的运作模式一般根据资金来源的不同而分为内生模式和外推模式两种，而外推模式又可以具体分为非政府组织主导型与政府主导型两种。

内生模式的资金来源主要为社区农户自筹，其运作完全由社区农户自己组织实施。这种模式的优点在于能充分调动农户参与社区管理与决策的积极性，并且更有利于社区自我管理和可持续发展能力的培养，但是对社区的决策和管理水平有较高要求，而且往往受到资金缺乏的限制，因此通常作为社区发展基金的高级形式而存在。

外推模式是指社区发展基金的成立和运行是在外部力量的帮助下实现的，资金也主要由外部力量提供，并且根据外部资金来源的不同可以进一步分为非政府组织主导型与政府主导型两种。

非政府组织主导型的社区发展基金在我国出现最早，并且在基金的组织、运作等方面做了大量有益的探索，其中以香港乐施会的社区发展基金最为典型，其运作模式为：（1）乐施会选定准备设立社区发展基金的社区，并派出工作人员对社区进行前期宣传和知识培训；（2）在社区按照自愿原则成立互助小组，每组由5—8户农户构成，并通过民主选举成立社区管理委员会，由3—5个人组成，担任主任、会计、出纳、监督、记录等职，且至少有1—2名女性；（3）乐施会项目办协助各互助小组和社区管理委员会制定管理办法，主要包括基金与社区管理、信贷发放与使用等制度；（4）项目办按年度向社区管理委员会提供资金，由社区管理委员会具体负责资金的使用及回收，并把发放贷款所得的利息归入社区积累，归社区全体成员所有；（5）项目办对社区进行后续的管理培训和科技培训，帮助社区培养自我管理和自我发展能力；（6）随着社区积累的增多，项目办逐步减少对社区的资金供给，直至社区实现自身的独立和可持续发展。这种模式的社区发展基金的优点是思想和理念易于被民众接受，组织形式灵活多样，可以根据不同的情况做出相应调整；不足之处在于对非政府组织的依赖性很强，当非政府组织撤出后项目的持续性很难得到保证。

政府主导型的社区发展基金出现得比较晚，是在总结已有社区发展基金经验的基础上，由政府设立专项资金，并结合政府自身的特点和优势发展起来的，以 2006 年财政部与国务院扶贫办在全国展开的“贫困村村级发展互助资金”为代表。因此，这种模式除了继承以往社区发展基金的发放小额信贷、对社区居民赋权、培养个人发展能力等特点外，还加入了一些新的元素，比如把社区的发展目标与政府规划相结合，在社区管理委员会当中加入村委会成员，对与社区发展基金合作的机构在政策上予以照顾等。这种模式的优点是可以整合社会各方面的力量来参与社区发展，并且易于推广，最大的困难在于如何处理好行政手段与赋权之间的关系。

六、社区主导型发展与反贫困：新乡贤机制

乡贤是中国传统乡土社会中维系社区稳定、执行教化功能、解决社区纠纷的主要机制之一。乡贤是传统农村社区中的权威人士，尽管这些人士并不是乡村正式的行政体系的成员，但他们往往是整个社区的灵魂人物，是整个乡土社会道德人格和领导力的象征，对于整个乡村的治理有着巨大的影响。传统意义上的乡贤由两部分人组成：

一类是长期居住在乡村的有知识、有道德感召力、有家族威望和财产实力的一批人，他们或者是乡村的知识分子（读书人），在乡村中素负盛名，是乡村社区中令人尊重和敬仰的耆宿贤达，往往能为整个乡村提供道德标准，发挥文化和伦理上的教育功能；或者是乡村中的乡绅（绅士），有一定的财富作为后盾，在宗族中享有特殊

的地位，有较强的办事能力，能够为乡村解决重大问题，这些人往往在乡村的实际的公共事务中扮演重要角色，比如在义庄和社仓中起到核心的作用。

另一类乡贤是虽然产生于乡村，但长期在外地生活，后来又回到乡村的一批人，这些人包括退休返乡居住的官员或其他衣锦还乡的成功人士（如学者或者商人等），如写出著名诗句“少小离家老大回”的唐朝伟大诗人贺知章。在传统乡村社会中，第二类乡贤的作用是很大的，他们是从乡村出来的精英人物，拥有大量的资源。比如贺知章从家乡出来，到长安做了大官，而且成为当时著名的诗人，进入上层社会。可是“少小离家老大回”，他60岁退休之后，回到家乡，在家乡就扮演了一个“乡贤”的角色，他可以发挥很大的作用，比如说办教育，比如说作为一个长老协调乡邻关系，比如说办各种公共慈善事业等。他写一封介绍信，介绍本乡的优秀青年子弟到长安谋个事情做，应该是很管用的！

以上两类乡贤的禀赋不同，发挥的作用不同。前者是乡村伦理文化和公共事务的主要管理者，长期在乡村发挥主导性作用，是乡村运转的不可缺少的条件；后者则拥有较多的外部资源，这些衣锦还乡的成功的官员、学者和商人，往往能够为乡村的封闭的社区提供对外交往的条件，提供外部的资源，从而使村庄社区能够获得更多发展的机会。这类乡贤拥有广阔的视野，丰富的外部世界的知识，应对外部挑战的能力和禀赋较强，因此对于村庄的发展意义重大。

今天学术界讨论的新乡贤，是一个新的乡贤群体。这个乡贤群体的主体部分，既不是我们上面所说的第一类内部乡贤，也不是从外部退休回乡的第二类乡贤，而是那些继续在村庄外部生活和工作，但是又愿意以自己的资源和禀赋为家乡做出贡献的乡贤。这批乡贤并不长期在村庄生活，一般也不会参与村庄的正式政治体系，他们与村庄共同体的关系是相对超脱的，是相对有弹性和灵活性的，本质上是一种基于故乡情结的合作关系和契约关系。因此，在实践中，要正确发挥乡贤的作用，就必须一方面以乡情来感召这些外部的乡贤，以感情纽带联结这些外部的乡贤，另一方面又需要设计一种可以平等合作、长期合作的机制，让这些来自于外部的乡贤既能够感受到故乡的盛情厚意，激发他们为家乡奉献的热情，同时又能够使他们获得一定的利益和声誉，获得事业进一步发展的动力，能够在与家乡的合作中以一种平等的规范的契约形式来清晰界定彼此的权利和义务，避免在合作交往过程中出现不愉快的情况。

我考察过的浙江省临海市在推动乡贤返乡方面做了很多创新性工作，为乡贤返乡创造了一些有效的机制和平台。例如，临海近年来把离乡求学、从政、经商的外出精英，以及在农村投资创业的外来精英、本土人才作为现代乡贤群体，开展“千名乡贤帮百村活动”，通过乡镇（街道）乡贤联谊会建设，以乡情为纽带，积极引导乡贤反哺家乡，不断吸引资金回流、企业回迁、项目回归、人才回乡。截至2018年，超过1000名乡贤结对帮扶375个集体经济薄弱村，建立合作意向项目530个，预计投资超过270亿元。临海重塑乡贤文化，优化乡贤回归环境，吸引乡贤用自身学识专长、创业经验、文化情怀反哺家乡，不仅带动乡村经济发展，而且对乡村的风气的转变，对完善乡村治理体系，都起到很大的作用。临海逐步完善乡贤履职激励机制、荣誉授予机制和公益捐建冠名制，鼓励有品德、有能力、有公益心的乡贤加入乡贤会，建立政府、村“两委”、群众多元主体共同参与的乡村治理体系。有些乡贤应聘成为纠纷调解“老娘舅”后，对于调解各种乡村纠纷起到非常大的作用。有些乡贤创办了农校，成立了乡村振兴乡贤人才服务团，有些村聘请了大学教授、农技专家等本乡的乡贤作为乡村发展顾问，为产业发展提供资金扶助或技术支持。截至 2018 年，临海市已实现镇（街道）乡贤联谊会组织全覆盖，建起 142 个乡贤交流平台。这些乡贤既是“外力”，但又不是“外人”，因为乡贤们对家乡都有一片赤子之情，这些事业有成的人，家乡情结重，因此与本地村民沟通起来非常容易，可以很好地达成合作，比那些政府派来的干部（即所谓“外生性力量”）管用多了。

有些乡贤在外面取得事业的成功之后，回到家乡，成为家乡建设的主导型力量。一个比较典型的例子就是我考察过的安徽滁州市凤阳县刘府镇赵庄的赵世来。他是一个知名度颇高的民营企业家，全国劳动模范、安徽省人大代表，他在 20 世纪 80 年代就是赵庄村的村委会主任和村支书，后来辞去了村里的职务，怀揣家里一点微薄的积蓄投身商海，开始了艰苦的创业，创建了亚洲最大的异型瓶胆企业。从村委会主任到一个成功的民营企业家，赵世来完成了人生中的一次成功的转型。从某种意义上来说，他已经完全不是传统意义上的农民和村干部。他思维开阔，有企业家特有的敬业精神、创新精神，有长远的眼光，同时也有精明缜密的商业头脑，有长期以来锤炼出来的管理能力和决策能力。从一个农民和村主任，到一个成功的企业家，意味着赵世来已经为以后的大事业奠定了雄厚的物质基础、人力基础和思想基础。在企业获得成功之后，赵世来后来又回到赵庄，担任村支书，以自己的思路重新描绘赵庄发展的蓝图，大力改善农村基础设施，通过企业发展实现工业反哺农业，吸收农民进入企业，使部分农民脱离土地，转化为产业工人，增加农民收入，提高农民福利；同时，通过土地制度的重新调整，重新规划土地，实现土地的集约化、规模化利用，提高农业生产的效率和收益；最后，实现农村治理的民主化和村庄发展决策的科学化。赵世来以企业家的魄力和胆略，使村庄整体面貌发生了深刻的变化。在这个例子中，主人公的身份既是企业家，又是村庄正式政治治理的有机组成部分，他有关于外部世界的知识和禀赋，又可以获得村庄共同体的接纳和认同，这样的乡贤，能够最大限度发挥其整合资源的作用，也能够最大限度降低与村庄合作的成本。在赵庄的故事中，还有另一个重要人物，那就是赵世来邀请来协助自己进行乡村治理的原来担任凤阳县委副书记（主管农业和水利）的谢朝卿。谢朝卿和赵世来成为一对“黄金搭档”。两个人既有合作，也有分工。赵世来长于按照企业发展的思维对整体发展战略进行谋划，同时以资本所有者的身份进行投资；谢朝卿擅长做人的工作，推进了村庄治理的民主化和法治化，并在农业产业化和农田水利方面有专长。在赵庄的治理和发展中，两个人的职能和作用往往是互相交叉的。[①]

从社会学角度来说，村庄权威可以分为两类，一类是嵌入型权威，一类是内生型权威。嵌入型权威是通过外部力量硬性“嵌入”到一个固有社会结构中的权威，由于固有的社会结构具有高度的封闭性和排外性，导致这种嵌入式的权威往往很难真正成为这个社会结构中的有机组成部分，相反却往往因被固有结构所排斥而难以奏效。内生性权威则是一个社会结构中自生出来的权威体系，权威体系本来就是原有社会结构的一部分，因此固有的社会结构不对这个内生的权威做出排斥和质疑，而是能较好融合为一体。内生性的权威在沟通成本上大大低于嵌入式权威。赵世来是本来内生于村庄的内生型权威，然而同时他也是在村庄外部成长起来的企业家，兼有村干部和企业家两种身份；谢朝卿是外部嵌入型权威，然而通过长期与村庄内部成员的互动，使得他在村民中拥有很高的声望，他在村庄内部有很高的认可度。不可否认的是，这两个人都是新乡贤的代表。与挂职干部、村官

---

① 王曙光：《制度激励与人的自由选择 —— 从凤阳思考我国农村 30 年变革》，载《北大讲座 —— 纪念改革开放 30 年专辑》，北京大学出版社 2008 年版。

等纯粹嵌入型的权威相比，这些新乡贤在村庄发挥作用的可能性更大。[①] 正确地、充分地发挥新乡贤的作用，使这些村庄内外的精英力量能够有机地嵌入到农村社区发展和乡村治理中，是促进社区主导型发展、促进社会网络扶贫的重要途径。

---

① 王曙光：《乡土重建 —— 农村金融与农民合作》，中国发展出版社 2009 年版。

第九章
农民资金互助与反贫困

一、农民资金互助与反贫困：核心机理

农民资金互助组织的崛起是近十几年以来中国农村金融中最为引人注目的现象之一，这一新型农村金融组织的出现，既是农村金融供求失衡的自然结果，又是农村内生性信用体系发育的必然结果。农民资金互助组织本质上是一种新型农村合作金融组织，在中国传统的农村信用社体系已经基本实现商业化转型之后，农民资金互助组织作为一种真正的内生于乡土社会的合作金融组织，在某种程度上填补了农村合作金融的空白。作为一种内生于村庄的信用合作体系，农民资金互助组织与农民以及贫困群体有着天然的联系，这种天然的联系既提供了一种牢固、强大的信用保障，有效降低了农民资金互助的风险，又为农村弱势群体低成本获取信贷服务提供了制度条件，成为反贫困的重要机制和载体之一。[①] 具体而言，农民资金互助组织对减贫造成影响的核心机制包含以下层面：

第一，金融排斥视角。正规金融体系由于金融风险防控的需要，

① 王曙光：《农村信用互助担保组织的风险保障机制与地方政府创新》，《农村经济》2009年第5期。

往往要求信贷需求者提供比较完备的抵押和担保，以此作为信贷供给的前提条件。这些条件使得处于弱势的农民群体尤其是贫困者往往受到正规金融体系的排斥。金融排斥现象的普遍存在证明了村庄外部的正规金融体系在运行成本控制、风险控制和运行机制方面与村庄的具体需要之间存在某种程度的不适应性。这种不适应性与农业的特殊产业性质（自然风险较高而收益较低）有关，同时也与农村社区跟正规金融机构之间比较明显的信息不对称有关。因此在农村这样一个熟人社会中，正规金融机构与村庄内部的农民自组织相比，在信息获取、控制风险等方面，有着天然的劣势，因此自然会产生正规金融机构对乡村社区的金融排斥现象。而农民资金互助组织作为一种农民自组织体系，在信息获取方面有着明显的优势，乡土社会提供的熟人之间的信任使得这种自组织体系的运行成本较低，因此更易于以较低的成本为贫困群体和农民提供服务。

第二，社会网络扶贫和内生性扶贫视角。农民资金互助组织是社会网络扶贫和内生性扶贫的重要形式之一。农民资金互助组织本质上是一种合作社组织，通过合作社成员之间的信用合作，为有资金需求的合作社成员提供信贷服务，这就在合作社成员之间建立起一种相互合作、相互扶持的机制，从而为合作社成员提供了强大的社会网络和社会资本。同时，农民资金互助为成员提供了信贷支持，提高了农民和贫困群体的信贷可及性，从而为贫困群体通过生产性的创业而自我脱贫提供了机会，为贫困群体提高自身的可行能力提供了机会，有效激发了贫困人群的内在发展动力。

第三，要素合作视角和要素回流视角。农民资金互助是农民全要素合作的重要组成部分，在某种意义上来说也是最为核心的部分。在实践中，农民资金互助一般与生产性的合作、供销性的合作结合起来，形成全要素合作，这就是今天在中国有效推行的“三位一体”的综合合作。农民资金互助组织还可以促使农村资金有效地留在农村内部发挥作用，而不是流向农村以外的城市地区，从而改变长期以来的资金由农村向城市的单向净流出，彻底扭转长期以来农村的“负投资”现象。

二、农民资金互助的主要形态与发展状况

近年来，农业和农村发展为我国农村金融改革与发展提供了良好的历史机遇，也催生了各类新型农村金融机构。我国农民资金互助组织应中国农村发展而生，也因政府之大力鼓励与提倡而盛，全国各地均出现了各种类型、规模不一的农民资金互助组织（或称新型农民合作金融组织、新型农民信用合作组织）。这些基于农民内部的信用合作而诞生的农民资金互助组织，在一定程度上满足了当地农民强烈的资金需求，缓解了农民和小微企业的资金困境，对当地农村经济的发展起到了重要作用，已经成长为我国普惠金融体系中不可忽视的重要力量。

我国现阶段新型的农民合作金融形态逐步多元化，其主要形态包括以下几种：第一种是农民合作社内部的信用合作，这些农民信用合作组织由于有合作社的生产合作等作为基础，其发展势头比较良好，也得到各地政府的扶持。第二种是由供销社体系发起的合作金融组织，这类农民信用合作数量也很可观，供销社体系对这些新型农民合作金融组织持积极支持态度。第三种是 2007 年以来在银监会框架下形成的农民资金互助组织，这类资金互助组织有些拿到了银监会颁发的正式的牌照，目前有 50 家左右，但也有很多并没有获得银监会的合法性认可。第四种是社区性的合作金融组织，比如在全国各地广泛存在的农村社区合作基金和社区发展基金，一般由政府扶贫资金启

动，但也吸引了大量农民的资金加入，这几年得到迅猛发展。

2014年中央一号文件指出："发展新型农村合作金融组织。在管理民主、运行规范、带动力强的农民合作社和供销合作社基础上，培育发展农村合作金融，不断丰富农村地区金融机构类型。坚持社员制、封闭性原则，在不对外吸储放贷、不支付固定回报的前提下，推动社区性农村资金互助组织发展。完善地方农村金融管理体制，明确地方政府对新型农村合作金融监管职责，鼓励地方建立风险补偿基金，有效防范金融风险。适时制定农村合作金融发展管理办法。"从以上中央一号文件所释放的信息来看，第一种和第二种形态是目前中央鼓励发展的主要形态。第一种合作社内部的资金互助业务，从法律上来说从属于合作社，受到《农民专业合作社法》和合作社章程的约束和规范，这类农民资金互助组织受到农业部的监管和指导。第二种从属于供销社所领办的合作社，受到供销社体系的监管和指导，但同时也受《农民专业合作社法》以及合作社章程的约束和规范。这两种农民资金互助组织，相对比较规范，运行的安全性较高。

目前银监会框架下的农民资金互助出现多元化，地方农民资金互助组织的发展在某些区域出现失序状况，风险逐步显现。有些地区的民间金融机构打着农民资金互助的旗号，吸引巨额社会资本，吸收了大量农民资金，进行非法集资，运行极不规范，若干区域甚至出现挤兑行为并衍生为局部的金融危机。地方农民资金互助组织之所以迅猛增长，其最深层原因在于在中国银行业准入门槛较高、存在严格金融抑制的前提下，资金互助是民间资本成本较低的出口之一，但其极强烈的逐利动机往往使得农民资金互助扭曲变形，往往与非法集资相结合，进行投机性甚至诈骗性的金融业务，这对农民以及贫困群体的福利造成了负面影响。因此，对农民资金互助组织进行规范和有效监管，对于防范金融风险和保护贫困群体和农民权益是非常必要的。

政府也应该制定较为科学和符合当地实际的扶持农民资金互助的政策框架。我在凤阳县考察过农民资金互助，当地政府总结了农民资金互助的几点发展经验：第一是鼓励两社合一，即生产合作社与资金互助社合一；第二是政府帮助其登记注册，免费为农民资金互助社登记注册，发给牌照，帮助其合法化和透明化；第三是在税收政策上给予税收豁免，以鼓励其发展；第四是加大人才培养力度，政府组织培训，包括金融业务培训、内部治理培训等，提高相关人员的素质；第五是政府在机制建设上帮助资金互助社，为其提供示范章程，规范其内部治理结构；第六是在发展理念上强调循序渐进，政府不拔苗助长，不过度介入。[①]这些渐进的实事求是的扶持政策，对农民资金互助组织的健康发展是非常必要的。农民资金互助是一项相对复杂的专业性很强的业务，政府有必要在相关知识和技能的培训方面提供扶助，才有可能保障农民资金互助的稳健性和安全性。

三、农民资金互助面临的风险与挑战

从我国农民资金互助组织发展的整体态势来看，目前各地农民资金互助发展迅猛，大部分农民资金互助组织在合作社内部开展信用合作，因此在满足合作社内部成员资金需求的同时，也较好地缓解了信息不对称等问题，信贷风险得到了较好的控制。其运作的规范性也在不断提升，从而奠定了可持续发展的牢固基础。但是不可否认，也有若干农民资金互助组织存在盲目追求发展速度，从而忽视发展质量的问题，其风险控制机制尚不完善，内部治理机制尚不规范，更有甚者，个别农民资金互助组织从事当前国家金融经济法规所不允许的业

---

① 王曙光：《“改革之乡”的资金互助合作》，《中国农民合作社》2009 年第 1 期。

务，对我国金融秩序和金融安全造成了不容忽视的负面影响，也在一定程度上影响了我国农民资金互助组织的总体声誉。①

当前，我国农民信用合作面临着诸多挑战。第一，社会资本的逐利动机强烈，扭曲其合作金融的初衷和宗旨，使得资金互助不是为农民服务，而是为投机资本服务；第二，有些合作社治理结构不规范，影响到信用合作的效率和决策的稳健性；第三，有些合作社基本以信用合作为唯一业务，其信用合作的产业基础不牢固；第四，风险防范机制和内部流程不完善不规范，隐含着大量操作风险；第五，农民对金融业务不熟悉，导致操作风险；第六，农民信用合作经营者的道德风险随着合作金融规模扩大而增大；第七，某些地区地方政府存在过度介入行为，极大地影响了农民信用合作的信贷质量。

要充分汲取农村合作基金会的历史教训，保障农民资金互助的健康发展。农村合作基金会于 1984 年在少数地方试办。1999 年 1 月清理整顿农村合作基金会工作全面开始。到 2000 年底，农村合作基金会或者并入当地农村信用社，或者由地方政府负责清盘关闭。据 1998 年全国清理整顿农村合作基金会工作小组办公室统计，截至 1998 年底，全国共有农村合作基金会 29187 个，其中乡（镇）农村合作基金会 21840 个，占 74.8%。清理整顿的总体状况如何呢？截至 2001 年 1 月底，全国 29 个省、区、市（海南、西藏没有农村合作基金会）共清理整顿农村合作基金会 28588 个，总资产 1841 亿元，总负债 1807 亿元。其中并入当地农村信用合作社 6337 个，资产 487 亿元，负债 481 亿元；由地方政府负责清盘关闭的 22251 个，涉及资产 1306 亿

① 王曙光、王东宾：《农民资金互助：运行机制、产业基础与政府作用》，《农村经营管理》2010 年第 8 期；王曙光：《农民资金互助组织为何举步维艰？》，《银行家》2010 年第 4 期。

元，负债1289亿元。①

农村合作基金会的兴衰是中央政府、地方政府和有关部门三方博弈的结果。农村合作基金会出现的初始动机是为解决原人民公社解体后集体积累资金流失问题，其发展初始阶段的主要推动力来自于国家和有关部门，特别是部门利益的驱动。随着国家财政体制的调整，地方政府支配自身财力的权限扩大，地方政府不仅仅是中央政策的执行者，更成为有自身利益的经济主体，增强自身财政实力的内在冲动强烈。同时，在国有商业银行企业化改革不断推进的过程中，地方政府对农村正规金融组织的影响力不断减弱，对区域内资金的流向缺乏调控能力，因此对建立与自身关系更为密切的区域性金融组织、增强对金融资源的控制力具有极大的热情。地方政府的支持加速了农村合作基金会的扩张，也使农村合作基金会的行政依附性更加严重，其性质和业务也发生了相应变化，最终演化成地方政府附属的金融组织。地方政府的行为具有很大的外部性，其控制使农村合作基金会产生了大量的呆坏账。随着亚洲金融危机的爆发和国家对金融控制的强化，农村合作基金会成为清理整顿的对象，最终造成被关闭的结果。

农村合作基金会的主要教训是：

第一，地方政府干预导致大面积不良贷款。这是一个主要的教训。地方政府对合作基金会的不当介入，使得合作基金会丧失独立性和自主性，其贷款往往发给政府工作人员的亲戚朋友，或是支持那些地方政府认为需要发展的地方产业或项目，结果这些贷款往往收不回来，成为呆坏账。

第二，内部治理结构严重不完善。农村合作基金会的内部治理结构，受到农村基层组织的极大影响，村委会和地方政府往往确定其治

① 王曙光：《农村金融与新农村建设》，华夏出版社2006年版。

理结构中具有控制力的主要人选，民主决策和民主管理成为一纸空文。

第三，集体资金和农民资金产权混乱。农村合作基金会的产权最初既有人民公社时期遗留的集体资产，也有农民入股的股权，公私夹杂，公私不分，产权结构极为混乱，这为以后的规范运作埋下了隐患。

第四，服务范围太大，风险难以控制。很多地方的农村合作基金会扩张很快，有些到了乡镇这个层次，有些甚至超越乡镇，进入一个县的范围，其吸收存款和发放贷款的范围在一个县的区域内进行，导致其信息不对称异常严重，合作基金会失去了原来熟人社会中的信任成本低的优势，农民的管理能力又跟不上，结果导致最后贷款质量没法控制。

第五，与农民合作没有有机结合。合作基金会基本上都是以信用合作为唯一业务，很少有合作基金会是依托于农民合作社发展的，因为那个时候合作社还是一个没有得到合法化的东西。没有生产合作的基础，合作基金会很容易与生产领域脱离，变成纯粹资金的交易，最后有可能演变为高利贷。我们现在强调合作社内部的资金互助，就是鼓励农民的信用合作与生产合作相互支持、相互融合、有机搭配，进而起到相互促进的作用，这样的信用合作基础比较扎实，在方向上也不容易走偏。

以上的几个教训，值得我们在发展农民资金互助组织时汲取。

四、农民资金互助的未来趋势

农民资金互助是以低成本对贫困人群进行信贷服务的重要方式，这种方式利用了农村的熟人社会中信息对称的优势，有利于有效控制风险并动员农村内部金融资源。但是由于制度设计、运行机制和农村信用环境等方面的原因，农民资金互助也出现了一些问题。对于当前农民资金互助或新型合作金融出现的问题，我们要有正确的应对，既不能像以前对待农村合作基金会一样全部一棍子打死，也不能坐视其混乱状况而放任自流，而是要谨慎研判，积极引导和规范，鼓励其规范发展。全国的农民资金互助组织，应充分认识到维护农民资金互助组织规范发展大局的重要性，充分认识到农民资金互助组织稳健发展对我国农村发展的重要性。具体来说，农民资金互助组织认识到以下几点是非常重要的：

第一，要认识到农民资金互助组织是基于农民合作的信用组织，农民资金互助组织内部成员的平等性与民主决策是农民资金互助生存的基础。

第二，要认识到控制服务范围的重要性，农民资金互助组织一般在农民合作社内部或社区内部开展业务，以较好地控制风险，避免因服务范围的不适当扩展所引发的操作风险和道德风险。

第三，要充分认识到稳健安全对于资金互助组织生存与发展的重要性，为此农民资金互助组织要特别强化内部管理，加强风险控制机制的建设，加强信用评估机制建设，以保障农民资金互助组织的稳健运作。我们要注重风险管理，杜绝盲目扩张。

第四，农民资金互助组织要加强金融从业者素质的培养，加强员工的职业道德建设，增强其社会责任感，提升其金融管理意识，从而为农民资金互助组织的健康发展奠定牢固的道德基础，防范道德风险。

第五，农民资金互助组织要充分认识到合规运营、遵纪守法的重要性，要充分汲取农村合作基金会的历史教训，避免重蹈农村合作基金会的覆辙，模范地遵守我国的相关经济法规与金融法规，杜绝高利贷、非法集资等不法行为，在整个社会中树立农民资金互助组织的良好形象，为自己的生存与发展提供良好的外部环境，让农民满意，让社会满意，让政府满意，让监管者满意，办成真正为农民服务的规范化的金融组织。

第六，要充分认识到农民信用合作的功能与使命，认识到其宗旨是为农民与小微企业服务，为农村社区服务，为贫困群体服务，因此农民资金互助组织应着眼长远发展与可持续发展，避免任何短视的机会主义行为，加强自律，主动增强自我约束意识，不改变服务“三农”、服务社区、服务微小的宗旨，促使农民资金互助组织规范化与阳光化。

农民资金互助组织要建立严密的风险防范和监管机制。第一，要确保资本充足率保持在8%以上。第二，确保拨备充足率保持在100%以上。第三，政府要为农村资金互助社配备监管员，对农村资金互助社资本充足率、贷款损失准备充足率、大额贷款、不良贷款、投融资业务等进行持续监测，督促、指导农村资金互助社填报非现场监管报表并进行风险分析，撰写年度综合监管报告。第四，监管部门应根据农民资金互助组织的风险情况，定期或不定期地有计划地实施专项或全面现场检查。第五，要求资金互助社在银行业金融机构开立账户，开户银行要按账户管理规定对其账户资金往来进行监督，及时向属地监管部门报告其大额账户资金往来及异常情况。第六，要督促农村资金互助社建立严格的信息披露制度，及时向社员和监管部门公开财务会计报告、经营管理制度等信息，接受公众监督。第七，农民资金互助组织要建立风险预警制度，做好风险处置预案，并在风险出现时协助政府进行及时的风险处置，处理好突发事件。

从总体来说，农民资金互助等新型农村合作金融组织有广阔的发展前景，对农村发展和扶贫具有重要的战略意义，必须借鉴国际经验，汲取历史经验教训，创造具有中国特色的农村合作金融体系和监管体系。政府要在引导、示范和规范方面加大力度，使农民资金互助能够健康发展，为金融反贫困注入强大动力。

第十章
乡村民主政治治理与反贫困

一、乡村民主政治治理与减贫：核心机理分析

国际上已经有大量文献在探讨农村民主政治治理与贫困人群福利以及减贫之间的密切关系。中国的实践也证明，有效的乡村民主政治治理是反贫困的基础制度条件，能够为贫困人群提供更好的公共服务，从而增进贫困人群的福利水平和安全感、幸福感、获得感。本书第八章主要从社区发展的角度探讨了乡村治理对减贫的作用，本章我们主要从正式的乡村民主政治建设的角度来谈乡村治理对减贫的作用机制。具体来说，乡村民主政治治理影响减贫的主要机制如下：

第一，公共品供给能力视角。有效和强大的乡村民主政治治理，是村庄公共品（公共服务）有效供给的前提条件和体制保障。在村庄范围内，公共品的提供关乎村民和贫困群体的生存质量与发展机会，因此，那些能够有效提供医疗、健康、养老、道路、垃圾处理、教育、文化娱乐等公共服务的村庄，就能够大幅度提升贫困群体的福利水平，而这些公共品（公共服务），都是普惠式提供的，不会遗漏掉贫困人群。但是这些公共品的有效提供，却离不开一个强大的有效的乡村民主政治机制，尤其是有着巨大政治权威和执行力的村“两委”（村党委和村委会）以及其他正式民主政治组织（如村民议事会）。特

别是当一个村庄拥有健全的有效的民主政治机制、能够对公共品的供给进行及时的决策和强有力的执行的时候，村庄共同体所获得的发展机会就显著增多，这对贫困人群的福利保障有特殊的意义，尤其是健康、医疗、教育和养老方面的公共品供给能够显著提升贫困人群的总体福利，帮助他们摆脱困境，降低他们在这些方面的支出，从而为减贫提供条件。

第二，自组织能力和社会网络视角。有效和强大的乡村民主政治治理还是乡村自组织发育的必要前提。假如一个村庄的民主政治治理非常有效，则村民的自组织能力就会大幅提升，他们更有动力和能力进行自组织的建设，比如组建合作社、发展农村集体经济、建立各类社团组织（比如妇女协会、老年协会、民俗协会等）。这些自组织的建设，会将大量贫困人群包含其中，使贫困人群通过这些组织化的方式加入一个社会网络，而在这些社会网络中，贫困群体可以获得大量的组织利益（包括能力的提升、社会资本的扩大、交往半径的增大等），从而为社会网络扶贫提供条件。假如一个村庄正式政治组织涣散无力，则整个村庄共同体必然缺乏凝聚力，各种其他经济组织和社团组织必然缺乏生存的基本土壤，从而导致村民和贫困群体的自组织能力减弱，这样的村庄在减贫方面必然遭遇巨大的阻碍。由此可以推论，没有强大有效的村庄民主政治治理，就没有有效的减贫，因为在这样的村庄，减贫工作缺乏组织化和社会网络的支持。

第三，心理—伦理—文化视角。有效和强大的乡村民主政治治理能够给村民和贫困群体带来巨大的心理支持，使他们的心理结构保持稳定，让他们感觉有靠山，增强他们对未来的信心，这对于减贫工作是非常重要的。很多地方出现的贫困群体自杀事件和老年人自杀事件表明，在这些恶性事件出现的村庄，其基层政治治理是非常混乱的，其乡村民主政治组织涣散无力，难以有效凝聚人心，难以有效解决村民和贫困者面临的问题和挑战，从而使得村庄中的弱势群体（老年人和贫困者）缺乏安全感，他们对未来生活产生巨大的危机感和绝望感。乡村民主政治治理所提供的心理支持是有效开展扶贫工作的前提，是贫困人群自我脱贫的心理保障。有效的乡村民主政治治理还具有强大的伦理和文化功能，能够使整个村庄充满活力，显著提升整个村庄的伦理道德水平，使整个村庄风清气正，保障整个村庄的良序、良俗不受破坏，而伦理和文化则是一个村庄保持稳定和谋求发展的必要条件。一个村庄孝道丧失、伦理失序、道德败坏、诚信缺乏、邻里关系紧张，这种恶劣的村庄文化必然导致村庄共同体的凝聚力丧失，也就是我们在第八章所说的“社区溃败”。

第四，要素配置效率视角。在一个民主政治行之有效的村庄，其内部要素和外部要素的配置效率必然是很高的。内部要素包括村庄内部的劳动力、资金、自然禀赋以及其他经济和非经济要素，民主政治治理有效的村庄能够很好地通过组织建设来配置这些资源和要素，使村庄内部的要素的配置效率提高，从而有利于村庄的发展和减贫。而外部要素包括从村庄外部进入村庄的人力资本、知识资本、金融资本等，这些资源和要素要有效地与村庄相对接，其前提是必须具备有效的强大的村庄民主政治治理机制。外部的资本和人才，如果看到一个村庄的民主政治治理强大而有效，看到村“两委”具有强大的政治权威和动员能力，就愿意与村庄合作，因为这样的合作可以有效控制各种沟通成本和摩擦成本，从而极大地提升外部要素进入村庄的成功概率。而如果外部的资本和人才看到的是一个政治治理极差的涣散的、没有感召力和凝聚力的村庄，则往往会打消合作意愿。一些地方之所以难以获得发展，难以达到较好的减贫条件，其主要原因在于乡村治理涣散，外部的各种要素很难与村庄对接，沟通成本太高，因此外部的资本和人才往往知难而退，从而导致减贫项目破产。

二、中国乡村民主政治机制的历史演变

（一）村民自治制度的早期试验和推广

这里所谓乡村民主政治机制，主要指的是人民公社解体之后逐步形成的村民自治制度。1978 年之后，随着人民公社体制的解体，随着集体经济的不断式微，我国农村基层组织开始涣散，大量的公共事务无人过问；同时，在一些影响到农民切身利益的大问题上，比如说土地调整、集体财产的分割、生产资料与公共设施的分配等等，不断出现各种各样的矛盾，农民之间的利益冲突不断出现。这个时候大家发现，假如没有很好的乡村治理，农村就要出乱子了，尝试村民自治被提上日程。

其实，村民自治最早不是政府推动的，而是农民自发进行的试验。广西河池地区是最早尝试村民自治的地区。河池地区的宜山县在包产到户之后发现农村乱套了，大家瓜分集体资产，对集体的树木乱砍滥伐，这些乱象怎么制止呢？于是就召集一些老党员、老干部、老贫农大家一起来组织，自己选村长，自己选出村委会，以遏制这种混乱局面。1980 年，在宜山县三岔公社合寨大队，现在叫屏南乡合寨村，建立了第一个村委会。后来宜山县在每一个自然村都建立了村委会。果作村制定了村规民约，跟以前的乡约有一定的继承性。果作村的村规民约写道："1. 必须提高思想觉悟，认真体会安定团结的重要意义。2. 严禁赌博，不准在私宅、村里开设赌场，违者罚款 10 元。3. 为了保苗夺丰收，严禁放猪，违者罚款 5 角，并给赔偿损失处理。4. 维护正常的娱乐活动，不准在村内、村附近对唱野山歌，违者罚款每人 10 元。5. 不准在路边、田边、井边挖鸭虫，受损失的罚工修补。6. 不准盗窃，违者按件加倍赔偿并罚款 5 元，情节严重者，呈报上级处理。 7. 遗失东西，拿回交给村委，归还原主。8. 不准在泉边、河

边大便，不准在上游洗衣、洗头梳发，晾晒蚊帐、床单等污染东西。9. 讲卫生光荣，不讲卫生可耻，自觉做到码头经常冲洗，保护清洁。”这个乡约更强调对于农民行为的规范，古代乡约更倾向于社会教化和社会救济以及社会保障。

村委会被写进中国共产党的文件，是在 1981 年 6 月，中共十一届六中全会提出要在基层政权中逐步实现人民的直接民主。1982 年中共十二大提出“发展基层社会生活的群众自治”，“民主应当成为人民群众进行自我教育的方法”。这两个会议的决议文件实际上为村民自治探索提供了一个契机。

1982 年 11 月通过了新的《中华人民共和国宪法》，其中第一百一十一条规定，城乡居民要设立居民委员会或村民委员会等基层性的群众性自治组织，主任、副主任、委员由居民选举。1983 年开始提出“政社分开”，要建立乡政府，那时候十一届三中全会已经过去五年了。1983 年 10 月 12 日《关于实行政社分开建立乡政府的通知》，对村民委员会的设立、职能、产生方式诸问题，做出具体规定。随即全国开始试点工作。江苏省江宁县是较早的试点地区，以生产大队为单位设立村民委员会，包括主任一名，治保、民政调解、民兵、妇女委员 4 人，均由群众直接选举产生。以生产队为单位设立村民小组，由生产队队长兼任小组长。

（二）村民自治立法进程与各地的村庄民主试验

村民自治立法的工作在 20 世纪 80 年代初开始了。1983 年天津最早制订了《天津市村民委员会工作简则（试行草案）》。1984 年民政部开始起草《村民委员会组织条例（草案）》，此后经过多次征求意见，对这个草案进行修改。1987 年 4 月 11 日全国人大审议原则通过《中华人民共和国村民委员会组织法（草案）》。社会上普遍对村民自治提出的一个疑问是：农民素质低，没有参政议政能力。对此，全国人大彭真委员长认为：群众的议政能力需要通过实践来提高。他说，“八亿农民实行自治，自我管理，自我教育，自我服务，真正当家作主，是一件很了不起的事情，历史上从没有过”；“对于扫除封建残余影响，改变旧的传统习惯，实现人民当家作主，具有重大的、深远的意义”。彭真主张逐步试验、逐步推广，不要搞形式主义。不要给村委会压的任务太多，不要把村委会搞成一级政权。1987 年全国人大常委会表决通过《中华人民共和国村民委员会组织法（试行）》，1988 年 6 月 1 日起试行。这部法律经过 4 年酝酿修改，前后修改 30 多次，只有 21 条，不足 2000 字，但却是我国基层民主发展史上的重要文献，也是村民自治史上具有里程碑意义的事件。

这个立法过程可以说非常复杂，非常漫长，凝聚了从基层到高层立法者的各方面的智慧，也充分反映了中国各个地区的经济社会发展的多元性和差异性。村民自治立法的基本精神是充分尊重农民的意见，充分尊重地方的民主实践，不一刀切，强调试验和推广的渐进性，强调学习过程，强调村民的自我教育过程，杜绝形式主义。其目的是把村委会建成群众的自治组织，一个民主协商的机构，而不是国家政权的组成部分。

后来在村民委员会当中又产生出村民代表大会或村民代表会议。村民代表会议是由原来的社员代表大会演化过来的。《村民委员会组织法（试行）》规定：村民会议由本村 18 周岁以上的村民参加，也可以由每户派代表参加。必要的时候，可以邀请本村的企业、事业单位和群众团体代表参加会议。村民会议有权撤换和补选村委会成员。1986 年山东莱西县牛溪埠村建立了“农户代表”制度，8 名农民成为首批农户代表。1984 年河北正定县南楼乡南楼村从“三老”（老干部、老党员、老社员）制度基础上，建立了村民代表会议制度。大家看，秦汉以来在中国乡村中实行的“三老”制度，现在以新的面目又出现了。“三老”的理念和方法到现在还管用，只不过形态发生了变化，变成老干部、老党员、老社员，这帮人在乡村中是有威望的。村民代表会议制度脱胎于“三老”制度，又有所发展。

（三）村民自治在20世纪90年代之后出现的问题

20世纪80年代，中国从乡村民主政治的角度来讲，步子是非常大的，村民自治取得了积极的效果；但是进入90年代，村民自治也发生了很多问题。

第一个问题是，由于集体经济不断衰落，导致村组织涣散无力。村级的自治组织要强大，必须掌握一定的资源，这些资源是公共品供给的基础，是村组织有效率的基础。村组织的力量涣散，凝聚力减弱，直接原因就是集体经济薄弱，这是一个非常大的问题。村庄的教育、文化建设、娱乐设施、婴幼儿保健、农村养老、垃圾处理和卫生等等，这些公共品政府不能完全包办，但是由于村集体经济薄弱，村里这些公共品的供给就基本处于空白状态。

第二个问题是，政府职能没有转变，导致村委会行政化。村委会本来就是一个议事协商组织，结果后来变成了一个官方的组织，导致村委会的成员在群众当中威望下降，甚至有些人直接就是由乡政府、镇政府点名，要求在选举的时候必须选他做村委会主任。退回到行政化的方式，命令指派的方式，村民自治和选举就变味儿了。

第三个问题是，90年代农村负担重，干群关系非常紧张。农村负担加重，导致村委会主任和村干部整天忙着收税、收费、摊派，干群矛盾加剧。

第四个问题是，村民集体意识比较淡薄。如果农民的公民意识比较差，主人翁意识比较差，对村民事务的参与感不强，整个村民自治不可能实现那种理想的有效率的状态。村民的公民精神和民主意识、集体意识，是支撑村民自治的重要基础，村民集体意识和民主意识差，就造就不了好的干部，也不可能造就好的村民自治。

后来，很多地方也对村民自治进行了一些改良，来加强治理，其中莱西经验比较典型。莱西在村民自治中搞“三配套”，一是以党支部建设为核心，搞好村级组织的配套建设。二是以村民自治为基础，搞好民主政治的配套建设。三是以集体经济为依托，搞好深化服务的配套建设。这是抓住三个要害，村级组织首先要把党支部建得有力量，这是核心。民主政治要把村民自治搞实，村民自治要有活力，老百姓要更多参与。同时他们看到集体经济是一个重要依托，如果把集体经济搞没了，整个村庄治理就会涣散无力。

三、中国乡村民主政治的创新：村民议事会制度

为应对村民自治在 20 世纪 90 年代出现的新现象和新问题，一些地方在尝试补救和改良之道。尤其是新世纪以来，农村的问题越来越突出，空心村的出现，大量农民向城市的单向流动，城镇化的加速，农村土地问题的激化，这些都使得乡村治理面临着比 90 年代更尖锐的矛盾。这就需要在基层民主制度方面进行新的创新，走出新的一步。在这个过程中，成都的村民议事会试验取得了一定的效果，引起了大家的关注。

2008 年 11 月 25 日，成都市政府发布了第 36 号文件，规定建立“以村民会议为村最高决策机构、村民议事会为常设议事决策机构、村民委员会为执行机构”的新的村民自治机制。这个架构跟原来村民自治制度不太一样，村民委员会成为一种真正的执行机构，而决策权基本掌握在村民议事会手里。村民议事会制度总体思路可以概括

为“三分离，二完善，一改进”。“三分离”，即决策权和执行权分离，决策权归村民议事会，它是最高的常设决策机构；社会职能和经济职能分离，村委会不直接介入管理，重大决策更多的是由村民议事会来做出，村委会更多的是管一些社会服务工作；政府职能和自治职能分离，要搞成真正的村民自治，不要搞成政府的一级机关。“两完善”，一是完善公共服务体系，二是完善集体经济组织运行机制。“一改进”就是改进党组织的领导方法。

村民议事会是村级自治的常设议事决策机构，受村民会议委托，在授权范围内行使村级自治事务决策权和监督权。村民小组设村民小组会议和村民小组议事会，负责讨论本组事务。村民议事会成员实行结构席位制，按每个村民小组 2—5 名确定，由村民从村民小组议事会成员中推选产生。村议事会成员一般不少于 20 人，组议事会成员不少于 5 人。为更好地保障村级事务的其他相关者的利益，经村民大会或村民代表会议同意，允许突破户籍限制，吸收本村以外人员进入议事会。这个变通很必要，假如一个人在本村有很高的威望，可是从户口上来说他又不是本村的村民，怎么办呢？可以把他拉进议事会来参与决策。我在四川成都附近的蒲江县调查的过程中，发现一个村把长期与村民合作的企业家选进村民议事会，把户口不在当地的小学校长也选进去，因为这些人德高望重，有知识，有眼界，与村民的利益息息相关，可以为村庄决策贡献力量，所以可以进入村里的决策机构。这是在村民民主政治制度上的一个突破，也是村庄成为一个开放社区之后乡村民主政治变迁的体现。

村民议事会制度的实施取得了以下效果：

第一，村民议事会制度实施之后，决策权、执行权、监督权互相分离，互相制衡，形成了村干部领导、议事会决策、村委会执行、监事会监督的模式。村民议事会制度在最近几年中，推广到很多其他省份。村级党组织的领导方式发生了深刻变化，因为大量的决策是由村民议事会来决定的，村级党组织从原来的大包大揽事无巨细变成了管大事，管规则，管自身建设，从包办型逐步向引导型转变。

第二，补强了农村当中民主决策与民主监督的短板。以前都是村委会说了算，现在还权赋能，民权民定，这方面的进步很大。每个村都对公共事务进行公示，经济账目、重大事务都要进行公示，发挥了民主决策和民主监督的作用。

第三，解决了农村当中长期存在的疑难杂症，比如说土地问题的纠纷、集体的债权债务问题、集体经济组织的成员身份认定问题、公共服务设施的建设问题等等。这些问题以往都是很难决策的，因为涉及大量的利益纠葛，现在由村民议事会进行决策，有效化解了大量问题。

当然现在村民议事会制度也并不是完美的，还存在若干问题，这些问题都跟农民的民主素质、农民公民精神的培育有直接关系。村民议事会的规范化和制度化程度有待提高，农民要真正学会充分协商，充分沟通，学会妥协，提高参政议政能力，这方面应该说是任重道远。农民只能采取“干中学”的态度，慢慢在实践当中提高议政能力。这种学习的过程也是一种文化的转型过程，不是一年两年能够实现的，甚至也不是十年、八年能够彻底完成的，需要长期实践才可能实现乡村民主政治文化的彻底转型。这种逐渐形成的沟通能力、协商能力、遵守规则的意识、积极参与村庄公共事务的意识等，会对一个村庄的减贫与发展起到极为关键的作用。

四、多元共治的乡村协商民主、社会网络与反贫困

以村民自治制度为代表的中国特色的乡村民主治理体系，在中国

广阔的农村不断试验、不断推广，也不断演化。从空间来看，乡村民主治理模式在中国具有很大的差异性，这是中国多元性的地域文化和历史差异所决定的；同时，从时间来看，乡村民主治理模式也是不断演变的，不是固定不变的。

在创造具有中国特色的乡村民主治理模式的过程中，要中西兼备、古今结合。西方的协商民主概念跟中国的村民自治实践，这两者是可以结合的。西方的协商民主尽管是在西方产生的，但是对于中国乡村治理有很多启发，其中很多方面是契合于中国的乡村民主实践的，对于修正中国乡村民主治理中的一些弊端也是极有借鉴价值的。同时，当代中国乡村民主治理应该吸收中国古代乡村治理的基本精神，也就是内生性的、基于乡土社会的治理理念，用一整套内生性的机制把精神教化、社会保障与乡村治理结合起来。当然，当代的乡村治理也不可能割断与20世纪50年代以来乡村治理的传统模式之间的千丝万缕的联系，要对人民公社时期的乡村治理进行客观的反思和扬弃，取其精华，而去除其不适合时代要求的东西。借鉴西方协商民主的精髓，吸收古代乡村治理的历史智慧，并结合对人民公社时期乡村治理的批判性反思，来创造具有中国特色的乡村治理新模式，提升乡村公共服务水平，探索新的村民自治模式，这是当前中国乡村治理变革的总方向。这里面关键还是要激发农民的公民精神，他要负责、理性地参与协商民主实践，这是乡村民主治理有效性的根本和基础。

近年来，在研究乡村治理的过程中，我提出“多元共治”的新型农村协商民主模式。[①]在这个模式中，一是强调多元化的结构。村民议事会也好，还有其他的村民代表会议也好，实际上都是一个形式，这个形式当中要包含多元化的结构，要容纳有不同诉求的利益群体，

① 王曙光：《中国农村》，北京大学出版社2018年版。

结构的多元化意味着利益诉求的充分表达，意味着公民偏好的充分显示，有利于决策的民主化。

二是要强调共同的协商治理。多元共治的核心是共治，多元是形式，共治是核心。共治强调共同协商治理，这个协商就是在一个民主的程序之下，在程序公正的前提之下，大家以平等的身份相互协商，相互讨论，共同参与。

三是强调内生因素和外生因素的有机结合。外生因素是什么概念？比如说村庄政治力量、企业家、政府派来的村官、外来的志愿者等等，这些都是外生因素。这些外生因素应该跟内生因素紧密结合，有机融合在一起，不要偏废。我认为这些外生因素，无论是属于正规政治组织、非政府组织，还是商业组织，它们都应该在多元共治的村民治理当中占据合理的、适当的地位，来共同促进乡村治理。

四是把村庄的传统要素和现代要素结合起来。什么叫传统？传统就是一直留传到现在的影响和约束我们的行为的一整套规范和习惯的总称，我们与传统之间有一种不可分割的历史联系。一个人是不可能脱离历史的，要"与古为新"，在继承传统的基础上来创新，没有人会在不受传统影响的前提下来创新。

多元共治的乡村协商民主机制，强调多元融合，即不同的主体都要参与到乡村治理中来，也就是要构建一个包容各种主体的社会网络，这对于扶贫有重要意义。这些主体包括以下几类人群：

首先是乡土精英，也就是村庄能人。现在村庄当中有一些能人，这些能人包括村干部、村庄知识分子、村庄企业家，以及其他能人。这些能人有创业精神，有凝聚力，有知识，能够在乡村治理中扮演领袖的角色。

其次是村庄的来自外部的市场力量与非政府组织的力量。现在中国的村庄正在面临着巨大的变革，村庄不再是封闭的一个社区，而是开放的社区，很多外来力量开始介入到村庄的社会经济活动中来，这是一个很好的趋势，而且随着时间的推移，这种趋势会越来越明显。这些力量可以纳入到村民自治当中来，成为村庄协商民主、多元共治的一部分。比如说合作经济组织的领导人，他们一般都是对市场极其敏感、有很强烈的创业欲望、有广泛的市场人脉关系以及丰富的管理经验的能人，这些合作社的领导人既有可能是内生的力量，也有可能是外来的力量。还有外来的企业界人士，一些企业家在一个村长期做企业，他们跟村民有天然的商业互动与利益关系，村民在一定程度上信赖和依靠这些企业家，与他们形成一个天然的利益和命运共同体。实际上很多微型金融机构的负责人也扮演了这个角色。另外还有公益组织的负责人，现在很多志愿者和社会公益人士、非政府组织等，到农村进行大规模扶贫，这些力量非常重要，有些公益人士由于长期在某个村庄定点扶贫，已经成为这个村不可分割的一分子，也可以参与到乡村治理中，架起村庄与外界的桥梁。

第三部分是乡土社会的主导力量，这个主导力量包括宗族长老以及家族和村庄中的其他权威人士。一些退休回乡的官员，本来就是在乡间很有威望的社会贤达，他们回到家乡，可以发挥很大的力量。家族的长老以及村庄中有权威的老干部，可以扮演秦汉以来“三老”的作用。

第四部分力量是地方信仰方面的力量。地方信仰对于乡村教化非常重要。任何地方信仰的核心都是用某种特定的方法劝人向善的（比如福建一些地方的妈祖信仰，山西和其他一些乡村的关公信仰），这些地方信仰深入人心，可以在乡村治理中扮演重要角色。由于地方信仰而建立的人们之间相互的信任，有利于乡土文化的回归，有利于在乡村治理的过程中构建一个和谐的乡土社会。

乡村治理离不开“乡贤”，以上四种力量都是当代新乡贤的重要组成部分。我们现在呼唤乡贤文化的回归，就是要建立一种包容性的乡贤文化，把现代协商民主的理念跟中国传统乡贤文化以及乡村治理的传统智慧有机融合，从而构建有中国特色的乡村政治民主制度。多元共治的乡村协商民主，其目标是重建乡村社区，重建乡村社会网络，从而为可持续减贫奠定制度性基础。在我国未来的扶贫工作中，一方面要继续加大产业扶贫的作用，注重从经济层面、从市场层面、从农村产业发展层面激发农村内在的活力，从而提升农民的收入水平，为贫困人群的可持续脱贫奠定基础。同时，还要加强乡村的民主政治治理，提高村庄决策的民主性、科学性，增强乡村的内在凝聚力，有效提升村庄的伦理道德水平，建立一种团结、和谐、互助、包容的新型乡村文化，从而为村庄的经济发展提供良好的外部环境。从根本上来说，一个村庄的贫困问题是经济、社会、政治、文化道德诸因素综合作用的结果，如果仅仅在经济方面大做文章，而忽视了在村庄社会治理、政治治理和文化道德治理的提升，则经济（产业）方面的努力是不会有好的结果的。乡村民主政治治理是一个村庄“软实力”的基础，村庄民主政治治理获得改善和提升之后，就会对村庄的社会治理、文化道德治理等发挥积极的影响，从而使得整个乡村充满活力与凝聚力，这对于村庄的经济发展是非常重要的，这也是扶贫工作有效推动的重要前提。

第十一章
农村集体经济发展与反贫困

一、引言：农村集体经济发展与中国减贫事业

农村集体经济与扶贫之间的关系问题，无论在理论层面还是在实践层面，都存在着巨大的争议。改革开放之后，坚持联产承包责任制，这在很长一个历史时期被认为是解决农村和农业发展问题的唯一的制度选择，而农村集体经济则在这一历史时期受到理论上的误解和实践中的挤压，很多地区的集体经济在改革开放之后迅速萎缩甚至消失，而由人民公社体制和集体经济制度所支撑的大规模的农村公共服务也开始全面衰退。从20世纪80年代中后期到21世纪初期，我国大面积农村的医疗水平、教育水平、社会保障和养老保障水平迅速下降：农村居民健康状况恶化，就医难问题突出，因病致贫和因病返贫的情况非常严重；农村适龄就学儿童的失学状况严重，农村基础教育师资匮乏，农村教育投入严重不足；农村养老问题凸显，农村老人福利急剧下降，从而导致大量的社会问题和伦理问题。以上这些问题的产生，对我国农村的扶贫工作造成巨大的障碍，促使理论界和实践界对农村集体经济问题进行深入的反思。

回顾新中国建立以来，我们以“组织起来”为宗旨，大力倡导农村的合作化与农民的组织化，农村集体经济有了长足的发展。20世纪

50年代末全面建设了人民公社制度，为我国农业生产的现代化、整个国家的工业化做出了巨大的贡献。同时，由于农村集体经济的长足发展，使得我国大面积的农村在农村公共品的供给方面有了翻天覆地的变化，农村医疗、教育、社会保障和养老等方面取得了历史性的进步，在人均收入极低的条件下使农村居民所享受的公共服务大幅度提升，从而有效地推动了减贫工作。当然，同时也应该看到，由于人民公社体制上存在着若干缺陷，尤其是存在着激励不足、监督不力、产权结构不合理等问题，从而导致在50年代末期我国农业生产出现了巨大困难，付出了比较大的历史代价。对人民公社体制正反两方面经验的反思贯穿着改革开放后几十年农村发展历程。早在80年代初，邓小平同志就提出“两个飞跃”的重要思想，即从人民公社体制向联产承包责任制是第一个飞跃，这一个飞跃解决的主要是激励问题，农民的生产积极性大幅提高；然而这还不够，还要实现第二个飞跃，即从农村个体经济向农村集体经济之飞跃，从而使中国农业与农村真正走向现代化。小平同志的这一思想非常具有战略智慧，既要从“传统人民公社体制”的僵化教条中摆脱出来，从而使农村焕发活力，又要不满足于“新体制”的既有成就，促使农村经营体制不断走上新的高度，也就是要汲取“旧体制”中合理的成分，实现“统分结合，双层经营”。

然而，一个时期以来，我们在农村经营体制方面，对“分”的强调比较多，对“统”的强调不够，这种片面的认识也为我国农业农村发展埋下了许多隐患。一方面，这种片面的认识影响了村集体自我发展和自我保障的能力的发挥，另一方面，这种片面认识导致农地细碎化现象的加剧，阻碍了农业技术进步、现代化以及规模化。虽然这种“分”的思想在一段时期里对我国农村农业的发展具有一定的积极作用，解决了当时农村劳动人口过剩的问题，但是，在这种“分”的能量释放到一定程度之后，在进入 21 世纪农村发展面临巨大瓶颈的情况下，它所带来的问题便日益突现。随着我国城镇化的推进，农村人口向城市的转移，农村劳动力逐渐下降，承包制依托人口红利所带来的生产力优势已经消失殆尽，并且也越来越难以适应农业现代化发展的要求；除此之外承包制在提供公共福利以及社会保障方面的天然劣势，导致城市农村公共品供给二元化严重，严重影响了社会的公平、平等以及乡村治理的有效性，使贫困人群所应享受的普惠制的公共产品得不到有效供给，对我国扶贫事业的深入开展造成了诸多消极后果。

这种“分”的思想指导下的农村经营体制越来越难以适应新时期下我国经济发展的要求，越来越难以适应人民日益提高的农产品需求，越来越难以适应城乡同步小康、共同富裕的诉求。因此中央审时度势，在十八大之后扭转了这一局面，采取综合措施，从顶层设计的高度，大力扶持农村集体经济发展，通过强有力的财政支持与市场机制建设的有效结合，极大地促进了我国农村集体经济的发展。我们通过对浙江、福建等 15 个县区的农村集体经济的调研发现，农村集体经济的发展不仅能有效解决承包制遗留下来的问题，而且必将成为农村农业发展的新动力。随着十九大乡村振兴战略的提出，农村农业势必将迎来新的发展阶段，农村农业的发展也势必对农业经营体制和农村经济制度有新的要求。因此在“分”的能量释放殆尽的现状下，只有强调“统”的力量，大力发展农村集体经济，才能适应新时代中国农村农业发展的新趋势，并在农村农业发展的同时促进我国扶贫事业的有效开展。

二、农村集体经济促进农村减贫的核心机制

农村集体经济何以能对农村减贫形成有效的推动作用？主要有以下基本机制：

第一，公共品供给效应。农村集体经济发展使得农村的公共积累规模扩张，这些公共积累带来农村公共品供给的有效提升，而公共品供给的增加直接有利于减贫。在农村集体经济发展比较好的村庄，能够把相当规模的集体经济收益用于提升本村的基础教育和学前教育，能够有效地提升本村的卫生站的医疗水平和医生收入水平，也能够在老年居民的养老保障方面提供更多的资金支持。在一些农村集体经济比较发达的村庄，其小学教学设施和卫生站设施比较完备，老年农民的饮食和医疗等得到较高水平的保障，甚至可以以较大的力度推进本村的交通条件的改善和农田水利建设。在政府对农村的财政支持比较有限的约束条件下，农村集体经济发展的强弱成为影响一个村庄公共品供给水平的重要变量。而医疗、教育、养老等公共服务水平的高低，是影响一个地区农民贫困化程度的核心变量。因此，发展好农村集体经济，通过集体经济的力量来有效提升农村公共服务水平，是有效减贫的重要保障。

第二，人力资本提升效应。这里面包括就业、技能、管理才能（企业家精神）等方面。农村集体经济发展，可以吸引农村贫困人群来就业，而就业本身不仅可以极大地提升贫困农户的收入，而且可以提高贫困人群的个体知识和技能，增加其人力资本。同时，一些贫困人群还可以以各种方式参与农村集体经济的管理，从而逐步地提升其管理能力。贫困人群中一些优秀分子，还可以在长期的管理实践中成长为比较高层的管理者，成长为企业家，从而具备企业家精神。阿玛蒂亚·森认为，可行能力的提升是贫困人群摆脱贫困的关键。而可

行能力的提升，包含着知识、技能、创新能力、管理才能和企业家精神等多方面的维度，农村集体经济的发展可以在这些维度上起到积极的培育和促进作用，使贫困人群的人力资本和可行能力得到综合的提升。人民公社时期农村广泛发展的社队企业，实际上对农民的知识，技能、创新能力、管理能力和企业家精神的塑造起到了重要的作用。农民身上蕴含着巨大的创造力，他们的人力资本一旦通过集体经济的途径得到开发，必将爆发出巨大的潜能，从这个角度来说，农村集体经济（包括合作社等）就是一所培育贫困人群人力资本的大学校。

第三，民主机制与公共决策能力效应。集体经济带有“公共”特征，需要公共决策，这些公共决策不是单个农民能够完成的，必须以一种民主化的、集体的方式和机制来解决。因此，如果一个村庄的集体经济发展了，就必然带动村庄民主决策机制的完善，带动乡村治理的完善和规范，从而极大地提升农民的公共决策能力。而民主机制的完善和村民公共决策能力的提升，会使集体经济发展得更好，会使村庄的集体决策更有效率和更加正确，这必将对贫困人口福利的提升起到很大作用。很多国内外文献都已经证明，乡村民主化进程有利于收入分配和公共决策的有效性，有利于村民的福利提升。农村集体经济显然可以通过乡村民主化和公共决策能力的提升来增强村庄整体的社会发展和经济发展，从而有利于贫困人口的发展与减贫。

第四，社会网络和社会资本效应。社会资本是与金融资本、产业资本、人力资本同等重要的资本。社会网络越紧密，成员之间协作越频繁和复杂，成员所获得的社会资本就越多。王曙光、王琼慧系统地提出了社会网络扶贫的理念。[①] 中国的扶贫事业，在 20 世纪 80 年代

---

① 王曙光、王琼慧：《论社会网络扶贫：内涵、理论基础与实践模式》，《农村经济》2018 年第 1 期。

之前，主要依靠农村的大规模组织建设和社会重构来促进农村发展和减贫，人民公社体制下的农村合作医疗制度、供销合作制度和信用合作制度等，强调把分散的原子化的小农组织起来，从而使农村社会的凝聚力大为提高，形成了大规模的社会网络。这些社会网络的形成，对于农村居民大面积减少贫困十分重要，是在当时生产力极其低下的条件下使农田水利基础设施和农村基本公共服务得以提升的重要制度因素。在农民组织化的过程中，一个紧密的社会网络慢慢形成，农民不再是一盘散沙；这些社会网络赋予农民大量的看不见的社会资本，使个体农民在农村社区中获得发展的机会，甚至创造了个体农民根本无法想象的农业基础设施建设成就和社会重建成就，五六十年代所形成的红旗渠等一大批震撼人心的、堪称世界奇迹的水利工程，人民公社时期农民在医疗和教育方面所获得的巨大进步，都是值得肯定的。当前新的历史时期农村集体经济的发展，极大地增进了农民协作的效率，人和人之间的关系构造变得容易，人和人之间的协作极为频繁且成本降低，突破了单个农民孤苦无助的局限，使农民拥有了广泛的社会资本，提升了农民创业和增收的概率，增强了农村减贫的内在动力。

第五，产业发展和资源配置效应。农村集体经济发展主要体现为乡村一、二、三产业的发展：在农村集体经济发展的较为初级的阶段，农村集体经济往往着重于开发当地的特色农产品，开展具有规模效应的养殖和种植业，从而促进第一产业的发展；在农村集体经济发展的中期阶段，随着第一产业的质量提升和品牌建设，农村集体经济更多地着重于发展基于种养殖业的农产品加工和制造业，从而促进了农村第二产业的发展；到了农村集体经济发展的较为高级的阶段，农村制造业的发展不仅基于本地的农副产品的比较优势，而且开始发展那些与当地农业产品完全没有关系的其他工业制造业，并开始发展以文化产业、旅游开发为核心的第三产业，促进农村服务业的迅猛发展。农村集体经济的发展，在促进农村产业发展的过程中，必定会带来巨大的减贫效应，促使贫困农户的就业率和收入的提升。更重要的是，农村产业发展更是一个提高资源配置效率的过程，随着农村一、二、三产业的联动发展，农村的各种资源都会得到更好的动员和更优化的配置，从而获得更高的生产效率和回报率，带动扶贫事业的开展。从某种意义上说，产业扶贫是最有效的扶贫，因为所有与扶贫相关的农村发展举措（包括社会网络建设、人力资本提升、农村民主机制建设等），其作用都是更好地提升农村的产业发展和经济发展，从而带动减贫事业的发展。

第六，心理与伦理效应。集体经济的发展所指向的是群体的发展权益、群体的自组织能力、群体成员之间的互助和资源共享，以及群体借助集体经济组织所获得的安全感和受关注感。贫困人群陷入贫困不能自拔，甚至在贫困状态下感到绝望（有些甚至在不太贫困或者相对富裕的情况下感到绝望），除了物质层面的原因之外，更加值得关注的原因在于其缺乏安全感和受关注感，因而陷入孤独和绝望，一些农村地区出现的恶性事件证明了这一点。在集体经济发展比较好的农村地区，集体不仅有较多的财力保障弱势群体的基本需要，而且可以通过群体的力量给予弱势群体更多的精神关照和心理呵护，从而使这些贫困人群（包括因病因残而致贫的人群）摆脱绝望感和被抛弃感。同时，农村集体经济的发展对农村的伦理建设也有非常大的助益。人民公社解体之后，农村实行了村民自治，乡村治理失效的问题在农村普遍存在，其根本原因，在于农村集体经济式微之后，村集体在村庄决策中的话语权严重失落，其在农村社会事务中的权威逐步丧失，从而导致乡村治理在一些地区的带有普遍性的溃败。乡村治理的溃败，再加上村庄人口的流动性的增加、农村社区的逐步开放、农村青壮劳动力外流等，使得农村的伦理失序状况更加严重，有些学者甚至用“礼崩乐坏”来形容当下的农村治理现状。一个伦理严重失序的农村是很难获得发展的，当然也是很难实现有效的减贫的，甚至会加剧贫困的状况。农村集体经济的发展，加强了农村居民的凝聚力，也使得村集体的经济实力增强，这就使村集体有更强的动力和实力来加强村庄的治理，从而使伦理失序的农村变为讲究道德的农村。一些集体经济比较发达的江浙农村，借助道德建设，使农村的风气为之一新，使村庄孝亲敬老、互助友爱、诚实互信的精神得以弘扬，有效改善了村庄的治理，从而极大地有利于村庄贫困人群的生活与生产，使村庄的整体发展更加具备内在动力。总之，农村集体经济的发展有利于营造更好的社会氛围，带来贫困人群心理上的安全感和稳定感，同时可以提升村庄的总体伦理水平，有利于持续深入的减贫工作。

第七，外部资源对接效应。集体经济比个体农民更容易对接外部的资源，如企业资源、政府资源以及各种中介机构、社会公益慈善组织和志愿者等。农村集体经济发展比较好的地区，村集体更有动力和能力与各种外部资源对接，从而实现本村的产业发展和社会事业发展。外部资源的进入，不仅使得农村资源配置的效率更高，而且引入了外部的智力资源，引进了新的发展理念，这些都有益于农村减贫。

在系统解析了农村集体经济对减贫的七个主要的作用机制之后，我们也不应忽视农村集体经济在运行机制中有可能对农民福利和减贫造成负面效应的因素或者约束条件。这些约束条件主要涉及乡村治理的有效性、农村民主政治建设的进程、村集体领导人的素质、农村集体经济的内部治理结构、农村集体企业对接外部市场的效率等。今天，中国农村集体经济的发展面临着各种各样的内在和外在因素的挑战：从内部来说，农村集体经济的委托—代理问题所导致的管理上的道德风险无处不在，农村经理人市场的发育不足导致农村集体经济的经营管理水平受到重大局限；农村集体经济的内在激励机制和约束机制均存在缺陷，导致农村集体经济在发展层面良莠不齐，可持续的机制构建任重道远；农村集体经济发展过程中如何建设更加有利于底层贫困人群的发展机制，也是一个亟待解决的难题。从外部来看，农村集体经济发展还受到一个地区市场经济发育程度、要素配置效率、人力资本市场和地方政府的国家治理能力的深刻制约，这些因素都对农村集体经济的减贫绩效产生了深远影响。因此从制度层面和机制层面进行系统的创新，以增强农村集体经济的内在活力，促进农村集体经济在减贫方面的机制设计，这是未来一段时间必须解决的核心问题。

三、农村集体经济的内涵、类型和性质分析

如何界定农村集体经济，在理论上是一大难题，各种不同的观点争议很大。实际上，中国农村集体经济当前呈现出的多元化的特征，正是农村集体经济在人民公社体制瓦解之后对传统体制的一种扬弃。农村集体经济不再与“一大二公”的传统体制画等号，而是出现了多元化和多层次的特征，这是新型农村集体经济有别于传统的人民公社时期的集体经济的重要特征。因此在农村集体经济的界定上，我们强调三个观点：

第一，农村集体经济有不同层级的组织形式和所有权形式。比起所有权属性来说，农村集体经济中的“集体”二字更加强调的是组织形式。以公有制为主体、以公有资产的总量和控制力占主导地位的经济模式是农村集体经济，而以个人产权的联合、实现股份合作、按产权分配的经济模式也是农村集体经济。在当前阶段，不同层级的组织形式和所有制形式都应该得到鼓励，使它们并存共生，共同发展，这些不同层级的组织形式和所有制形式适应于不同村庄的不同经济基

础，不可强求整齐划一。

第二，农村集体经济要保持经济功能和社会功能的统一。农村集体经济作为经济组织当然要强调其在经济发展方面的作用，要重视其经营指标，但是这与其社会属性并不矛盾，因为农村集体经济作为一个“集体”的组织，其经济实力提升所带来的收益自然会提升组织中个体的福利水平，而组织中个体福利水平的提升也自然会吸引更多个体的加入，进而进一步充实集体经济的实力和基础。

第三，农村集体经济在时间维度上存在一种自我调整、不断发展的可能性。由于事物发展的过程总是一个逐渐积累、由低级到高级的过程，因此我们既要重视农村集体经济高级形态——“村级集体组织”的建设，也不能否定农村集体经济低级形态——“合作社”的存在的合理性。那些低级形态的集体经济形式，会在经济社会条件具备的情况下，转变为高级的形态，但这是一个随着时间的变化而自然演变的过程，在政策层面应保持一种历史的耐心，切不可强力推动，人为“制造”高级的形态。“大跃进”时期的经验和教训值得汲取。总之，对于农村集体经济的界定，我们要秉持发展和包容的态度，既要追求和发展更先进，更高级的集体经济模式，也要包容和支持处于探索阶段的、较为低级的集体经济模式。

农村集体经济不仅在理论上难以界定，现实中也存在着各地发育程度参差不齐，组织主体复杂多样，运营模式呈现多元的特征。

从组织主体上来看，农村集体经济可以分为两类：一类是由“村级集体”所举办的集体经济组织，这里既包括“村级集体”举办的企业实体，也包括“村级集体”利用本村集体资源所兴办的具有集体性质的各类产业，还包括村集体领办的土地股份合作社以及其他类型的合作经济形式。这一类集体经济的关键特征是由“村级集体”举办或领办，所有者涵盖了“所有村集体组织成员”，在层级上是一种比较高级别的农村集体经济形式。我国财政部在 2015 年 10 月 19 日印发的《扶持村级集体经济发展试点的指导意见》就是强调这一层级的农村集体经济，这一层级的农村集体经济的发展关乎整个村庄的治理、共同富裕问题，关乎社会主义公有制经济在农村基层的载体问题，关乎巩固党在农村的执政基础的问题。另一类集体经济是具有集体合作性质的其他合作经济组织，这类农村集体经济主要是指农民自愿兴办、领办的各类农民产业合作社，所有者则是“部分村集体成员”（按我国目前农民专业合作社法，一些非村集体成员也可参与农民专业合作社）。由于这一类农村集体经济组织主要是农民专业合作社，而当前农民专业合作社的领办主体呈现多元化、复杂化的特点，因此国家在支持农村集体经济发展时对这两类农村集体经济应有所区分，实行差异化的支持策略。

从运作模式上来看，农村集体经济可以分为三类：第一类是经营性农村集体经济，指以村集体或部分村集体成员的联合为主体，建立经营实体（村办企业或农业生产经营性合作社），从事生产经营与相关农业服务；第二类是资源性农村集体经济，指利用本村自然生态资源和其他集体资源（如村集体闲置的不动产），开发旅游、文化、物业服务等产业；第三类是公益性的农村集体经济，如养老院、托儿所、图书馆等，此类农村集体经济以公益而非营利为目的。从我们在浙江、福建调研的情况来看，经营性农村集体经济比重较低，村集体兴办的村级企业比较少，在浙江虽然有很多村股份经济合作社，但是虚体较多，开展实际生产经营或农业服务的较少。现实中，资源性农业集体经济所占比重较大，比如利用本村山水生态优势搞休闲农业和乡村旅游或者利用本村闲置的房产、集体建设用地出租搞物业，获得比较稳定的租金收入。浙江的村级物业经济比较发达，农贸市场、专业化市场（如义乌方林村的二手车市场）、仓储物流业等发展很快，为村集体经济带来丰厚收入。浙江桐庐县富春江镇芦茨村，通过芦茨老街区块房屋36户28幢房回收改建项目，由村集体统一建设集购物、休闲、民宿为一体的地方特色街区，既改善了农村环境，又为村级集体经济带来很好的收益。由于第一类经营性农村集体经济面临的市场环境较为复杂，对于人力资源和资本的要求较高，因此目前发展速度和规模相对滞后于资源性农村集体经济模式；而资源性农村集体经济虽然具有经营简单、发展速度快的优势，但是受当地资源类型和数量的制约较大，经营规模有明显的边界性；除此之外由于第三类是公益性的农村集体经济，没有独立的收入来源，因此在实际中往往要依附于第一类和第二类农村集体经济。

从总体来看，这些农村集体经济模式都具有“共有”、“共治”、“共享”的特点。所谓“共有”，即村集体成员或部分村集体成员在产权意义上共同所有；所谓“共治”，即村集体成员或部分村集体成员以一定的民主形式，根据相应的法律要求，实现对农村集体经济的共同治理、共同管理；所谓“共享”，是指农村集体成员或部分村集体成员根据法律规定的分配形式，对农村集体经济的收益实现共同分享。“共有”强调的是产权形式，“共治”强调的是民主治理，“共享”强调的是公平分配，而这些农村集体经济组织所体现的是不同层次的共有、共治、共享。

在我国现阶段，要支持农村集体经济发展，既要统筹兼顾，又要保障重点。“统筹兼顾”的意思是既要扶持村级农村集体经济发展，又要扶持具有一定集体性质的各类农民专业合作社；而“保障重点”的意思是在财政支持层面，主要应支持村级集体经济发展，而不要使国家财政力量过于分散。这几年的国家行动实际上就是基于这一思想展开的，而这一思想在今后的工作中也应该继续坚持，既要避免过分追求“高级”的农村集体经济形式而脱离实际的发展水平，也要避免单单重视“低级”形态而限制农村集体经济的发展潜力。

四、农村集体经济发展所面临的挑战

虽然从中央到地方对农村集体经济的支持力度空前强大，而且各地农村集体经济发展势头迅猛，创新模式层出不穷，但是从总体来看，农村集体经济发展还仅是处于启动和设想阶段，组织和运行模式尚不成熟，各地农民对农村集体经济发展存在不同程度的认识误区和疑虑，一些能够支撑农村集体经济发展的市场要素、体制要素、观念要素等还远未具备，农村集体经济发展面对的困难和阻力很大，在一些地方甚至是乱象丛生。

由于合作社等集体经济组织市场化程度较高，因此面临的问题与普通企业经营问题相类似，而村级集体经济组织由于涉及的利益面极其广泛，协调难度大，单靠市场调节难以解决，再加上其兼具农村社会保障和提供公共品的重大责任，意义重大，因此村级集体经济组织在发展方面面临很大的挑战。①

第一，村级集体经济组织负责人与村干部在人事上重叠，村干部发展村级集体经济的动力与激励普遍不足。村级集体组织由于涉及到全村的利益，负责人往往需要拥有一定的号召力和公权力，因此村干部自然而然就成了很多村级集体经济组织的负责人。但是，由于村干部体系是我国村民自治体系，游离于国家公务员体系之外，村干部往往没有政绩压力和升迁激励，因此从职位升迁方面来看村干部没有动力发展村级集体经济；另外，由于现在村级集体经济组织的利润分配

---

① 王曙光、郭凯：《农村集体经济中的委托—代理问题与系统性制度创新》，《湘潭大学学报》（哲学社会科学版）2019 年第 1 期。

制度仍不完善，对于作为组织负责人的村干部来说，往往只有因其从事行政工作而获得的固定工资，而对其经营和管理集体经济组织方面却没有给予报酬，因此对村干部来讲也不存在物质激励去发展村级集体经济。

第二，约束不足，村干部在发展农村集体经济过程中，对集体资产的处置等的自由裁量权较大，缺乏严格的约束与规范化监督。我国村干部体系位于国家行政管理体系的末端，因此缺乏对于村干部的考核和评价制度，没有自上而下的约束和监管体系；而集体资产作为全村共有的财产，其具有的公共品的非排他性和不可分割性，又意味着个人来维护其享有公共品的权利的成本极高，所以个体村民不愿意也没能力去监督集体资产的处置和经营情况。这种上无约束、下无监督的状况，就造成了村干部在发展村级集体经济的过程中对集体资产的处置具有极大的自由，而这种自由也往往会导致村干部对集体资产处置的轻忽，从而导致村民集体利益的损失。

第三，受村干部任期影响，村级集体经济组织在运营中往往出现短期化现象，集体经济组织负责人的机会主义行为比较显著。由于村干部的任期较短，每一届村委会的任期只有三年，这种负责人的频繁更迭造成了村级经济组织运营的方针政策和目标变动频繁，短期化现象严重；除此之外，由于对村级集体经济组织的经营缺乏长效追责机制，因此对集体经济的负责人往往存在机会主义的激励，促使他们只顾眼前利益，只顾自身利益而忽视了村级集体经济的长期发展。

第四，村级集体经济组织在经营管理上专业化程度不足，人力资源缺乏，没有形成完善的农村集体经济经理人市场。由于目前绝大部分村级集体经济组织的负责人都是由村干部兼任，而村干部的选拔制度重视的是其行政管理能力，可是集体经济组织要求的是其市场化的经营运作能力，这种选拔机制和实际需求的错位就导致了村级集体经济组织在实际运营中专业化程度往往不足。除此之外，由于农村集体经济正处于起步阶段，经理人市场还未形成，再加上村级集体经济组织的特殊情况，外部人员很难快速融入其中，因此在经营管理方面，村级集体经济组织也缺乏有效的人力资源供给。

第五，由于现代农村人口流动性的增强，“成员权”的界定对村级集体经济收益分配的公平性有很大的影响。“成员权”的界定意味着村民是否有权利参与农村集体经济收益的分配。随着交通和信息技术的发展以及城镇化道路的持续推进，现代农村的人口流动比以往任何时候都要活跃，这就导致了“离开本村去往其他地方居住的村民是否仍属于本村成员”以及“原本生活于其他地方但是现今落户于本村居住的村民是否属于本村成员”这两个问题的产生。如何正确看待和处理这两个问题是保障村级集体经济收益分配的公平的根本所在。

第六，村级集体经济组织的经营往往受到村委会其他事务的干扰，承担了很多不该承担的村庄运行成本，影响了村级集体经济组织的运行效率。由于目前村级集体经济的正常运营和村委会有着千丝万缕的联系，再加上村财政收入的长期不足，在日常的经营活动中村干部经常会将村集体经济的收益拿来补贴村委会的行政开销，村集体经济组织沦为了村委会的“提款机”，严重影响了村级集体经济组织的运行效率和进一步发展。

第七，农村集体成员的集体观念淡薄，导致村级集体经济在发展时往往遭遇思想上的阻力，增加了其运行成本。由于长期以来受到承包制的生产方式以及各级干部开展农村农业工作时过分注重“分”的思想的影响，村民生产和生活上逐渐脱离了集体思维，集体观念淡薄。这就造成了在村级集体经济组织的日常运营过程中，村民往往重视个人利益而忽视集体利益，享受集体权利而不愿承担集体义务，再加上人民公社时期的失败教训，很多村民并不看好集体经济，对参与集体经济怀有疑虑，这就造成了村级集体经济在发展和推进过程中往往会遇到很大的阻力。

第八，当前的财政政策、土地流转与土地股份合作的相关政策与法律制度还不完备，阻碍了村级集体经济的发展壮大。自从我国实行承包制以来，包产到户，所有土地和农业资源绝大部分都已分配给个人，留存集体的资产非常稀少，因此建立完善的土地流转和产权定价制度来充实集体资产十分重要。另外，长久以来村级集体经济组织的法人地位在法律上得不到确认，许多扶持资金都分配给了合作社以及家庭农场等相对具体和稳定的集体和个人，而真正急需财政支持、充实集体资产的村级集体经济组织却没有得到实惠。村级集体经济组织由于先天就缺乏资产积累，后天又没有资金支持，因此在生存和发展方面困难重重。

村级集体经济组织作为提升村民福利水平和农村自我保障能力的重要途径，如何面对挑战、解决问题，意义重大。如何正确解决村级集体经济组织的问题，本章认为关键是要处理好几个关系：一是处理好集体利益的代表人与集体经济组织的经营者的关系，要让村干部作为集体利益的代表人指导村级集体经济的方向和目标，而不要让村干部作为村级集体经济的经营者来从事日常运营；二是处理好社会保障与追求利润的关系，村级集体经济组织追求利润是为了更好地服务和保障村民，而不能为了追求利润而损害村民的利益；三是处理好名义成员与实际成员的分配关系，判断村民的“成员权”要从实际出发，既要保障原有成员的利益不受损失，也要避免新成员得不到集体经济的福利；四是处理好村委会和村集体经济的关系，村集体经济组织的资产的产权属于全体村民，这种产权属性决定其使用权的履行以及收益的分配必须要以服务全体村民为基本前提，而不能为了其他目的而损害村民的集体利益。

五、结论：推动集体经济发展，为扶贫注入更大内生动力

目前农村集体经济尚处于起步阶段。从宏观层面来看，农村集体经济的发展模式仍需探索，分配模式尚待改进，相应的要素供给市场仍未建立，金融服务制度和体系有待完善，产权流转和定价制度也仍要继续推进。从微观层面来看，农村集体经济仍处于低级阶段，较高级的村级集体经济较少，而合作社等低级集体经济形式较多；规模大的集体经济较少，规模小的集体经济较多；经营完善、竞争能力强的集体经济较少，产品单一、抵御风险能力较弱的集体经济较多；经营性的集体经济较少，资源性的集体经济较多。

虽然现在农村集体经济仍然存在许多挑战，许多问题仍亟待解决，但是通过我们的调研可以发现，农村集体经济尤其是村级集体经济为实现农村共同富裕和减贫、为农民提供更高水平的社会保障和公共服务、为提高乡村治理水平做出了很大贡献，农村集体经济取得的阶段性成果是值得肯定的，是令人振奋的。展望未来，农村集体经济要进一步为扶贫工作提供更大内生动力，就必须在以下方面有所提升和完善：

第一，要进一步探索如何提高农村各种要素的市场化水平，充分利用农村土地、农产品、农村住房等要素，促进农村一、二、三产业的融合发展，推动产业扶贫。要提高村集体经济对接市场的能力，提高市场意识、竞争意识、品牌意识。当前农村土地政策松动，土地产权流转和交易成本下降，农村集体经济应抓住机遇，利用村庄在资源上的比较优势，开发农产品加工和电子商务、民宿和村庄旅游业、农村文化产业。从根本上来说，产业扶贫是最有效的扶贫，也是最持久的扶贫。

第二，提高村庄治理水平和村内民主管理以及监督水平，以利于

集体经济稳健发展。农村集体经济的管理水平如何，取决于农村的干部素质，也取决于农村的政治治理水平和民主监督水平。要加强村庄的民主政治建设，使村集体经济的发展被置于更规范和严格的民主监督之下，从而促进集体经济的健康发展，并通过农村集体经济提升贫困人群的发展机会和福利水平。①

第三，通过各种形式，推动农民的组织化水平的提高。当前，我们必须承认，农村集体经济的存在形式是多样的，合作社大量存在，农村各种要素的联合方兴未艾，这些都为更高层次的农村集体经济发展提供了条件。组织化程度的提升，为贫困农民显著增加了社会资本，有助于其拓展其发展机会。要对农民进行更多的有关合作社、集体经济以及管理方面的教育和培训，提升其合作意识、互助意识、集体意识、民主意识，提高其参与集体行动的能力。在农村集体经济的发展过程中，对农民的教育和培训是最核心的工作，这个过程是农民的学习过程，这一点对扶贫工作极为重要。

第四，要在农村集体经济发展过程中大力提高农村公共服务水平，逐步实现城乡公共服务均等化。这也是农村集体经济发展的题中应有之义。农村集体经济发展会带动农村医疗、养老、教育和社会保障事业的同步发展，从而为贫困者提供基础性的生活保障，并增加其人力资本。农村集体经济不仅要为每一个个体成员提供更多的经济利益的回报，更要着重于为作为一个"集体"的所有成员提供"普惠式"的公共服务，这些公共产品的供给比经济回报更有价值，更能体现集体经济的优势。

---

① 王曙光、郭凯、兰永海：《农村集体经济发展及其金融支持模式研究》，《湘潭大学学报》（哲学社会科学版）2018 年第 1 期。

第十二章
边疆民族地区反贫困与普惠金融构建

一、边疆民族地区发展与金融反贫困的重要性

我国的边疆地区大多是少数民族聚居的地区，那里民族分布比较复杂，民族文化呈现极大的丰富性、多样性、融合性，因此边疆地区的民族问题解决得好不好，对我国民族和谐和国家稳定至关重要。同时，由于地域、文化、自然条件、历史发展等方面的原因，我国边疆地区的民族经济大多处于比较不发达的状态，贫困发生率一般比较高，脱贫攻坚的任务比较繁重，老百姓的生活水平亟待提高，因此边疆地区的反贫困对整个中国的反贫困意义重大。[①] 很多边疆地区又同时是生态脆弱区，在新疆、内蒙古、西藏、云南、广西等大面积的地区，高原植被和森林很容易被破坏，沙漠化、石漠化、森林退化等问题比较严重，一旦生态遭到破坏，就很不容易恢复，而且对整个中国版图上的生态都会产生严重的影响，因此保护生态对于边疆民族地区的生活和生产至关重要。所以，边疆地区和民族地区、贫困地区、生态脆弱区这三个概念是高度重合的。由此看来，边疆地区的经济社会发展，就有着特殊的战略性的意义。

---

① 王曙光：《中国的贫困与反贫困》，《农村经济》2011 年第 3 期。

新中国成立以来，政府高度重视边疆民族地区的发展，东北、西北、西南边疆地区的工农业在新中国成立后的前30年获得了空前的发展，基础设施建设和民生建设突飞猛进，当时执行的区域均衡发展战略起到了重要作用，为边疆民族地区的经济社会发展奠定了坚实基础。改革开放以来，“富民兴边”行动效果明显，边疆民族地区经济社会得到进一步发展，扶贫攻坚计划更是着力解决边疆民族地区的贫困问题，使边疆民族地区的贫困人群大为减少。十八大以来，我国脱贫攻坚到了决胜时期，边疆民族地区的发展受到高度重视，在这个时期，边疆民族地区的基础设施建设取得很大成就，生态建设进步明显，少数民族人口的民生问题得到重大改善。

在这一过程中，金融支持兴边富民的力度也在不断加大。我国金融服务的真空地带和短板地带大多在边疆民族贫困地区。近年来，边疆民族地区的金融服务覆盖面在加大，金融机构空白乡镇数量在大幅减少，老百姓获得的信贷支持和各种金融服务大幅提升，信贷可及性提高显著。一些金融机构（农信社和农行等）在边疆民族地区加大信贷支持力度，在极为艰苦的条件下开展对边疆少数民族群众的金融服务，金融机构维系成本很高，风险很大，但这些金融机构的服务对于民族地区经济社会发展作用巨大。

近年银监会还鼓励各金融机构通过发起村镇银行的方式，到边疆民族地区进行金融服务，通过跨区域的资本整合和文化融合，促进边疆民族地区经济社会发展。当然，从总体来说，边疆民族地区的金融服务距离群众的需求和区域发展的需求而言还是有一定差距的，有些边疆民族乡镇没有金融机构，很多农牧民还没有获得金融支持，同时金融机构运行质量差异很大，有些金融机构的不良贷款率已经严重超过警戒线，区域金融安全受到一定威胁，这些问题都要引起决策者的高度注意。

二、普惠金融与机制创新：基于内蒙古边疆牧区金融服务实地考察

2017年暑期，笔者发起的考察组自呼伦贝尔鄂温克族自治旗出发，贯穿内蒙古全境，到达阿拉善市，沿途并考察了河北康保县和宁夏回族自治区银川市掌政镇，前后17天，行程11000里。考察期间，与内蒙古自治区银行业协会、地方银监部门、人民银行地方分支机构、地方扶贫办、金融办、农牧业局及农行、农信社（农商行）、村镇银行、邮储银行等各类金融机构进行了充分的沟通交流。基于实地考察的一手资料，笔者尝试对边疆民族地区的金融服务现状、面临的困难和挑战等问题进行深入的探讨。

（一）牧区金融服务的特殊性与金融服务创新

牧区金融服务的提供远不同于内地，这里人口相对稀少，地域广袤，有独特的生活习惯及生产方式，这些都对金融机构的业务开展及经营成本产生深刻的影响。陈巴尔虎旗、鄂温克旗、新巴尔虎左旗等旗县是笔者的考察组调研的最初几站，通过对一些嘎查特别是一些偏远嘎查的走访，发现牧区的发展面临着一些大致相同的问题。第一，因连年干旱，草场沙化严重，如辉道嘎查近三分之二的草场沙化，夏季牲畜饮水与吃草困难，且秋季草场产量较往年大幅下滑，由于饲草不足，牧民需要购买饲草来解决，而饲草价格上涨较快。第二，牲畜价格低廉，牧民面临继续饲养与出售牲畜的两难选择。近两年，牛、羊、生鲜奶等畜产品价格大幅下滑，但牧民饲养牲畜的成本却不断增加。大量出售牲畜无法收回养殖成本且影响未来生产经营，而继续饲养的成本过高也使得牧民无法承受，致使牧民面临着两难选择。第三，传统养殖利润低，集约化、现代化生产项目匮乏。

尽管不同类型的金融机构都大力推进牧区的金融服务，因地制宜地开发出符合当地需求的业务品种，如鄂温克包商村镇银行打造了“第一牧贷”、“马背银行”、“塔拉金融”等具有鲜明特色的服务品牌，针对牧区客户抵押难、担保难的实际，推出“塔拉四宝”系列牧贷产品，还突破传统农金机构“春贷秋还”模式瓶颈，创新性地提出“牛羊在、贷款安”牧区信贷理念，为牧民客户量身定做信贷产品，以解决客户还款期限问题。但涉及生产经营方式的问题，却需要多方面的努力。目前，传统养殖方式下产品不能适应市场且利润低，甚至无利润、亏损。但是，牧区尚无能力且不愿推进规模化、集约化的现代化生产方式，例如现代化养殖基地、畜产品加工企业等。

解决牧区生产经营困境的出路在于集约化、组织化和规模化经营，降低牧民的生产经营风险，增加其牧业产业收益。第一要发展集体经济或公司企业，通过直销方式解决牛羊价格问题。笔者走访的辉道嘎查、红花尔基嘎查就计划以嘎查名义、牵头牧民成立公司来发展集体经济，通过合作社收购当地牛羊并进行初步分割、加工，进而销往外地，从而解决“老客”收购牛羊大幅压价问题。第二，发展旅游产业，调整产业结构，从而增加收入来源渠道，解决产业结构单一的问题。

以往分散化的牧区经营模式，不仅破坏了生态，使草原严重退化，更使得牧民的收入水平处于长期徘徊局面，降低了牧民的抗风险能力，在应对市场的挑战时其价格谈判能力很低，难以抵御市场的价格风险。运用各种形式重振集体经济，实现牧民的组织化和牧区经济的规模化是相当一部分牧民的呼求。这是改革开放 40 年之后牧民对现有体制的一种反思和对未来变革的一种期待。

在这一进程中，足够的金融支持是不可缺少的重要条件。对于农业银行、农信社、村镇银行等各类金融机构而言，它们在很多方面都需要持续的努力，不仅要改进自己的贷款产品和运行机制，降低银行贷款利率，增加授信额度，减轻牧区负担；要进一步在边疆民族牧区开展金融教育，广泛宣传金融知识，让牧民对金融有进一步的认识，防范受骗；要通过深入的宣传，提升客户的征信意识，使其更加注重维护自己的信用，保障还款率；还要进一步引导客户生产经营活动的转型和升级（比如在该地更好地扶持旅游业、民族文化产业、畜牧产品加工业），以降低气候等因素带来的经营风险。

牧区的金融服务，在一定程度上发挥着扶贫以及恢复当地生态的重要作用。在不少牧区，为了恢复生态，禁牧政策全面实施，因此牧区人口大量减少，牧民不再游牧，而是逐步实现集中居住，集中养畜。扶持牧业、农业的产业化就显得非常重要，在培育和扶持新型经营主体的过程中，金融服务承担着支持与引导的双重作用。应当推动和探索金融机构、政府、企业和牧户多方合作平台的形成，让集体经济、农牧民合作社、龙头企业获得更多的金融支持，这一方面可以带动更多牧户的收入增长，提高牧民的市场谈判和应对风险能力，提升牧业的产业化水平，支持牧区的产业转型，另一方面也可以通过规模化降低金融机构的信贷与经营成本，这样的金融支持是目前牧区最需要的。在笔者调研走访的区域中，一些地方已经开始了类似的探索和尝试，如河北康保县构建了“风险补偿金＋商业银行＋保险公司＋担保公司＋龙头企业＋贫困户”六位一体的金融支持脱贫攻坚平台，打通了一条“银行—企业—贫困户”借贷放款的“绿色通道”。农户扶贫贷、政银企户保贷、光伏扶贫贷是当地农信社重要的扶贫金融产品，而当地的农行、村镇银行等金融机构亦有类似产品。

（二）边疆民族地区普惠金融建设进程中的各类金融机构

近十余年农村金融领域的改革和发展取得了突出的成就，中国人民银行和银监会连续出台了一系列重要决策，一批新的农村金融机构（中国邮政储蓄银行、村镇银行、农村商业银行、农村合作银行、小额贷款机构等）如雨后春笋般出现在我国农村金融市场，这也带动了边疆民族地区各类金融机构的成长和发展。从目前的情况来看，在边疆民族地区的金融信贷业务开展中，农信社、农行、村镇银行、邮储银行等各类金融机构各有特点和优势，各类金融机构如何扬长避短并加强相互之间必要的合作也是边疆民族地区普惠金融建设进程中应当给予关注的问题。

农信社在相当一部分旗县都发挥着比较重要的作用，是服务农牧民的主力军之一。在一些农牧区，农信社贷款的不良率低，资产质量相对较好，有良好的业务基础，但在完善管理体制和建立规范的公司治理结构方面，农信社仍需要持续的努力。在与基层农信社工作人员的座谈中，大家讨论比较多的是省联社的定位、职能与合法性问题。对于省联社过度的行政干预，尤其是高管任职的干预，基层农信社普遍存在反感情绪，而行政化倾向的突出也影响着农信社资产质量的整体提升和规范的法人治理结构的真正确立。农信社的治理问题较为突出，省联社定位应加以变革，尽量减少行政性的干预，保障县级法人真正的独立法人地位，管理体制的变革仍旧是提升农信社质量、降低农信社风险的关键一环。

农行在支持农牧区发展方面的力度不断加大，特别是配合政府乡村建设、金融扶贫等政策的实施，近年来在边疆民族地区投入了大量的资金。但基层网点的不足在一定程度上制约了农行金融业务的开展。为了弥补这一缺陷，在一些边疆民族地区农行大力推进农村网上银行、电话银行、手机银行、自助银行机具等“互联网 +”的创新模式。总体来说，农行有自己的资金规模、人才、技术等方面优势，但也有网点、客户等方面劣势，因而在支持农牧民方面必须更多依托科技创新，打通农牧民金融服务“最后一公里”，降低贷款成本。邮储银行同样面临着基层网点过少的困难，因而限制了其农牧区金融业务的开展。他们在一些地区也开始了新的探索和尝试，如巴彦淖尔市的邮储银行积极搭建银政、银企、银担、银保等服务平台，与就业办、扶贫办合作，开展再就业小额担保贷款和贫困户贷款；与担保公司合作，支持具有一定规模的农牧企业及社会化服务组织，但总体上其支农支牧力度还有待加大。

村镇银行是边疆民族地区开展金融服务的新生力量，尽管大部分村镇银行成立时间并不长，但其发展的速度却非常快，相对于一些传统的金融机构，村镇银行有更强的服务意识和竞争意识。在笔者走访的旗县中，村镇银行在有些嘎查的贷款总量已经超过农信社和农行，但资产的质量却偏低，逾期贷款总额明显高于农信社和农行。社会公众对村镇银行的认知度相对较低，村镇银行面临着组织存款艰难、业务品种单一、业务受限多、政府政策支持力度小、客户基础弱、贷款成本高等诸多问题。从村镇银行自己的角度来说，找准自己的战略定位、市场定位十分关键，同时还要创新经营营销方式，在定价机制、信用管理等方面加大创新，并要建立具有个性的企业文化，不断完善与规范公司治理，增强公司法人治理有效性。

各类金融机构的并存与积极发展促进了边疆民族地区金融竞争主体和金融服务手段的多元化，它们之间应当是既竞争又合作的关系。在金融服务的开展过程中，不同的金融机构存在着竞争关系，但在培育农牧民的信用意识、改善边疆民族地区的信用环境、维护健康稳定的金融生态、培育新型农牧业经营主体、促进边疆民族地区经济发展等方面，各类金融机构又存在着共同的利益和诉求。因此，各类金融机构之间既应该充分竞争，发挥自身的优势，又应该在金融创新、征信数据分享等方面进行必要的沟通和合作，从而整体降低边疆民族地区的金融服务成本，为自身的发展创造更加有利的环境。

（三）倡导差异化的牧区金融监管

边疆牧区金融服务的特殊性对这里的金融监管提出了特殊的要求，而不同的地区又往往具有不同的发展特点和需求。在笔者走访的地区中，以下几方面的问题是相对突出的：

其一，金融覆盖仍显不足，金融机构经营成本高，一部分地区还做不到金融服务的全面覆盖。牧区信贷不同于内地，由于农牧民居住分散，设物理网点并不合算。过大的管理半径以及交通不便、信息闭塞等因素的存在都极大地影响着当地金融机构的经营成本，需要其不断完善金融服务方式，以适应当地的实际状况。此外，牧民的生产周期长，冬季要抗灾保畜，与农区的生产经营特征和周期都不同，因此需要金融机构在贷款条件、贷款期限、贷款价格以及数额方面都进行必要的调整。

其二，农牧户过度授信是一个必须给予关注的风险源。近年由于政府支农力度的加大，各类金融扶贫政策的出台，农牧民获得的金融支持和以往相比大幅度提高，中国农业银行、农信社、农村商业银行、村镇银行、邮储银行、小额贷款公司等各类金融机构在边疆民族地区开展了多种形式的金融服务。在政府金融扶贫政策和金融机构大力配合的推动下，一些乡镇苏木的贷款覆盖率已经达到 90% 以上，有的地区还采取了政府贴息、风险补偿金等形式加大支持力度。这在满足了农牧民资金需求的同时，也带来了新的问题。一个突出的问题是银行多头授信，农牧民多头贷款、以贷还贷、以贷养贷的情况比较普遍，银行的多头授信助长了农牧民的盲目投资冲动，带来了较大的风险隐患，农牧民的信用意识也有待提高。这需要各金融机构之间互通信息，以切实减少过度授信、重复授信、多头授信。

其三，各类农村金融机构的资产质量和资产结构还有待进一步完善，风险问题值得关注。这一状况的存在与多种因素有关，有的是因为银行垒大户现象严重，造成风险集中度高，调研中有的盟市截至2017年6月末千万元以上贷款占全部贷款的比重高达48.19%；有的是因为中小企业的发展不乐观，2016年中小企业普遍亏损甚至倒闭，累积了风险；还有的与政府信用有关，有的地方存在过度投资问题，政府投资项目拖欠也会影响银行资产质量，部分企业投资无长期经营之初衷，故导致大量项目效率低下，投入产出低，经营不规范，资金链一旦断裂，就会殃及银行贷款。

其四，各类银行的投资渠道还有待进一步拓宽，这既需要银行自身的不断努力，在某些时候也需要政府给以适当的政策倾斜和支持。由于面临越来越严重的企业欠息欠贷问题，中小金融机构有相当一部分资金被存放同业。农牧业产业化程度低，导致银行找不到好企业可以贷款，而较小的农牧业企业又得不到资金支持。一些农牧民有贷款意愿，却不能提供有效抵押品，土地抵押在实践中可操作性差等问题都成为限制边疆民族地区各类银行投资渠道的因素。

所有这些现实问题和困难都有待解决，因此，对服务于边疆民族地区特别是贫困地区的金融机构的监管应避免“一刀切”，政府应实行差异化的监管政策，在金融创新、技术手段、服务方式、产品定价等方面赋予中小金融机构适当的权利，制定出符合当地实际情况的政策，才能在确保金融稳定的同时带动边疆民族地区经济的发展。

三、挑战与应对：突破边疆民族地区金融服务的困境

应当看到，在边疆民族地区开展金融服务，面临着很大的困难，总结起来，这些困难和挑战包括：

第一，边疆民族地区的地域广大，在新疆、西藏、内蒙古等地广大的地域，人口稀少，每家每户居住分散且相距遥远（在内蒙古阿拉善和呼伦贝尔等草原牧区，各个苏木的距离有时达上百公里，这两个地区的地域面积都是近 30 万平方公里，西藏那曲的地域面积达 43 万平方公里），客观上造成客户到金融机构的距离远，成本高，金融机构服务客户的成本也高，贷前和贷中审查耗费的人力物力大。

第二，正是由于边疆民族地区特有的地域地貌特征（比如草原、沙漠、山地），造成金融机构所搜集到的客户的信息往往出现不完备的情况，信息扭曲和失真的概率更高，甄别信息和更新信息的成本更高。

第三，边疆民族地区的文化多样性比较明显，各地民俗、文化、生活形态、生产方式差别很大，导致金融服务的需求多样性也非常明显，与内地有很大区别。这就给金融机构的产品设计提出了更高的要求。

第四，边疆民族地区由于经济社会发展一般而言较为滞后，因此在接受现代金融服务的过程中往往存在认识方面的偏差，老百姓对现代金融机构的了解比较欠缺，对金融机构的运行、定价、服务等知之甚少，客观上加大了金融服务的困难，需要金融机构花较大的气力进行金融教育和金融宣传，以使边疆地区群众更好地理解和接受金融服务，解决边疆民族地区金融服务需求不足的问题。

第五，边疆民族地区的自然条件差，造成金融机构设置服务网点的成本高，网点的维系成本高。

第六，边疆民族地区虽然民风淳朴，但信用体系建设往往存在滞后现象，没有完备的征信体系，加上少数民族群众对金融信用的理解往往不深，客观上加大了金融机构信用管理的成本，对资产质量的提升构成了一定的挑战。

第七，边疆民族地区由于教育一般而言比较滞后，导致金融人才奇缺，金融机构由于人才缺乏，极大地影响了其管理质量、运行质量，金融创新和风险处置的能力较差，一些现代金融技术的运用受到很大限制。可以说，这些问题都影响了金融机构在边疆民族地区的生存质量，从而影响了金融机构对边疆民族地区的金融服务水平。

对所有在边疆民族地区开展业务的金融机构来说，必须以创新和务实的精神面对这些挑战和困难，在金融产品设计、金融流程设计等方面更多地考虑边疆民族地区的文化特点、生产生活特点等，有针对性地进行产品开发和流程设计，确保产品和流程设计能够适应当地的文化形态；应该深入研究边疆民族地区的产业特征和居民生产特征，瞄准具有民族特色的、有较大潜力的产业进行重点扶持，做到支持边疆民族地区产业发展和保障金融机构可持续两者的统一；应该通过技术创新，通过设置电子机具和开展基于互联网的金融服务，尽力减少设置物理网点的成本，降低金融机构的运行成本，在加大金融服务覆盖面的同时，不增加金融机构的设置成本；应该通过更为人性化的方式，通过少数民族群众喜闻乐见的方式开展金融教育、金融业务营销，使少数民族群众能够亲近金融机构，而不是远离金融机构，对金融机构敬而远之，要明白往往一杯喷香的奶茶，一句民族问候语，营业网点的富于民族特色的装饰，都有可能拉近少数民族群众与金融机构的距离；要大力培养当地少数民族金融人才，在金融机构内部进行有针对性的培训，尤其要培养具有当地民族语言能力的少数民族金融人才，使其发挥更好的作用。

对于农行这样的全国性商业银行而言，由于其纵向一体化的决策方式，在解决边疆民族地区的金融服务方面，要特别注意给予边疆民族地区分支机构更多的自主权，而不要在产品、服务、流程等方面搞“一刀切”，搞大一统。要注意各个边疆民族地区的地方特色和特殊点，给地方分行以更多的因地制宜进行创新的权利和空间，注重差异化和多元化，激发边疆民族地区分支机构的积极性和主动性，这一点对于农行这样的大型银行尤为重要，很多地方分行对总行的最大诉求就是希望总行能够给它们更多的自主空间，不要用全国统一的，尤其是适用于内地的政策来对待边疆民族地区。

对于农信社这样的历史悠久的支农金融机构而言，应进一步加大金融创新力度，变革农信社管理体制，提升人力资本水平，改善管理质量，增强合规文化。对于村镇银行而言，要加大品牌建设力度，提高社会认知度，并加大金融服务覆盖面，加强网点建设和金融创新，努力提高对农牧区的服务水平。

四、新技术和新思维在边疆民族地区金融服务方面的重要意义

新技术和新思维在边疆民族地区金融服务方面的作用是极其突出的。在地域广阔的边疆民族牧区开展金融服务，如果没有技术创新的支持，其成本将会极高，因此在这些地方，基于互联网技术和移动通信技术的金融科技创新的重要性，其实反而比内地更高。以笔者考察的农行阿拉善分行为例，阿拉善总面积近 30 万平方公里，农行共有 11 个网点，其中巴彦浩特镇（阿左旗首府所在地）7 个，吉兰太 1 个，额济纳旗、阿右旗、乌斯太各 1 个，在辽阔的额济纳和阿右旗的分支机构显然与需求有很大差距。农行阿拉善分行借助现代金融技术，大力布设电子机具和非物理金融服务点，极大地降低了运行成本，提高了经营效率，方便了群众。该行每年的电子交易量达到十几亿元，非常可观。笔者考察过的农行巴彦淖尔乌拉特后旗支行在支持边疆牧民方面也更多通过科技创新开展业务，以弥补物理网点的不足，大力推进网上银行、电话银行、手机银行、自助银行机具等模式，依托科技

创新降低贷款和金融服务成本，而且获得了大量的客户。村镇银行、农信社和邮储银行也在不断加大互联网金融创新的力度。

从这些例子可以看出，在广大的边疆民族地区，互联网技术和移动通信技术可以在一定程度上弥补物理网点的不足，突破自然条件限制和地域限制，为边疆民族牧区的金融发展提供了一条捷径。边疆民族地区的金融一定要插上互联网和大数据的翅膀，利用技术创新开展更有效的产品设计和金融服务，才能适应边疆民族地区的特殊金融环境。在这方面，政府应给以一定的财政支持，帮助边疆民族地区金融机构更新技术设备、布设电子机具、开展技术培训，降低金融机构的运行成本，提升其总体金融科技水平。

五、结束语

边疆民族地区金融体系的建设与金融服务能力的提升是一个系统工程，需要中央、地方政府、银行、监管、产业发展等多方面的共同努力。从中央角度，应加大对边疆地区、贫困地区、民族地区、生态脆弱地区的财政倾斜与转移支付力度；从地方政府角度，边疆民族牧区地方政府应通过财政、税收、政策扶持等方式，加大机制创新力度，与银行、担保、保险、龙头企业以及其他主体共同打造激励机制，促进金融扶贫，化解金融风险；从各类银行角度，边疆民族地区的银行类机构应通过金融创新，力推电子化、普惠化，立足小微，严控风险，避免垒大户与重复授信，提高资产质量；从监管机构角度，要帮助边疆民族牧区金融机构化解风险，实行监管差异化，更多考虑牧区整体情况，允许村镇银行等跨县开设分支机构，鼓励跨区发展。高度关注高风险机构，加大破产兼并收购等政策实施力度，促进资本整合。从产业角度，要支持牧区特色产业发展，帮助其实现产业化，加大生态恢复力度，使牧区产业可持续发展。[①]从乡村治理角度，要加强乡村伦理文化建设，倡导诚信，同时发展集体经济，鼓励农牧民互助合作，为金融生态建设与农村经营机制创新奠定基础。只有如此，才能不断提升牧区金融建设的力度与边疆牧区金融服务的改善，进而推动边疆牧区社会经济的更好发展，推动边疆牧区的扶贫工作。

① 王曙光、王丹莉：《减贫与生态保护：双重目标兼容及其长效机制》，《农村经济》2015年第5期。

第十三章
民族地区反贫困的多元模式

一、把贫困送进博物馆：民族地区反贫困的挑战和模式创新

我国深度贫困区域大多分布在生存环境比较恶劣、交通不便的深山区以及少数民族地区，民族聚居区的经济社会发展是我国反贫困工作的核心。当前，民族地区的贫困状况值得关注，这是关乎中国社会和谐稳定和经济可持续发展的重大问题。族群型贫困的成因比较复杂，既有生态环境和地理气候方面的问题，也有社会文化和生产生活方式方面的问题，需要制定系统性的综合解决方案。

2010 年 7 月，北京大学经济学院调研团对云南大理白族自治州的扶贫模式进行了调研，通过对政府部门、非营利组织、金融机构、农户以及合作社组织的详尽而深入的田野调查，增进了对于民族地区反贫困的困境和制度创新的理解。孟加拉乡村银行创始人尤努斯教授曾说："要把贫困送进博物馆。"但是要完成这一伟大使命，需要深入了解地方创新的经验，系统总结地方扶贫工作中可复制的模式，从而为整个国家的反贫困工作提供借鉴。本章试图对云南大理扶贫模式进行系统梳理，特别是总结大理白族自治州针对弱势群体的救济式扶贫、以金融扶贫为主的能力增进式扶贫、以整村推进战略和易地迁移战略为主的普惠型大推进式扶贫模式，这些经验模式有一定的代表性和典

型性，相信对其他少数民族欠发达地区都会有一定的借鉴意义。

二、民族地区反贫困经验（一）：救济式扶贫的实施及其意义

救济式扶贫在我国由来已久，是我国改革开放初期实行的主要扶贫方式，即各级政府直接把粮食、衣物或现金等无偿分配给贫困农户，帮助贫困人口渡过难关，同时不追求任何回报。这种方式也被称作“输血”式扶贫，主要表现为生活救济和财政补贴。

救济式扶贫最大的特点就是无偿和不追求回报，这种方式在中国改革开放初期取得了良好的效果，但是随着扶贫工作的推进，有的脱贫户因为“输血”中断而再度陷入贫困状态。针对这种现象，社会各界逐渐提出扶贫方式要从救济式扶贫向开发式扶贫转变。如今，开发式扶贫已经成为我国扶贫的主要形式，但这并不意味着救济式扶贫可有可无，也不意味着救济式扶贫在中国扶贫战略中已经没有任何意义，尤其对于中国的少数民族反贫困而言。实际上，反贫困是一个系统性工程，而救济式扶贫正是这个浩大工程中一个不可或缺的部分。当然，与改革开放初期相比，如今实施的救济式扶贫无论在对象上还是意义上都有了极大的改变。

（一）救济式扶贫的对象

从对象上来看，救济式扶贫针对的不再是改革开放初期那样的所有贫困人口，而是为数不多的丧失劳动能力的家庭或个体。对于这些群体来说，他们或是由于先天不足，或是由于后天遭遇重大疾病或灾难，在可以预见的长时期里都无法从事生产活动，因此唯一能让他们脱离贫困的方法就只有无偿提供且不追求回报的救济式扶贫。以云南省大理白族自治州鹤庆县 2008 年的社会救济为例，救济式扶贫覆盖

的群体主要有三类：

一是遭受自然灾害的群众，他们由于遭受自然灾害丧失了生产资料，在一段时期里无法恢复生产，生活返回到贫困之中，因此最为急需的就是救济式扶贫。2008 年云南大理鹤庆县冰雪、洪涝、山体滑坡等自然灾害频发，累计受灾人口近 30 万人次，造成直接经济损失近 4000 万元，鹤庆县救助管理站全年解决求助人员 150 余人，帮助受灾最严重的人员渡过了难关。

二是五保对象，主要包括农村中无劳动能力、无生活来源的老年人、残疾人和未成年人。截至 2008 年初，鹤庆县一共有五保对象 707 人，其中孤寡老人 617 人，鹤庆县对孤寡老人们采取修建敬老院集中供养的方法进行安置，并且通过地方财政积极投入和动员社会捐赠等多种渠道，保证所有五保户的生活不低于当地农民的平均生活水平，极大地提高了政府的形象。

三是城乡低保对象，即家庭人均收入低于当地最低生活保障标准的城市和农村居民。2008 年鹤庆县有城市低保对象 4000 多人，农村低保对象 17000 多人，全年共发放保障金 1300 余万元，截至年底城市人均保障金额为每月 125 元，农村为 50 元，有效缓和了社会矛盾。

对以上三类群体提供帮助的救济式扶贫措施，最基本的目的和作用在于保障他们的基本生活需求，使他们免于遭受贫困的威胁。

（二）救济式扶贫的意义和对象瞄准

在我们全面建成小康社会与和谐社会的今天，救济式扶贫不再背负着改革开放初期让所有贫困人口脱离贫困的使命，而只要求对那些丧失了劳动能力的群体加以援助，其意义主要在于以下两个方面：

首先从社会发展的角度来看，我国自改革开放以来在经济建设上取得了巨大的成就，但随之也出现了贫富差距过大的情况，并已经成为导致社会矛盾与不和谐的因素。历史经验证明，稳定是发展的前提，只有在稳定中才能谋发展。为此，国家建立了社会保障体系，并逐渐加以完善，就是要做到兼顾效率与公平，促进社会和谐发展。救济式扶贫作为社会保障体系的有机组成部分，其扶贫对象是需要社会救助的人群中的最弱者，给予这些处于社会最底层的群体帮助，使他们脱离贫困，对于缓和社会矛盾、保障社会稳定发展具有重要意义。

其次从社会伦理的角度来看，救济式扶贫主要针对的是丧失了劳动能力的群体，这些群体由于先天不足或者后天遭遇而不能独立生存，要是没有外界的帮助将只能永远停留在贫困之中。如果我们对这些弱势群体的存在无动于衷，任由他们在贫困之中挣扎，是不可能实现社会的共同进步和共同发展的，也不符合我们建设和谐社会的要求。

救济式扶贫的瞄准问题一直是世界级的难题。在具体扶贫工作中，我们一方面要认识到救济式扶贫是整个扶贫工程中的重要组成部分，是造血式扶贫和开发式扶贫的必要补充。另一方面，还要认识到只有建立了以政府为主导、社会各界广泛参与的现代救济扶贫体系，在救济扶贫过程中清楚界定和瞄准对象，把丧失劳动力的群体放到救济式扶贫的范围中去，通过多种途径保证他们的基本生活需求，才能提高贫困治理的效果，有效地逐年减少贫困人口，最终促进社会和谐发展。

三、民族地区反贫困经验（二）：能力增进型扶贫与金融反贫困

能力增进型扶贫着眼于提高贫困人群的可行能力。信贷扶贫是能力增进型扶贫的重要方式之一，也称为“金融反贫困”，它通过赋予贫困人群一定的信贷资源，使其拥有自我发展的能力。按照发起机构

的不同，民族地区的信贷扶贫可分为以下三种：商业性正规金融机构信贷、政府扶贫型信贷、非政府组织主导的社区发展型信贷（如社区发展基金）。

（一）商业性正规金融机构信贷：扶贫模式和挑战

农村信用社是民族贫困地区最主要的商业性正规金融机构之一，在民族地区的正规金融信贷中占据主导地位。这里主要介绍云南省大理州鹤庆县农村信用社的信贷扶贫成果。

鹤庆县是典型的民族贫困地区。2009 年末，鹤庆县全县总人口 27.27 万人，其中农业人口 24.94 万人，占总人口的 91.5%；以白族为主的少数民族人口 18.28 万人，占总人口的 67.03%。2009 年全县财政总收入 2.82 亿元，农民人均纯收入 2986 元，远低于全国的 4760 元的平均水平。[①]

在对鹤庆县这一民族贫困地区的正规金融信贷扶贫中，农信社占据了重要地位。这主要表现在三个方面。首先，鹤庆县农信社存贷款业务总量居全县首位。鹤庆县目前有工商银行、农业银行、建设银行、农村信用社、邮政储蓄等金融机构，截至 2010 年 6 月末，全县的存款总额为 34 亿元，其中农信社存款 10 亿元，占到全县存款业务量的 1/3；农信社各项贷款余额达 7.7 亿元，存贷款总额居全县金融机构首位。其次，鹤庆县农信社在服务客户的数量上占绝对优势。在全县的 6 万农户中，工商银行服务的农户为 100 户，建设银行服务的农户为 200 户，农业银行服务的农户为 3000—5000 户，而农信社服务的农户达到 4.5 万户，农信社对农户信贷服务的覆盖率达到 75%。最后，农信社的网点设置覆盖鹤庆县所有乡镇。鹤庆农信社下辖 8 个基

---

① 国家统计局：《中国统计年鉴 2009》，http://www.stats.gov.cn/tjsj/ndsj/2009/indexch.htm。

层信用社、1 个联社营业部、6 个信用分社，共有营业网点 15 个，在职职工 117 人，网点遍布鹤庆县每一个乡镇。在网点设置上，鹤庆县农信社优于附近的县市，如临近的宁蒗县仍有 11 个乡没有网点。

鹤庆农信社经营的主要信贷品种包括：小额信用贷款、贴息贷款、助学贷款、创业贷款、抵押贷款等。目前的贷款总额中有 70%—80% 属于小额信用贷款。截至 2010 年 6 月末，发放小额信用贷款 12000 万元，平均每户发放贷款 1 万元；共发放生源地助学贷款 141 笔，贷款余额 21 万元；贷免扶补创业贷款 277 户，贷款余额 1385 万元，小额扶贫贴息贷款 313 户，贷款余额 460 万元。同时在风险控制上，鹤庆县农信社也取得了一定的成果，目前的不良贷款率为 6%，主要的不良贷款都是由于历史包袱所致。

鹤庆县农信社信贷扶贫的一大特点在于对当地特色产业的扶持。鹤庆当地工商业、手工业尤其是银器加工业较发达，银都水乡已经成为银器加工手工业的代表。鹤庆县农信社的贷款很大一部分用于支持手工业的发展。在鹤庆农信社的扶持下，当地的新华村形成了“户户搞加工、家家是工厂”的铜器和金银加工民族工艺品的生产格局。当地生产的银器源源不断地销往西藏、四川等地，目前农信社有大约 5000 万元资金在西藏。

（二）政府的扶贫贴息贷款：运行机制与对象定位

政府的扶贫贴息贷款是民族贫困地区信贷扶贫的另一种方式，这里主要介绍大理州鹤庆县扶贫办推行的财政贴息性小额信贷。

鹤庆县是云南第一个小额信贷试点地区。鹤庆县扶贫办 1997 年开始与乐施会合作运营小额信贷，成立以来该项目经历了两个阶段，2008 年之前由扶贫办在乡镇一级成立工作组经营小额信贷业务，2009 年开始，农业银行开始经营这项业务，扶贫办主要协助银行收集贷款群众的信息，确定哪些是贫困户，鉴定其贫困程度。同时小额信贷运作中坚持的原则也逐步放宽。成立之初，小额信贷项目坚持贷穷不贷富，只贷妇女，以 5000 元 / 户为上限。在风险控制上，小额信贷实行五户联保，由信贷员催收。目前小额信贷已经偏离最初的基本原则，信贷额度变为 10000 元 / 户，特殊的可以达到每户 20000 元甚至 30000 元。并且贷款对象也不再是最贫穷的群体，而是选择中间那部分有贷款需求又有还款能力的农户。贷款主要围绕县乡重点产业项目，包括粮食作物、生猪、蚕桑、大牲畜、甘蔗、蔬菜、传统手工业加工等。

运行以来，这项贴息性小额信贷取得了重大的成果。至今已经累计发放贷款 800 多万元，还款率达到 90% 以上。扶贫项目覆盖 9 个乡镇 94 个村委会，获贷农户 41483 户，占全县农业总户数的 73.5%。2009 年一年，全县贷款总额 1300 万元，到户贴息资金 65 万元，辐射 56 个村委会，受益农户 796 户。

调研中，我们重点考察了鹤庆县辛屯镇新登村的贴息性小额信贷实施情况。辛屯镇位于鹤庆县最北端，扶贫到户贷款工作从 2002 年 9 月开始运行。2009 年发放贷款 300 万元，财政贴息 15 万元。从开始成立到 2009 年，已经累计发放贷款 1566 万元。其中用于种植业 25 万元，养殖业 1481 万元，加工业 3 万元，其他产业 57 万元。其中生猪养殖业投放资金达 1361 万元，占全部资金的 86.9%。扶贫贷款覆盖全镇 9 个村委会，累计获贷小组数 847 个，获贷农户 3479 户。至 2009 年 12 月底，到期贷款回收率达 100%。

新登村是辛屯镇养殖业的代表村。全村有 2000 多人，542 户，人均年收入 3700 多元。生猪养殖是新登村的骨干产业，占本村经济总收入的 65.7%。新登村委会的师弟登自然村，共有农户 338 户，除 11 户外出经营打工外，327 户全部从事生猪养殖。2000 年，新登村建立了生猪交易市场，肥猪主要来源于洱源、大理、宾川、丽江、鹤庆等地，主要销往省外的西藏、甘肃、四川、广西、广东、湖南，以及省内的下关、丽江、迪庆、怒江、兰坪等地，日交易量达到800头以上，成为滇西北乃至整个西南地区最大的生猪交易市场，形成集生猪养殖、运销一条龙服务的发展格局。

新登村的扶贫贴息贷款由村书记对农户信用进行考察，并对信贷户进行监督，实行三户联保。贷款年息6.931%，其中财政补贴5%，农户实际支付的年利率不到2%。2009年，全村贷款150万元，获贷农户75户，每户贷款2万元，发展生猪94头，牛25头，家禽820只。从扶贫贷款发放以来，全村共发放扶贫到户贷款资金683.5万元，其中用于养殖524.6万元，获贷农户960户。

这种扶贫贴息贷款主要是用于解决小规模养殖户的资金困难问题，坚持“有偿使用、小额短期、滚动发展”的原则。目前农信社在新登村有500万元的贷款，而扶贫贴息贷款的对象则主要是那些处于中下等收入层次、无法得到农信社贷款的农户。因此，在新登村，农信社主要服务于那些经营大规模养殖业的农户，而扶贫贴息贷款则支持那些小规模的养殖户，成为农信社信贷扶贫的必要补充。从新登村的经验可以得出这样的启发，针对不同的客户群可以采取不同的信贷扶贫方式。商业性正规金融机构按照商业化原则优先选择那些优质客户，解决其信贷困难问题；而政府扶贫型信贷则主要偏向于那些不能得到商业性正规金融机构贷款但同时也具有一定的还款能力的客户，同时政府扶贫型信贷通过设置一定的贷款额度限制来排除那些能够得到农信社贷款的大规模客户，保证信贷资源在小规模农户中周转。

（三）非政府组织主导的信贷扶贫模式：社区发展基金的运作机制

国外非政府组织在信贷扶贫方面已经积累了很多经验，在扶贫理论与实践上都优于国内政府的扶贫。社区发展基金是非政府组织探索的信贷扶贫的一种方式，目前已经在国内很多地方试点展开。社区发展基金是在小额信贷基础上发展起来的，小额信贷的运行虽然取得了一定的成功，但是其信贷资金的发放以项目方式推进，较少注重农户自立能力的建设，农户没有建立起自我还款意识，资金循环利用的程度不高[①]，因此产生了一种强调为穷人赋权，赋予社区农户对社区资源的决策权的贷款方式——社区发展基金。社区发展基金是以难以获得正规金融服务的贫困社区的农户为基本对象，以个体贫困农户公平获得生产性贷款、支持农户升级改善的同时追求社区的公共积累为目的，以体现贫困社区农户主体地位的充分参与、透明公开、民主决策的自我组织和自我管理为基础，以风险共担和利益共享为核心的一种适应贫困社区农户生计方式的，自愿、灵活、简易的社区发展的公益性自我服务体系。社区发展基金主要包括以下特征：以自然村为单位，由乐施会项目办无偿向社区提供一笔初始资金作为基金本金；基金本金所有权最初为项目办所有，资金在社区内滚动运行供全体村民贷款使用，项目办同时提出视社区发展基金开展情况决定基金本金的捐赠事宜；由全体村民民主选举产生社区基金管理小组和监督小组，分别负责包括社区发展基金在内的社区事务管理、运行与监督；管理小组必须有一定的女性比例和贫困户代表，且需定期换届；申请借款的农户需要组成相对固定的联保小组（5—7户），并推选小组

① 何广文：《农村社区发展基金的运作机制及其绩效诠释》，《经济与管理研究》2007年第1期。

长；农户的贷款申请在获得所有小组成员签字后被提交到定期召开的社区大会讨论，讨论通过后即行发放贷款；基金在社区内部采取有偿使用方式，利率由农户自行约定，实践中往往高于农信社小额信用贷款利率。[①]

云南大理州鹤庆县扶贫办开展的社区发展基金目前仍处于发展初期。2006 年鹤庆县扶贫办在乐施会的资助下对试点地区开展社区发展基金项目。主要运作方式为以村为单位成立发展委员会，由村民自己选举 3—5 人作为发展委员会的负责人，负责发放贷款以及管理日常工作，每项贷款的发放额度由群众自己决定。一般以 5000 元为额度，期限为半年。以利息作为滚动资金。目前社区发展基金已经在三个村开展，还款率达到 90%。乐施会对社区发展基金项目第一年投入 10 万元，后来又追加 10 万元，运营到现在总共产生利息约 4 万元。

相较于鹤庆县，其他一些地区如贵州威宁县草海社区、安徽霍山县等的社区发展基金项目已经发展得较为成熟。研究表明，社区发展基金是一种真正意义的合作金融，是改善偏远落后地区农村金融服务的好办法，对提高农民素质、改善乡村治理起到了重要作用。但是只贷款不存款的形式阻碍了社区发展基金的发展，应该允许吸收社员内部存款，同时加大财政扶持力度。同时社区发展基金也面临着规模小、成本高、缺少对社区综合发展的考虑等问题。李昌平考察了贵州毕节地区的社区发展基金的运作情况，提出让社区发展基金会（或社区信用合作社）承担正规金融组织与农户之间的中介，即正规金融组织贷款给社区发展基金会，然后通过基金会发放给农户，或者支持社区发展基金，形成农信社与社区发展基金竞争和合作的关系。[②] 这样

---

① 滕昊、何广文：《社区发展基金与农村信用社联结机制研究》，《农业经济问题》2009 年第 4 期。

② 李昌平：《石门坎的社区发展基金》，《银行家》2005 年第 9 期。

的方式一方面可以解决社区发展基金资金不足的问题，另一方面也可以发挥社区发展基金内部的控制风险方面的优势，提高资金的利用效率，同时也提高农村社区内农民的自治能力，是值得探索的一种形式。

四、民族地区反贫困经验（三）：普惠型扶贫的整村推进式战略

（一）整村推进扶贫战略的政策、理论背景与评价

2001 年中国政府制定和颁布了《中国农村扶贫开发纲要（2001—2010 年）》。《纲要》对扶贫工作重点县进行了调整，进一步将工作重点放到西部地区；贫困村成为基本的瞄准单位，扶贫投资将覆盖到非重点县的贫困村。为此，在全国确定了 14.8 万个贫困村。《纲要》注重发展科学技术、教育、文化和卫生事业，并且意识到疾病是使农户陷入贫困的一个主要因素。而且，新的扶贫规划强调参与式扶贫、以村为单位进行综合开发。最后，《纲要》承认城乡间人口流动是扶贫的一个重要途径，并采取新的政策举措使农村居民更容易从城镇新出现的工作机会中受益。整村推进是以贫困村为基本单位，通过参与式村级规划和综合性的扶贫投资在 2—3 年的时间内使贫困村在基础设施和社会服务方面有较大的改善，从而提高贫困地区的生产生活条件和生产效率，并使贫困农户通过各种创收活动来增加收入。①

截至 2009 年，《纲要》实施时确定的 15 万多个贫困村已完成脱贫 10 万多个，到 2010 年底，还可以完成脱贫 1 万到 2 万个左右。目前，国家正在研究今后十年扶贫开发工作的整体思路和政策措施，作

---

① 汪三贵：《在发展中战胜贫困——对中国 30 年大规模减贫经验的总结与评价》，《管理世界》2008 年第 11 期。

为十年来扶贫工作的重要经验之一，根据目前贫困人口的实际分布情况，整村推进仍将作为下个十年扶贫开发工作的重要抓手，作为提高贫困人口收入、提高贫困群众素质和自我积累、自我发展能力的主要手段之一。但整村推进扶贫模式也存在很多问题，如管理不规范、目标瞄准的精确度不高、资金投入力度不够等。要彻底解决一个村的贫困问题，平均需要的扶贫计划资金为 228 万元，即使只进行公共基础设施的建设，每个贫困村也至少平均需要 100 万元的投资，但是实际上每个贫困村获得的平均扶贫资金仅为 34 万元，仅占到需求量的 15%。由于重点村选择过程中存在的技术困难（村级贫富程度评价比较复杂）以及乡村间的利益博弈，所选择的重点村也并非能够覆盖重点县全部最穷的村。很多文献的研究结果表明，尽管越是低收入组的村被确定为贫困村的可能性越大，但贫困村覆盖不完全和非贫困村被定为贫困村的问题依然比较严重。总体而言，以收入为标准和在精确瞄准状态下应该被确定为贫困村的村中有 48% 的村没有被瞄准。确定贫困村的主要决定因素是收入水平、贫困发生率、基础设施和社会服务的可获得性以及偏远程度等，这与中央政府确定贫困村的原则和推荐方案是一致的。2001 年，有 59% 的极端贫困人口居住在贫困村内，但这一比重在 2004 年下降到 51%。与其他地区和非贫困县相比，西部地区和贫困县确定的贫困村覆盖了更高比例的贫困人口。总体上看，由于东部和中部地区以及非贫困县更大的瞄准错误，村级瞄准并没有比县级瞄准覆盖更多的贫困人口。

（二）云南大理的整村推进模式和解决族群式贫困的易地扶贫搬迁

云南省大理州的整村推进模式，是针对贫困人口占大多数的贫困村进行整体的、细致的扶贫规划，从基础设施、组织体系、产业结构、医疗、文化教育、居住等方面进行全方位的科学规划，从而达到对贫困村大推进式的脱贫能力提升。大理扶贫模式的规划体系的集中体现是“八六六”，即要求贫困村农户要实现“八个有”，自然村要实现“六个有”，行政村要实现“六个有”。其具体内容如下：

农户“八个有”：（1）有一幢人畜分离、整洁实用、着色墙体的瓦房；（2）有一口沼气池或节能灶；（3）有一个卫生厕和卫生厩；（4）有一个水龙头（自来水）或小水窖；（5）人均有一亩400公斤以上稳产高产基本农田地；（6）人均有一亩特色高效经济林果或经济作物；（7）年人均有一头（只）商畜出售；（8）有一个劳动力掌握一门脱贫致富技术活，一户有一人劳务输出时间达半年以上。自然村“六个有”：（1）有进村入社的简易公路；（2）村内有整洁畅通的道路；（3）有安全卫生的饮用水；（4）有入村入户的通电条件；（5）群众有简单的就医条件；（6）有一批劳动力受到培训和转移。行政村“六个有”：（1）有进村公路和行道树；（2）有安全卫生的饮用水；（3）有入村入户的通电条件；（4）有广播电视信号覆盖；（5）有合格的办公房、卫生室、兽医室和以党员电教及科普为主的文化室；（6）有群众信任、团结干事的村“两委”班子和维护群众利益的好制度。

大理州通过这种详细具体的指标规划，使得整村推进的扶贫模式有了较为具体的实施操作标准和考核手段，扶贫效果非常明显，其特点体现为以下几方面：

第一，基础设施水平的大推进式提升。以往的扶贫往往着重某一个层面，或者某个部门实施的某个项目，资金分散、管理多头，落实下去往往效果不好。大理州整村推进的扶贫模式中，根据财政能力，对每个项目村提供财政转移支付120万元，对村庄道路、农户居住、养殖场所、办公设施等进行全方位的补贴和建设，实现村庄整体基础设施水平的提高。这种模式下，贫困村民得益于基础设施和公共服务水平的提高，也得益于自身家庭居住环境的改善，从而能够从新的起点上全力进行脱贫致富，实践中效果很好。

第二，通过产业结构引导、劳动力培训提高贫困农民的经济能力，并与扶贫信贷相结合。例如，2009 年，大理州就为鹤庆提供了扶贫到户贷款 1300 万元，财政贴息资金 65 万元。同时，当地还积极引导贫困村成立村级的社区发展基金，促进贫困村民参与到能够有效脱贫的经济活动中去。

第三，强调基层组织建设以及上下对接。强调农村基层“两委”班子的组织能力和在群众中的威望，要求县政府有关的扶持干部领导每年深入项目实施地不少于 20 天，以充分获取项目实施村庄的信息和要求，并且长期跟踪村庄发展的动态，及时发现问题、解决问题。

当然，在云南大理这样的少数民族聚居的地区，整村推进型的扶贫还包括整村易地扶贫迁移模式。族群型的贫困在一些居住条件较差、交通闭塞、生产方式落后的云南大理民族地区普遍存在。对于这样的地区，易地扶贫搬迁的模式（实际上也是一种大推进模式）最为有效，对于一次性提升贫困人群的生存条件、改善其生产生活环境与自生能力、逐步使其融入现代生活方式非常重要。云南大理的易地扶贫搬迁开发工作早在 2008 年就开始大规模实施。根据《云南省发展和改革委员会关于下达 2008 年易地扶贫搬迁试点工程中央预算内投资计划的通知》精神，大理州 2008 年国债易地扶贫搬迁（指利用国债资金进行的易地扶贫搬迁）试点工程项目投资计划总投资 679 万元，其中中央预算内投资 497 万元，地方自筹配套投资 182 万元，搬迁农村绝对贫困人口 1070 人，全部安排在南涧、云龙、永平、漾濞等国家扶贫开发工作重点县。搬迁对象为生活在缺乏基本生存条件地区的农村贫困人口，兼顾受地质灾害严重威胁的农村贫困人口，及因生态建设需要搬迁的贫困人口。项目内容为安居房、坡改梯、中低产田、水池、水窖、引水管道、新建农灌沟渠、乡村道路、电视发射接收机、节柴灶、沼气池等。近年来西部少数民族地区地质灾害频繁（四川羌族聚居区、甘南藏族聚居区等），生存条件恶劣，基础设施落后，只有整村易地搬迁安置，才能以最快速度为其脱贫创造基本条件。

五、结论：民族地区反贫困模式和反贫困主体需要多元化

中国的贫困大致可以分为制度供给不足型贫困、区域发展障碍型贫困、可行能力不足型贫困（结构型贫困）、先天缺乏型贫困和族群型贫困，这种划分基本概括了中国几乎所有种类的贫困类型，但是所有这些类型的贫困在现实中往往交织在一起，在一个区域中，贫困人群的致贫根源往往是综合性的。中国的反贫困战略大致也划分为制度变革型扶贫、基础性扶贫（或大推进型扶贫）、迁移型扶贫（或生态恢复型扶贫）、能力增进型扶贫（或结构型扶贫、造血型扶贫）、救济型扶贫（或输血式扶贫）和族群系统型扶贫，但是在反贫困实践中，各类措施往往齐头并进形成合力。中国当前的民族地区贫困已经成为尖锐的问题，区域性的族群贫困是未来影响地区经济发展和社会稳定的重要因素。解决区域性的族群型贫困需要综合性的系统思路，需要扶贫主体的多元化和扶贫模式的多元化。本章介绍了云南大理扶贫模式中的救济式扶贫、以金融扶贫为主的能力增进式扶贫和以整村推进战略和易地迁移战略为主的普惠型大推进式扶贫。这些模式的综合使用，不仅可以使一个民族区域大面积地为整体脱贫奠定良好的基础，而且可以在很大程度上提高扶贫工作的瞄准程度与扶贫效率。在这些与民族地区反贫困有关的行动中，政府的角色是非常显著的，但这并不能排斥民间非营利组织和市场组织的重要性，尤其在能力增进型扶贫中，非营利组织和市场都扮演了重要角色，如在社区发展基金和商

业性信贷中，非营利组织和市场化机构起到关键的作用。这些机构通过创新性的机制设计激发了潜藏在贫困人群中的内在创造力和自组织能力，从而把贫困人口自己也纳入到反贫困主体当中来，这是支撑当今扶贫工作的重要理念之一。

第十四章
中国反贫困的地方创新与未来趋势

一、引言：中国扶贫事业的成就与制度深化

扶贫是关乎国家均衡发展、社会稳定和谐和人民福祉的大事。改革开放 40 年中，中国强劲的经济增长势头和逐步深入的农村市场化改革使反贫困步伐明显加快，反贫困被提高到国家战略的高度，反贫困战略实施的广度（人口和区域覆盖面）和深度（减贫绩效）也得到空前的拓展，为世界贫困人口的减少做出了决定性的贡献。在这个伟大的历史进程中，我国各个地区根据自己的地域经济和社会文化特点，有针对性地探索出大量具有创新性的扶贫理念和做法，为世界反贫困提供了极有价值的思想资源。在长期的探索和实践中，我国的扶贫思路和制度也经历了深刻的转变。从早期着重于普惠式的农村基础设施的供给和农村贫困人群的救济，到后期更加注重精准式的扶贫与构建机制化和常态化的扶贫模式，我国扶贫事业一步步得到深化，其机制设计和制度安排日益科学化。

福建宁德地区是中国反贫困事业的一个缩影。宁德地区几乎涵盖了中国所有类型的贫困，同时宁德在长期的扶贫实践中也几乎运用了一切现有的反贫困手段和机制。如何从宁德地区丰富的扶贫经验中总结出具有推广价值和普遍意义的扶贫模式，是本章面临的重要课题。

总体来说，宁德扶贫模式是一种基于内生性扶贫的模式，即在扶贫进程中着重于通过各种要素整合和机制创新，激发和挖掘内生于贫困群体自身的力量，使贫困人群产生持续的自我减贫能力和创造力。而在宁德内生性扶贫模式中，特别注重“三个融合”，即市场机制与政府功能的有机融合、普惠型反贫困与精准型反贫困的有机融合、内生力量与外生力量的有机融合。

二、宁德的贫困发生机理与反贫困机制

（一）制度供给不足型贫困和制度变革型扶贫模式

制度供给不足型贫困即由宏观经济制度、社会制度或政治制度供给不足而引致的贫困。在贫困发生率比较高的国家和地区，合理的教育和培训制度、医疗卫生制度、收入分配制度、金融与信贷制度、公共财政制度、社会保障制度、土地制度以及与之相匹配的法律体系的缺失，是导致贫困的基础性原因。针对制度供给不足型贫困，要运用制度变革型扶贫模式来应对，即对现有制度进行系统性改革与创新，为贫困群体的脱贫创造基础性的制度条件。政府是制度变革和创新的主导者。近年来，通过教育制度改革和教育资源向农村贫困地区倾斜、新型农村合作医疗制度改革、农村新型养老保险和社会保障制度建设、公共财政向农村贫困地区的转移支付制度等等，为农村地区的大面积扶贫提供了有力的制度支撑。

宁德地区在扶贫事业中所取得的成就，首先应归因于这种普惠型的制度变革型扶贫模式。新型农村合作医疗制度的完善、农村社会保障体系和倾斜性财政支撑体系构建，是宁德地区贫困人群大面积脱贫的制度基础。宁德地区将 3.35 万完全或部分丧失劳动能力的贫困人口全部纳入低保范围，低保标准从 2004 年每人 1000 元提高到 2015 年

的2300元。农村医保、大病统筹实现全覆盖，新型农村合作医疗参合率达99.9%。倾斜性公共财政政策在扶贫中也扮演了重要角色。

（二）区域发展障碍型贫困与基础性扶贫和生态恢复型扶贫

区域发展障碍型贫困即由一些具有区域特点的发展障碍因素而引致的贫困，如某些地区由于交通、通信、市场设施不完善而引发的贫困，或者由于当地恶劣的自然生态环境与不适宜人类生存的气候所引发的贫困。针对这种贫困应采用基础性扶贫（或大推进型扶贫）和生态恢复型扶贫模式。对于区域发展障碍型贫困，其扶贫的核心使命是大规模改善基础设施条件和生态环境条件。为了走出贫困的恶性循环、走出“低水平均衡陷阱”，就必须使用大推进型的扶贫战略，在很短的时间中迅速改善基础设施条件和生态环境条件。生态环境说到底也是一种基础设施，其改善必须依靠大规模的投资，这也包括迁移型扶贫在内。

宁德地区在基础性扶贫（大推进型扶贫）和生态恢复型扶贫中做了大量工作，取得了显著成果。宁德坚持把改善交通作为扶贫开发的“先行工程”，借助福建省实施“年万里路网工程”等机遇，大力推进通村公路建设。全市农村公路里程由1988年的1702.68公里增加到2014年的9492.76公里；9个县全部实现“县县通高速”，124个乡镇、2135个建制村全部完成公路路面硬化，其中贫困村1056个。曾经“地僻人难行”的寿宁县下党乡，如今也有柏油路直达，全乡农民人均可支配收入从1988年的186元增长至2018年的13066元。针对山高路险、交通不便、信息闭塞的状况，宁德在福建省率先实施“造福工程”搬迁，采取政府补助一点、信贷支持一点、群众自筹一点、社会帮扶一点等“几个一点”的办法筹措资金；对照灾后重建标准统一规划、优先供地、加快审批、减免税费；通过就地创业、园区就业、转产转业，确保搬迁对象有业可就，做到搬得出、稳得住、安得下、富得起。20多年来，全市累计建成或续建安置点1000多个，完成搬迁35.6万人，其中近2.5万“以船为家、居无定所”的“连家船民”全部上岸定居。基础设施建设和整体迁移性扶贫，对于贫困人口脱离“低水平均衡陷阱”从而实现整体脱贫，避免贫困的代际复制，具有重要的意义。

（三）可行能力不足型贫困与能力增进型扶贫

可行能力不足型贫困是由贫困者个体的可行能力不足造成的贫困，其原因均表现为贫困者个体的某种能力的缺陷，而不是先天的身体或智力的缺陷。针对这种贫困类型，应该使用能力增进型扶贫（或结构型扶贫、造血型扶贫）模式。这类扶贫模式的核心在于提高贫困人群的可行能力，尤其是人力资本投资。

农村小额信贷是典型的能力增进型扶贫模式。宁德高度重视农村金融在扶贫开发中的作用，积极开展农村土地承包经营权确权和林权登记流转抵押，引导各类微型金融机构开发新的贷款产品，大力推动农村信用和担保体系建设，屏南县建立了小额信贷促进会，古田县开展了大规模的土地承包经营权抵押贷款及政府设立资金池引导农民专业合作社担保，这些经验都值得大力推广。目前宁德建立了县乡村三级联动的小额信贷促进会，大力推广“政府担保、银行放贷”的扶贫小额贷款推介担保机制；创新引进中国扶贫基金会“农户自立小额信贷扶贫”项目，为贫困户量身定制信贷服务，实行“无担保”“分期还”，工作成效在全国131个项目区中位居前列；创新开展以“民富中心”建设为核心的农村金融创新试点工作，积极落实扶贫贴息贷款、农村互助资金、“巾帼扶贫”和计生小额贷款项目，每年累计为贫困村、贫困户解决贷款3亿元以上。小额信贷对农户微观个体获得信贷资金机会、家庭财产增加、就业机会增加、减少风险、妇女赋权等方面具有积极的作用，是一种具有可持续性的扶贫模式。

能力增进型扶贫还包括针对贫困人群的教育培训。宁德市柘荣县在扶贫过程中，注重农民的技能培训和技术推广，完善县职业技术学校软硬件设施，壮大师资力量，建立培训实践基地，采用分类培训、外地游学考察学习、技术人员上门送学等方式，2010年以来全县农民参与务工技能及服务经营培训共12000多人次，其中实现转移就业835人，半工半农兼业就业1640人，通过农业实用技术培训，一批贫困农民学到了中药材、茶叶、特色养殖等产业新技术，脱贫增收效果明显。

（四）族群型贫困与族群系统型扶贫模式

族群型贫困是在某些少数民族社区，由于整个族群在生产方式、文化、宗教信仰、习俗、生活方式等方面的历史原因而造成的贫困，在中国很多边远地区这类贫困大量存在。族群型贫困部分原因与区域发展障碍型贫困、可行能力不足型贫困重合，但是其最鲜明的特征在于当地民族特有的生活方式或文化习俗。族群型贫困的成因非常复杂，因此其应对策略应该是族群系统型扶贫模式。对于那些生活方式和文化比较落后、生产方式原始的少数民族地区，系统性的文化建设、植入现代生活方式和生活理念、改进生产方式（尤其是摒弃那些对于自然生态环境有破坏性的生产方式）等措施，对于民族地区反贫困极为重要；对于那些生态环境极为恶劣的地区，应该进行系统性的环境保护政策、整体迁移和易地安置政策等；对于那些基础设施极为落后的少数民族社区，应采取大推进型扶贫战略，大规模改善其基础设施。族群系统性扶贫是个体型扶贫与普惠型扶贫的结合，应因地制宜整合各种扶贫模式。

族群式贫困在宁德有突出体现。宁德市是少数民族散杂居地区，也是畲族聚居的地区。全国共有畲族人口 70.9 万人，人口居各少数民族第 19 位，百万人口以下少数民族第一位，而宁德有畲族人口 18.9 万人，占畲族总人口 26.7%。从宁德全市来说，现有畲、回、壮、苗、土家、布依等少数民族 42 个，20.8 万人，占全市总人口 6.6%。宁德少数民族大多分布在偏远的丘陵山区，全市有 9 个民族乡，242 个民族村，民族村占全市建制村的 11%。1988 年的《福建省民族村社会经济统计资料》称："闽东一带少数民族收入水平较低，人均纯收入在 200—300 元居多，少则只有 100 多元，这些农民生活十分困难，温饱问题无法解决。"其中最典型的是被称为"全国扶贫第一村"的福鼎赤溪畲族村，当时群众住的是茅草房，吃的是地瓜饭，配的是苦菜加盐水，"孩子光脚没鞋穿，婆媳一条裤子轮着穿"。20 世纪八九十年代以来，宁德出台一系列扶持民族经济社会发展的政策措施，实施挂钩帮扶、加大财政投入、扶持产业发展、建设特色村寨、加大基础设施建设、着力改善民生、大力发展民族教育、繁荣民族文化、偏远民族村搬迁，使少数民族地区的脱贫工作取得重大成效，2014 年民族乡农村经济总收入、财政收入分别比 2000 年增长 14 倍和 9 倍，民族乡人均收入和少数民族农民人均纯收入分别比 2000 年增长 2.7 倍和 2.6 倍，民族村财政收入比 2000 年增长近 3 倍。"中国扶贫第一村"福鼎赤溪畲族村的扶贫工作得到习近平同志的高度肯定。宁德的族群式系统型扶贫模式把产业扶贫、迁移扶贫、教育培训扶贫、文化扶贫、基础设施大推进扶贫等进行了有机结合，对其他民族地区的扶贫工作有重要参考价值。

三、宁德扶贫模式探索：内生性扶贫的理论与实践

（一）宁德扶贫模式体现了我国扶贫思路与战略的三大转变

宁德 30 多年坚持不懈扶贫攻坚所走过的历程，反映了中国扶贫战略与思路的深刻转变。具体来说，主要是三个方面的转变：

第一，从外生性扶贫到内生性扶贫的转变。

外生性扶贫主要解决的是导致贫困的一些基础性瓶颈约束，比如交通通信等基础设施的建设、生态环境改造、对极端贫困人群和能力缺失者的救济式扶贫等。这些扶贫措施为贫困人群脱离贫困奠定了坚实的基础，但是还不能解决根本性的问题。不过外生性扶贫在大部分扶贫工作中是不可逾越的历史阶段，只有首先解决了约束农村发展和贫困人群改变命运的那些外部瓶颈因素，才能为进一步彻底脱贫提供物质基础。

在外部瓶颈问题基本解决之后，外生性扶贫必须进一步深化，向内生性扶贫转变。即更多地通过各种机制设计和制度创新，激发贫困人群自身的能量和创造力，通过贫困人群自身能力的增进，实现贫困人群的自我脱贫。只有这种基于贫困人群自身能力增进的自我脱贫，才是可持续的脱贫，才不容易返贫。

宁德在八九十年代初始阶段的扶贫工作即是着重于改造阻碍贫困地区经济发展的山区交通不便、生产生活基础设施差、生态环境差等问题。进入新世纪以来，宁德的扶贫思路向内生性扶贫转变，着重于解决一些更深层次的问题，着重于增进贫困人群的可行能力。比如通过小额信贷的方式，促进贫困人群的自主创业和增收；通过教育和技术培训，提高贫困人群的知识和技能；通过组织专业合作社，提高农民的自组织能力，培育其市场意识、风险意识和竞争意识；通过乡村治理的变革，使更多农民自觉参与到乡村治理中来，提高农民的自我

治理意识、参与意识和民主意识。这些举措，主要从挖掘和激发贫困人群内在的能力出发，把扶贫的重点放在提高贫困人群的自我实施能力和自我创造能力，从而打下彻底消除贫困的基础。

第二，从粗放型扶贫向精准式扶贫的转变。

随着扶贫工作的深入，宁德的扶贫模式也逐渐由前期的粗放式扶贫向精准式扶贫模式转变。制度变革型扶贫和基础性扶贫一般而言都是普惠性的，解决一些基础性的面上的大问题，一般应用于扶贫工作的初始阶段。在扶贫工作的攻坚阶段，普惠性的扶贫模式逐渐向精准式的扶贫模式转变，其关注的重点也由“面上”的基础设施和制度供给的缺失转向每个贫困者自身的特殊问题，也就是“点上”的问题。这个转变的核心，是在前期基础性扶贫和制度变革型扶贫的基础上，进一步深刻分析每一个贫困者致贫的根源，寻找其致贫的特殊原因与个体原因，从而有针对性地探讨个体化的脱贫方案。

近年来，在扶贫工作进入攻坚阶段之后，宁德市把精准扶贫作为扶贫工作的基本方略，更加明确“扶持谁、谁来扶、怎么扶”的问题，更加注重“因地、因户、因人”施策，确保扶持对象更精准，项目安排更精准、资金使用更精准、措施到户更精准、因村派人更精准，走一条精确制导、精准施策的扶贫脱贫路子。在建档立卡上提高精准度，对现有建档立卡贫困户和贫困人口定期进行走访、开展核查，找准贫根、精准施策，健全台账、动态管理，确保有进有出、应扶尽扶，确保“一个都不少，一个都不掉队”。在措施方法上提高精准度，推动政策、项目、资金、力量向扶贫一线聚集，通过组织实施发展生产、易地搬迁、生态补偿、发展教育、社保兜底“五个一批”工程，靶向定位，滴灌帮扶，坚决限时打赢脱贫攻坚战。在脱贫验收上提高精准度，制定减贫脱贫验收办法，建立贫困户、贫困村、贫困乡、贫困县脱贫成效评估、销号、退出机制，实行第三方独立评估、让群众算账认账制度，做到成熟一个、验收一个、销号一个。宁德地区这些精准式扶贫的经验做法，标志着中国的扶贫工作已经进入了一个崭新的阶段，也意味着中国正在打响脱贫攻坚的最后一战。个体化的瞄准贫困者、个体化的脱贫方案制定、个体化的追踪管理和验收，是精准式扶贫的精髓，这也就是宁德扶贫中强调的由“漫灌”到“滴灌”的转变。

第三，从单一型扶贫向系统型扶贫的转变。

在扶贫的早期阶段，一般都是政府的单一型扶贫，即政府通过财政投入、资源整合和人员帮扶，对贫困地区进行大规模的人力物力财力投入。政府的单一型扶贫的缺点是不能有效动员各种社会资源，不能形成扶贫的合力。宁德在扶贫攻坚的关键阶段，更强调系统型的社会参与式的扶贫模式。系统型扶贫强调政策取向的多元性、参与主体的多元性、扶贫要素的多元性，通过多元参与实现综合式、系统性、多元化、全方位的扶贫。所谓政策取向的多元性，即在政策制定的过程中，广泛发挥不同社会阶层的作用，注重在政策层面鼓励社会各界参与扶贫。所谓参与主体的多元性，即鼓励企业家、社会公益工作者、政府人员、教育工作者、金融机构等不同主体，广泛参与到扶贫工作中，发挥这些人士和机构的独特作用，形成扶贫合力。所谓扶贫要素的多元性，就是鼓励这些不同的参与主体，各自贡献不同的社会资源和要素，从而实现资源整合的目的。宁德市政府在总结扶贫经验时，就把坚持“全民参与”作为一条重要经验提出来，强调要处理好政府主导与社会参与的关系，形成“全民参与、协同推进”的扶贫工作新格局。

（二）宁德内生性扶贫的核心是培养农民主体性、实现扶贫机制性和脱贫可持续性

宁德的内生性扶贫模式最终要实现三个目的：

第一个目的，是培养农民的主体性意识。

农民是农村发展的主体，农民也是反贫困的主体，政府是外在的支持者。一定要培养农民的独立自主性，培养农民的主体性，从而实现农村的内生性的发展和贫困人群的内生性脱贫。不能让农民对政府补贴和各部门对口帮扶的资源输送产生依赖性，而要发挥农民自己的主动创新精神，这样才能实现农村真正的减贫和发展。

第二个目的，要实现机制性。

要通过机制创新和机制设计来实现农村的发展，来实现反贫困，而不是通过直接的、明显的、物质的补贴或者是直接扶持的方式来实现农村的发展。机制性的发展，就是更加重视制度创新，政府不拿能看得见的东西来支持农村，而是拿看不见的机制来支持农村的发展。农民合作机制、产业联动机制、乡村治理机制、民族文化开发机制、农村金融和小额信贷机制等等，都是制度化和机制化的脱贫模式，尤其在基础性扶贫向精准扶贫转变的过程中，这种机制设计尤其显得重要。

第三个目的，实现农村发展和脱贫的长期性与可持续性。

一次性地发放资金、财政补贴、物资，这种方式可以解决一时的困难，但不可能解决长期问题。政府扶贫思路由粗放式扶贫向精准式扶贫的转变，目的是要实现农村发展的可持续性、自我可复制性与长期性，这样的话，农村的发展才是良性的、可自我循环可自我复制的发展。

宁德的扶贫思路的转变，更是基于政府职能的转变。政府在这个过程当中就会逐步超脱出来，逐步由直接介入者转变为动员者，由直接的资源支配者转变为资源协调者，由直接的资金供给者转变为顶层设计者和机制构建者。这样既能实现农村的发展和贫困人群的脱贫，同时也能实现政府的职能转变，让市场机制、让社会组织、让农民自己发挥更大作用。

四、宁德内生性扶贫模式实现三大融合

（一）市场机制与政府功能的有机融合

十八届三中全会决议指出，要让市场在资源配置中起决定性作用，使政府在资源配置中发挥更好的作用。同样地，在扶贫工作中，尤其在进入后期的扶贫攻坚阶段，也要让市场在反贫困当中起到决定性作用，政府起到关键性的支持、补充、动员和辅助作用。宁德的内生性扶贫模式，其根本经验之一就是实现市场机制与政府功能的有机融合。

在反贫困的过程中，政府的角色应该有三个方面的转变。

第一个转变是从“硬”到“软”的转变。以前的政府在扶贫方面主要着重于硬件设施的建设，强调大规模的基础设施建设，包括道路、交通设施、卫生设施、通信设施等等，这些基础设施的建设，为我们解决大面积的贫困，尤其是解决因为基础设施不足而造成的贫困非常有帮助。但是现在很多地方基础设施的建设已经达到了一定的标准，未来政府应该由硬件设施建设向软件设施的提供来转变。软件就是机制建设，要创造出一种机制来实现农村的发展。这些软件实际上包括乡村治理与乡村经济社会运作的一系列的机制，让农民通过这些机制自己有力量去反贫困，而不是政府越俎代庖代替农民去反贫困。这是政府未来反贫困方面一个非常重要的转变，就是由“硬”到“软”的转变。比如合作社机制，农民资金互助机制，乡村自治与民主决策机制等，这些机制一旦走上轨道，就会产生内在的力量，就会有一种内生性的动力，促使农民自己去创造，自己去努力，运用自身的力量去消除贫困。

第二个转变是由“明”到“暗”的转变。政府以往的扶贫往往是站在明处，用直接的补贴来扶持，甚至直接发钱发物。这种方式现在看来必须要改变，这是一种比较不具有可持续性，同时也容易造成一些贫困人口惰性的扶贫方式。未来政府的扶贫模式应该由明到暗来转变。所谓“暗”，就是用一些更加巧妙的方法，而不是直接发放物资的方法进行扶贫。同时，政府应该委托更多的中介机构，委托更多的社会组织来帮助政府实现减贫的目标，比如说政府可以把大量的补贴资金给中介机构作为社区发展基金，作为村基金去发放，这个村基金既能够实现村基金本身的效益，又可以滚动式可持续发展，这样就提高了政府补贴资金的效率。而且通过由“明”到“暗”的转变，可以扶持大量的中介机构、社会组织，扶持第三部门的发展，整个乡村治理也会发生显著的变化。政府站在暗处，反而更能发挥扶贫的作用。

第三个转变是由“直接”向“间接”的转变。以前政府总是直接介入扶贫的全过程当中，甚至很多地方派了干部到农村下乡去进行蹲点扶贫，有些地方政府控制了扶贫资金，直接决定扶贫资金的使用，这些方式的效率实际上都值得商榷。由直接向间接的转变，就是政府要把自己更加超脱出来，通过各种间接的方法，对农村发展进行各方面的支持。政府不再直接介入农村事务的决定，而是用一定的机制让农民自己决定村庄的发展模式。这种发展，我们认为是一种自发的、自生性的发展，是一种内生性的发展，而不是外生性的、嵌入性的发展，不是被动的发展，而是主动的发展。有些地方，政府用政府出资来支持农村治理结构的转变，如四川支持乡村实行村议会制度，但政府不直接参与，只是通过教育、培训的方式来改变乡村治理方式，这些方式比政府直接介入有效得多。

在宁德内生性扶贫模式中，注重通过市场机制构建产业链条，来实现贫困地区的脱贫致富。产业一旦成长起来，就可以为扶贫提供源源不断的动力，贫困人群通过就业、创业，通过与市场直接对接，通过在市场中逐步提升竞争意识和产品品牌意识，能够逐步提升自己的人力资本和社会资本，最终实现脱贫。宁德在产业扶贫方面成效显著，其基本经验就是充分利用市场机制，把产业发展起来，政府的扶贫工作就好做了。宁德推行“一乡一业、一村一品”，培育形成能够切实带动群众增产增收的产业。坚持做到“三个动”：一是农业先动。充分利用山海资源优势，大力发展绿色林业、白色水电、蓝色海洋“三色经济”，着力培育茶叶、食用菌、水产三大主导产业，打造形成10多个农产品的“全国之乡”品牌和54个国家地理标志保护产品。特别是近年来，宁德市坚持用工业化理念发展特色现代农业，每年都安排5000万元以上专项扶持资金，先后建成11个千亩高优农业示范园、76个现代山地农业开发示范基地、414家市级以上农业产业化龙头企业、5243个农民专业合作社，受益面覆盖全市80%以上建制村。据统计，全市农民50%以上的收入、贫困户60%以上的收入来自农业特色产业。二是工业带动。通过每个贫困县建设1个以上工业园区（集中区），累计带动农民工转移就业30多万人，其中贫困户劳动力超过3万人。通过培育做大电机电器、食品加工、生态合成革、冶金新材料、新能源等重点产业，为农村贫困人口转移就业创造大量岗位；通过组织实施“阳光工程”和“雨露计划”，每年培训农民工2万人，向工业企业输送贫困劳动力1.5万人以上，做到每个贫困家庭“至少培训1名劳动力、掌握1门实用技能、得到1个就业岗位”。三是三产联动。引导贫困乡村群众“农忙种地、农闲经商”，鼓励参与农林牧副渔业配套的加工、储存、包装、运输、供销等服务业；大力发展水果采摘、种养体验、“农家乐”等观光农业和庭院经济，拓展增收渠道。市场机制在脱贫致富中发挥着主导作用，政府所做的事就是通过政策鼓励和顶层制度设计，通过财政政策扶持，帮助农民和企业把产业链打造起来，但这个产业本身的运营和管理全部依靠市场机制。所以在宁德的内生性扶贫模式中，宁德一直强调"产业扶贫"，实际上就是强调按照市场规律构建具有区域特色的产业链，发挥当地的产业优势（包括基于少数民族文化而发展起来的文化产业），用市场化的产业发展来带动贫困人群的就业、劳动力转移、技术培训，从而达到增收和脱贫的目的。

政府在精准扶贫中扮演的是一个协调者、发起者、动员者和组织者的角色，政府支持各个要素在市场机制的作用下发挥各自的作用，但是绝不越俎代庖地去取代市场机制。但是这并不是说政府的功能不重要，恰恰相反，政府在精准扶贫和产业构建方面发挥着难以替代的作用。1988年，习近平同志提出实施"四下基层"，并以制度的形式固定下来。20多年来，历届宁德市委、市政府一以贯之地坚持这一制度，坚持向贫困地区派出"扶贫工作队"，推行"领导包村""干部包户"制度，市领导带头挂钩贫困乡村，各级干部全部下沉扶贫一线，通过做好"蹲点手记""民情日记"，对贫困村、贫困户、贫困人口逐一建档立卡，摸清家底，建立台账。针对脱贫致富缺思路、缺项目、缺资金、缺技术等问题，从市县乡村四个层面，逐级落实挂钩责任单位，"一对一""手把手"地答疑解惑、排忧解难。通过这些方式，政府获得了大量有关贫困人群和贫困村的信息，对贫困的根源、贫困者的状况、贫困地区的产业优势等，都有比较全面的把握，因此可以有针对性地根据这些信息和数据来统筹产业发展战略，设计扶贫思路，整合当地企业和其他市场资源，最终达到依靠市场机制来扶贫的目的。据统计，2012年以来，通过驻村调研和信息征集，政府累计征求到贫困地区关于发展的意见建议6.2万条，答复解决率超过85%，一大批长期困扰贫困乡村发展的"老大难"问题得到解决，福安市溪尾镇溪邳村、柘荣县城郊乡熊透村、周宁县咸村镇樟岗村等都通过一线扶贫脱贫摘帽。政府在搜集信息、做出政策判断和整合资源方面，比市场机制更有效，但是一旦政策思路形成之后，产业链条的运作和经营却要尊重市场规律，让市场机制去发挥作用，让企业家去发挥作用，让价值规律去发挥作用。

（二）内生力量与外生力量的有机融合

宁德内生性扶贫模式还体现了内生力量与外生力量的有机融合。内生力量即是来自贫困人群自身的力量，包括其人力资本、社会资本和其他专属能力。外生力量包括在扶贫工作中各参与方的力量。在各参与方中，政府是主导性的力量，起到整合各个要素的核心作用；在政府的动员和协调下，社会公益组织、商业组织、其他社会组织（高校等）等各种外生力量参与其中，为扶贫构建了一个立体化的网络。内生力量是主体，贫困者自身能力的增进是基础，但是外生力量的参与和加入也是扶贫工作的关键一环。作为外部嵌入的力量之一，政府在扶贫工作早期的资源动员和制度供给是非常重要的，一些重要制度的供给，比如社会保障制度、合作医疗制度、农民合作组织制度、教育制度等，以及一些重要的基础设施的供给，比如农田水利设施、饮水设施、交通和通信设施、卫生设施等，都要依靠政府的财政投入。在基础性扶贫基本完成、基础设施和基本制度供给基本到位之后，其他嵌入式力量就可以参与进来，而且会起到越来越大的作用。商业组织，尤其是龙头企业的作用是非常关键的，它可以迅速动员市场要素，而且通过市场化的机制和力量来吸引各种要素参与扶贫工作，通过产业的带动，促进贫困地区的产业形成、要素整合、劳动力就业和转移等，对贫困人群的增收意义重大。社会公益组织和教育机构等其他社会组织在后期精准式扶贫中也扮演了重要作用。通过宁德模式我们可以看到，内生力量和外生力量的有机融和，正是宁德扶贫工作取得较大成效的关键。

（三）普惠型扶贫与精准型扶贫的有机融合

宁德模式体现了普惠型扶贫与精准型扶贫的有机融合。普惠型扶贫主要应用于扶贫工作早期的制度供给型扶贫与基础性扶贫（大推进型扶贫），而精准型扶贫主要应用于扶贫工作后期的攻坚阶段。宁德的内生性扶贫模式在早期主要是针对当地的恶劣的交通居住条件而展开基础设施的供给和生态环境的改造。这方面的成效极其显著。宁德在上世纪 80 年代全面开展环境“脏乱差旧”“人畜混居”治理的基础上，90 年代又把农村环境整治与争创小康活动结合起来，实施了“五通”“五改”“五化”工程，先后完成 1680 多个贫困村环境整治。新世纪以来，围绕社会主义新农村建设，深入实施清洁家园行动，逐步推行农村垃圾无害化处理。近年来，还大力推进“绿色村庄”“森林县城”“生态市”创建，累计完成 61.7 万亩水土流失综合治理，创建市级以上生态村 1765 个、国家级生态乡镇 68 个、省级生态县 7 个，目前正在争创国家级生态市和环保模范城市。同时，宁德大力改善贫困地区交通条件，推动“边远偏僻村”向“交通便捷村”转变。坚持把改善交通作为扶贫开发的“先行工程”，借助福建省实施“年万里路网工程”等的机遇，大力推进通村公路建设。全市农村公路里程由 1988 年的 1702.68 公里增加到 2014 年的 9492.76 公里；9 个县全部实现“县县通高速”，124 个乡镇、2135 个建制村全部完成公路路面硬化，其中贫困村 1056 个。生态环境、居住环境和交通条件的大规模改善，是一种普惠型的扶贫，对所有贫困人群以及当地所有居民都有正向的价值，为当地经济社会发展提供了基础性条件。

但是普惠型扶贫在扶贫工作进一步深化的阶段基本完成其历史

使命，扶贫工作后期的“精耕细作”的工作要由精准式扶贫来完成。宁德近年来开展的小额信贷和农村金融创新项目、部门定点对口帮扶和企业定点对口帮扶等，都是精准式扶贫逐步深化的体现。宁德还提出了精准扶贫“六到户”，即干部包户、龙头带动到户、造福搬迁到户、信贷扶持到户、能力培养到户、社会保障到户；精准扶贫“六到村”，即领导包村、项目资金扶持到村、扶持集体经济发展到村、农业龙头企业结对帮扶到村、基础设施和公共服务完善到村、党建扶持到村；精准扶贫“四到县”，即资金扶持到县、山海协作到县、交通改善到县、城镇化推进到县。运用精准式扶贫，才能完成对贫困的“最后一战”。

五、内生性扶贫：宁德模式的启示与未来方向

宁德内生性扶贫模式的成功实践可以说为中国扶贫树立了一个可资借鉴的范本。在中国当前的贫困问题中，山区或生态脆弱区连片贫困和民族地区连片贫困已经成为尤其尖锐的问题，区域性的族群贫困是未来影响地区经济发展和社会稳定的重要因素。解决区域性的族群型贫困需要综合性的系统思路，需要扶贫主体的多元化和扶贫模式的多元化。宁德地区的扶贫实践成功地将救济式扶贫、以金融扶贫为主的能力增进式扶贫以及以整村推进战略和易地迁移战略为主的普惠型大推进式扶贫等扶贫模式搭配使用。这些模式的综合使用，不仅可以为一个民族区域大面积地整体脱贫奠定良好的基础，而且可以在很大程度上提高扶贫工作的瞄准程度与扶贫效率。在这些与民族地区反贫困有关的行动中，政府的角色是非常显著的，但这并不能排斥民间非营利组织和市场组织的重要性，尤其在能力增进型扶贫中，非营利组织和市场都扮演了重要角色，如在社区型小额贷款和商业性信贷中，

非营利组织和市场化机构起到关键的作用。这些机构通过创新性的机制设计激发了潜藏在贫困人群中的内在创造力和自组织能力，从而把贫困人口自己也纳入到反贫困主体当中来，这是支撑当今扶贫工作的重要理念之一。

本章对宁德内生性扶贫模式进行了系统的梳理和探索。针对制度供给不足型贫困、区域发展障碍型贫困、可行能力不足型贫困、族群型贫困，宁德地区有针对性地开展了制度变革型反贫困模式、基础性扶贫（或大推进型扶贫）和生态恢复型扶贫模式、能力增进型扶贫模式（或结构型扶贫、造血型扶贫）、族群系统型扶贫模式。宁德扶贫模式在不同历史阶段呈现出不同的总体特点，其变迁反映出我国扶贫工作的三大转变，即从外生性扶贫到内生性扶贫的转变、从粗放型扶贫向精准式扶贫的转变、从单一型扶贫向系统型扶贫的转变。宁德内生性扶贫的核心是培养农民主体性、实现扶贫的机制性和脱贫的可持续性。概括起来，宁德内生性扶贫模式实现了三大融合，即市场机制与政府功能的有机融合、内生力量与外生力量的有机融合、普惠型扶贫与精准型扶贫的融合。未来宁德的扶贫需要在五个方面继续加以深化：

第一，建立更有效的乡村治理体系，以有效的乡村治理促进农村扶贫工作。有效的乡村治理就是有效地向农民提供公共品服务，这里面包括基础设施、教育、医疗、社会保障、卫生等等公共品。同时，在公共品的提供过程当中，又能实现乡村治理模式的转变。要实现农村真正的民主，实现真正的村民自治。

第二，进一步促进农民组织形式的深刻转变。农民的组织形式必须由分散的“小农”转向规模化的、组织化的“大农”。“组织化大农”包括很多形式，其中最主要的形式是农民合作组织，通过农民合作社把农民组织起来，实现农民的民主决策，实现生产的规模化，实现农民收益的提高和农民抗击农业风险能力的提升。农民的组织形式还有家庭农场、农业龙头企业、种养殖大户等等，这都是新型农村组织形式当中不可或缺的几类不同的经营形式。宁德未来尤其要加大对农民合作社的支持力度，让农民组织起来，克服原来分散化、规模小、抗风险能力低、收益差的局面，而且可以提高农民的自组织能力和民主协商意识。

第三，实现农村资源的有效整合。农村有大量的资源，这里面包括金融资源、土地资源、房地产资源、人力资源等等，这些资源以往没有通过一种市场机制整合起来。通过金融创新、通过鼓励农村内部的合作金融、通过房地产的抵押、通过土地流转等等，就可以实现农村各种资源的整合利用，提高这些资源利用的效率。其基本目的是要把原来农村死的资产变成活的资产，来提升资源配置的有效性。

第四，进一步发展壮大农村集体经济，只有农村集体经济发展了才能够为扶贫工作提供源源不断的动力。农民个体的脱贫固然重要，但是发展农村集体经济是更为长远、更为根本的工作。习近平同志在《摆脱贫困》一书中就特别强调发展集体经济，只有集体经济可以成为乡村公共品供给的不竭源泉，一家一户的脱贫只有建立在强大的集体经济的基础上，才不会出现返贫现象。

第五，加强贫困地区的文化建设，尤其是要加强民族文化建设和开发力度。农村的文化建设滞后，这是导致近年来农村凋敝、乡村治理失效、农村伦理失序和农村社会不稳定的重要根源之一。农村文化建设的最终目的实际上是实现农村的文化复兴，尤其要实现农村伦理的回归、传统道德的回归。在今天社会转型加速、农村人口大量流动、农村产业结构变动加剧的情况之下，传统农村的文化、道德、伦理体系受到很大的冲击，农村的文化黏合力没有了，农村的传统道德比如孝道消失了，这些对于农村的治理都产生了非常大的负面影响。未来应该加强农村的文化建设，让农民社区成为和谐的社区。而且对于民族地区来说，区域性民族文化的建设和开发，对于当地经济的发展尤其是文化产业的发展，都有直接的促进作用，对于扶贫贡献极大。

第十五章
中国的反贫困与生态保护

一、引言：生态资源、保护困境与农村贫困

我国生态保护重点区域和生态脆弱区域普遍与深度贫困区高度重合，如何实现生态保护与减贫—发展这两大目标之间的兼容互促，是生态学和经济学—社会学共同关注的核心命题。本章将从作为四川大熊猫栖息地的一个村落——关坝村——的生态资源禀赋与保护困境出发，系统总结该村在实现生态保护与减贫—发展双重目标兼容中的内在机制，提炼关坝村在生计转型、产业选择、合作组织、村庄治理方面的经验，探讨关坝村在兼顾减贫—发展和生态保护的过程中是如何构建"政府—村庄共同体—公益组织"三位一体格局，从而实现外生力量与内生力量的有机融合的。[①]

我们所研究的对象是四川平武县木皮藏族自治乡关坝村。平武县位于四川省绵阳市北部，位居涪江上游、岷山山系。该县是大熊猫的主要栖息地之一，大熊猫栖息地面积达到288322公顷，拥有大熊猫335只，数量居全国第一，占四川省大熊猫总数近四分之一，故平武

① 王曙光、王丹莉：《减贫与生态保护：双重目标兼容及其长效机制》，《农村经济》2015年第5期。

素有“天下大熊猫第一县”之美誉。平武县地处岷山大熊猫种群的中心地带，该县25个乡镇中19个乡镇分布有大熊猫，拥有以大熊猫保护为主的王朗、雪宝顶两个国家级自然保护区，还有省级自然保护区小河沟、两个县级保护区余家山和老河沟，还有2015年经四川省林业厅第一个批复试点的体制外的自然保护小区关坝沟流域自然保护小区。平武县内有13个民族乡，其中4个羌族乡，9个藏族乡。平武县属秦巴山区连片扶贫开发县，经济基础薄弱，经济发展落后，扶贫脱贫任务十分繁重。截至2016年3月15日，平武县精准识别贫困村73个（占比29.3%），贫困对象5817户16125人（贫困发生率9.9%，绵阳市2015年底为3%）。[①]

笔者2012年曾经在山水自然基金的协助下访问了关坝村。这个村属于木皮藏族自治乡，该村群山环抱，周围植被很好，自然资源十分丰富。关坝村位于关坝沟流域自然保护小区内，该保护小区总面积40.3平方公里，属于自建、自筹、自管理的民间保护地，俗称村级的保护区，以社区为主体进行管理。关坝村东连唐家河国家级自然保护区，东南邻老河沟公益保护地，南邻余家山县级自然保护区，西面是小河沟省级自然保护区，具有重要的生态区位优势。根据全国大熊猫第四次调查分析，在关坝村的生产生活区域内，大熊猫种群密度为0.06—0.2只/平方公里，属于中密度分布，预估沟内熊猫数量在4—7只。[②]

关坝村距离县城18公里，辖4个村民小组，121户，389人。关坝村虽然自然资源丰富，却是平武县的贫困村之一，全村有贫困户23户69人（占比17.7%），其中34人因丧失劳动能力致贫（占比

① 平武县关坝沟流域自然保护中心：《平武县关坝沟流域自然保护小区管理计划（2017—2021）》，内部资料，2017年8月。

② 中共绵阳市全面深化改革领导小组办公室：《平武县关坝沟流域自然保护小区改革试点自查自评报告》，绵委改办（2017）18号。

49.35%），20人因缺乏新的生产技术致贫，6个未成年人因缺乏劳动力致贫。

丰富的自然资源和宝贵的生态禀赋成为关坝村经济和社会发展的重要基础，但同时生态保护和发展之间的矛盾也比较突出。村民的传统生计与山林息息相关，所谓“靠山吃山靠水吃水”，当地的生态环境决定了传统的生产生活方式必然以砍伐森林（主要满足柴薪需求）、猎取野生动物（主要满足饮食需求）为主，这些原始的生产生活方式在人口密度尚低的情况下，在长时期内保持了人类活动与生态环境的某种默契的均衡。然而在人口增长、人类活动的深度与广度大为增加，从而加剧对生态环境破坏的情况下，生态环境遭受破坏的后果就愈加显现出来。今天在大熊猫栖息地内的盗猎、盗伐、挖药行为仍普遍存在，对大熊猫栖息地和生态环境造成一定影响。但是完全消除这些盗猎盗伐行为却取决于当地居民能否拥有替代性的效率更高的生产生活方式，以及居民对这些效率更高的生产生活方式的适应能力和接受能力。在村民难以获得替代性的效率更高的生产生活方式之前，严禁打猎与采伐是不会产生积极的效果的，只会降低当地居民的生活水平和福利。村民生活生产方式的彻底转变是生态保护的关键。

二、生态保护与减贫—发展双重目标的实现机制之一：替代性生计的选择及其可持续性

生态保护与减贫—发展这两组目标是否内在相容，取决于能否找到能够给当地居民带来更高收入和福利的新型生产生活方式，并在居民选择这些新的生产生活方式时能够尽量降低他们的适应成本，提高他们对于新型生产生活方式的接受能力和认知能力。

因此，要达成生态保护与减贫—发展双重目标的兼容，一方面

需要选择替代性的生产生活方式，另一方面则需要在这一过渡性的过程中对村民进行有效的生态环境教育，从而建立一种新的村庄文化形态。这两个环节，一实一虚，一显一隐，实际上是相互依存的关系。

替代性的生产生活方式的选择，依赖于四大要素：（1）找到可以改善生活品质并能保护生态的新型生活方式；（2）发现可持续的替代性的产业；（3）寻找到实现产业发展的有效的组织形式；（4）整个村庄必须获得有效治理，从而能够提高公共决策和公共选择的效率，村民可以迅速达成共识并具有凝聚力。

具体而言，关坝村在生产生活方式的转型方面，有如下经验：

（一）生计转型。关坝村逐渐探索出可以改善生活品质并能保护生态的新型生活方式，比如使用太阳能替代烧柴，为每户村民提供日常所需 1/3 以上的能量，仅此一项每年就可以减少 5.5 万立方米的薪柴砍伐。而村民通过养蜂、养殖本土冷水鱼石爬鮡和雅鱼、种植中药材及核桃，收入明显增加，彻底改变了关坝村的生计结构。

（二）产业选择。关坝村选择了一些区域环境友好型的特色农业产业，比如生态养蜂、恢复原生鱼、乌仁核桃种植、林下中药材种植等，而逐步减少一些破坏环境的产业如养牛养羊等产业。通过新型产业的发展，关坝村的村民收入得到明显提升，而生态环境也得到明显修复。村民不再乱伐林木，也不再偷猎野生动物，沟内山羊数量从 500 只减少到 100 只，养牛业几乎全部放弃。环保的效果非常明显，2016 年大熊猫和同域动物点位较 2012 年第四次大熊猫调查时明显增多，原来几乎绝迹的冷水鱼现在随处一个水塘都能捕到，流域保护成果得到平武县水务局认可并在关坝沟建立了一级水源保护区。关坝沟内建立 8 个养蜂场，约 600 群中蜂，每年蜂蜜产量在 1 万斤左右，村民累计从中蜂养殖分红 10 万元，已经返利 4 万元到村上开展保护和购买村民医疗保险。每个蜂农收入提高 3000—4000 元，最大的养蜂户每年蜂蜜收入可达 4.5 万元。增殖放养的冷水鱼（石爬鮡和雅鱼）目前保守估值在 20 万元以上。100 余户村民在房前屋后种植重楼等中药材 1—2 分地，栽植经济果木 1000 株，紫皮核桃苗圃基地落户关坝村，林业局投入 60 余万元支持关坝村建成平武县紫皮核桃种苗基地。这些努力，深刻改变了关坝村的传统生计结构和产业结构，真正使村民在保护生态环境的同时获得了收入的提升和福利的增进。

（三）组织形式。在寻找实现产业发展的有效组织形式方面，关坝村积极发展村级合作经济，建立养蜂、紫皮核桃专业合作社，壮大集体经济，发展自主品牌，鼓励林下中药材发展，支持贫困户脱贫，部分利润反馈社区保护工作和村民医疗保险。中蜂养殖和乌仁核桃种植采取“公司 + 合作社 + 农户”的方式壮大集体经济，其中养蜂合作社现有 8 个养蜂基地，年产量约 1 万斤，销售额不低于 50 万元，建立了“藏乡土蜜”自主品牌，进行线上线下营销。另外，集体经济也为关坝村的发展与减贫提供了源源不竭的动力。关坝村的冷水鱼增殖放养采取“村委会统一管理 + 巡护队专门负责 + 全体村民受益”的集体经济模式，2014 年以来投入 1.5 万元的鱼苗，种群数量已经明显恢复，保守估计产值达 20 万元。①

合作社的发展提供了一条可持续的减贫之路。2009 年，关坝村养蜂专业合作社成立，合作社现有股东 33 户（其中贫困户 6 户，占比 18.2%），会员 105 户（占全村总户数 86.7%）。加入合作社的村民以资金形式入股，收入按股分红。合作社在生态产业发展的同时建立合作社成员利益共享机制，优先考虑贫困户的参与和受益。全村 23 户贫困户 69 人全部入股养蜂合作社，共占 20% 股份。合作社直接参与

① 刘小云、张建、任翠华、冯杰：《平武县关坝村森林可持续经营助力生态扶贫的实践与启示》，《四川林业科技》2017 年第 2 期。

精准扶贫，每一位建档立卡贫困户免费获得合作社一股（500元）的分红。通过合作社这种组织化的减贫形式，关坝村的减贫工作有了很大的进展，贫困农户通过合作社获得了更稳定更广阔的产品销售渠道，产品的规模收益上升，同时也提升了贫困人群抵御市场风险的能力。现在，熊猫蜂蜜已经成为一个知名的品牌，为村民带来丰厚的回报。

（四）村庄治理。由于关坝村集体经济的发展，合作社等集体经济组织的民主治理模式和民主协商决策方式对于整个村庄的治理起到重要的示范和引领作用。村民从合作社的运作过程中，逐渐对于合作社等集体经济组织的民主机制有了循序渐进的了解和参与，村民对公共事务的参与程度明显加深，村民的参与意识、民主意识和主人翁意识更加强烈，这对于村庄的生态保护和发展—减贫双重目标的实现有极为重要的意义。在生态保护方面，关坝自然保护小区试点的发展思路和具体方案设计都非常注重村民的共同参与，通过村民的充分讨论与协商，使村民明确自己在生态保护上的利益和义务。建立关坝自然保护小区的申请，通过关坝村的“一事一议”制度进行民主评议，每户有一个代表参加并表达意见。同时，关坝村建立了保护小区25人巡护队（其中村民23人），面向全村招募合格的巡护员（还有一些妇女参与到保护小区的巡护中），对关坝沟内40.3平方公里的国有林、乡有林、集体林以及水源进行巡护监测，每年巡护次数不少于12次，选择1名村民专门管理水资源。100%的村民可以通过举报破坏生态环境的行为而获得奖励，目前已经有7位村民获得1000元奖励金，可见每一个村民都把生态环境的保护看作是自己的分内之事，村民生态保护的责任意识逐步增强。

三、生态保护与减贫—发展双重目标的实现机制之二：生态环境教育及其可持续性

对村民进行有效的生态环境教育，则依赖于四大要素：第一，有效引进外生力量，尤其是非政府组织和非营利组织的力量，从外部输入一种新的生态文化和生态保护理念。第二，政府对村民进行合理的引导，通过各种生态补偿和各种新型生活方式的示范，为村民树立一种新的生活生产方式的样板，供村民学习模仿。第三，村民有效的自我教育，尤其是一些有外部世界生活经验的年轻村民可以起到引领性的作用。村民的生态环境教育，是一个渐进的学习过程，是村民对新知识的接受过程，这个学习过程对生态保护和减贫都意义重大。第四，恢复有利于生态保护的地域性和民族性的传统生态文化，并通过具体的文化活动形式和节庆来有效传播生态文化。

具体来说，关坝村的基本经验是：

（一）外生力量。对关坝村的生态保护和村庄发展产生重要影响的外生力量之一，是山水自然保护中心。这个中心是 2007 年成立的中国民间环保组织，创办人为北京大学生命科学学院吕植教授。山水自然保护中心希望在现代人类发展的进程中，充分和科学地认识自然生态的价值，汲取传统文化精髓，调整人与自然的关系，并运用新的经济、技术、市场机制，让当地百姓成为生态保护的主人并从中受益，探索实现人与自然、传统与现代、当地与外界之间的生态公平之道。山水自然保护中心有一个非常重要的理念，即相信当地百姓是自然的守护者，尊重当地发展经济的需要，欣赏并学习与美好自然相互依存的乡土文化和价值。这种理念对关坝村的生态保护机制的构建以及整个村庄发展模式的构建都产生了积极的影响，十几年来，山水自然保护中心的专家和项目官员与关坝村的村民、村委会以及合作社进

行了密切的沟通和合作，在生态保护技术的输入、现代生态观念和文化的渗透、村庄可持续发展模式和制度的探索方面，做了大量工作。

（二）政府引导示范。平武县政府、绵阳市政府以及四川省政府，对于关坝沟自然保护小区的成立给以重要的法律支持和政策支持，并对保护小区的生态保护、保护小区巡护、保护小区内的合作社发展、村庄生态保护基础设施建设等，给予具体的政策支持和财政补贴。这些财政补贴和政策支持，实际上就是对村民的产业转型、生计转型和文化转型进行一种有力的引导和示范，让村民看到生态环保的方向，看到产业发展和生计模式的新方向，从而通过互相模仿和学习实现整个村庄生活生产模式的转变。

（三）村民自我教育。村民的生态环境意识的增强，一方面来自于外部因素的影响，但更重要的还是内生力量的激发。近年来，关坝返乡青年逐渐增多，这些返乡青年有着在外部世界长期生活和工作的经验，这些经验（甚至是失败的经验）对村庄的发展与生态保护都有着重要的参照意义。这些返乡青年有的成为保护小区和巡护小组的带头人，有的成为村庄养蜂合作社的理事长，有的参加了村委会和其他村庄治理工作，他们的生态环保理念、村庄发展和减贫理念都对村民影响很大。这些返乡青年也更容易与地方政府和非营利组织的环保理念相契合，从而容易与地方政府和非营利组织形成合作的共同体。近年来，关坝村的自然教育步伐明显加快，自然教育与村庄发展—减贫之间的关系也越来越紧密。关坝建立了以中华蜜蜂保护与发展为主题的蜂采馆，建设了“平武县关坝沟流域自然保护小区”宣传墙和保护小区展示厅，在村庄内绘制以大熊猫和金丝猴为代表的石头宣传画，重建以流水为动力的石磨，并尝试建设关坝湿地文化广场。自然教育以及生态环保相关的自然景观也成为村民的收入来源之一，这为实现生态保护与发展—减贫之间的共生关系提供了新的思路。

（四）生态文化回归。平武县白马、木座、木皮三个藏族乡是氐族后裔——白马藏族的主要聚居区，是平武县白马藏族文化的代表性区域。白马人把大熊猫作为自己民族的图腾，他们模仿大熊猫的舞步、动作和神态，创作出“熊猫舞”（登嘎甘）用来祭祀祖先和神灵。大熊猫还被白马人刻到面具（曹盖）上、编进歌声中，这些人与动物和谐相处的艺术表现形式在关坝村又开始慢慢恢复起来。恢复这些古老的舞蹈和祭祀仪式，尤其是在重要的节庆中展示这些带有浓厚民族风情和生态保护意蕴的舞蹈和歌谣，是进行生态环保理念教育的最好形式。将来这些古老的文化形式还要加以进一步完善，以融入村民的日常生活之中。区域民俗文化与信仰传统的恢复传承与现代更新，成为连接“生态保护”与“发展—减贫”这双重目标的最重要精神纽带，它既要传承古老的生态文化和“天人合一”的农业文明，还要有极大的包容性来融合现代生态理念和发展理念，从而实现村庄发展的可持续、减贫的可持续、生态保护的可持续，解决近代以来“天”（自然）和“人”（生存发展）之间的内在紧张。

四、结论：在生态保护和减贫中实现外生力量和内生力量的有机融合

如何在生态保护的过程中实现生态与减贫—发展这两大目标之间的兼容互促，是一个非常具有挑战性的问题，关坝村模式为我们解决两者之间的悖论提供了一套值得借鉴和可复制的方案。在关坝这样的生态环境资源极为宝贵、生态极为脆弱且生态破坏代价极为高昂的地区，要搞好生态保护，重点不是解决大熊猫等受保护动物的问题，而是如何转变当地居民的生计结构、产业结构和生态文化的问题，当然这个过程非常漫长，需要综合性的措施。生态保护的核心是改变

“人”，而不是改变“物”，人改变了，物就保护下来了。关坝村在生计转型、产业选择、合作组织、村庄治理方面的经验，值得重视和推广。该模式的核心，是构建“政府—村庄共同体—公益组织”三位一体格局，其中村庄共同体是关键，这个共同体必须在村庄组织化和完善村庄治理的前提下，提升村庄内部的凝聚力、向心力，提升其达成共识和决策的能力，从而构建强有力的社会网络，这无论对于生态保护还是对于反贫困，都是十分必要的；而政府的组织协调与公益组织所开展的生态教育以及其他提升农民组织化的教育培训活动，是极为重要的外部辅助力量。正是通过这个三位一体的格局，关坝村在达成生态保护和减贫双重目标过程中实现了外生力量与内生力量的有机融合，从而保障了这一套减贫机制的可持续性。

第十六章
易地扶贫搬迁与反贫困

一、引言：深度贫困区的反贫困与易地扶贫搬迁

我国的贫困人口大多集中于西部地区，尤其是那些民族地区、边疆地区、革命老区、集中连片特困地区，贫困发生率高，贫困成因比较复杂，扶贫攻坚的难度极大。目前，我国的贫困地区扶贫攻坚的难点包括以下几个方面：一是连片的深度贫困地区，西藏和四省藏区、南疆四地州、四川凉山、云南怒江、甘肃临夏等地区（以上即通常所说的三区三州①），生存环境恶劣，致贫原因复杂，基础设施和公共服务缺口大，贫困发生率普遍在20%左右。我们通常所说的集中连片特困地区，包括六盘山区、秦巴山区、武陵山区、乌蒙山区、滇桂黔石漠化区、滇西边境山区、大兴安岭南麓山区、燕山—太行山区、吕梁山区、大别山区、罗霄山区等，都是贫困发生率最高的地区（集中连

① “三区”是指西藏、新疆南疆四地州（和田地区、阿克苏地区、喀什地区、克孜勒苏柯尔克孜自治州）和四省藏区（青海、四川、甘肃、云南）；“三州”是指甘肃的临夏州、四川的凉山州和云南的怒江州。三区三州的基本情况（2016年底）：24个市州，209个县，总人口占全国1.9%，贫困人口占全国8.2%；贫困发生率约为16.7%（2017年13.5%），是全国平均水平的3.7倍。三区当中，贫困发生率最高的是西藏，为17.15%；24个州市当中，贫困发生率最高的是怒江，为30.02%；209个县中，贫困发生率最高的是怒江的福贡，为34.8%，分别为全国平均水平的3.81倍、6.67倍和7.73倍。

片特困地区的情况见下表）。二是深度贫困县，据国务院扶贫办对全国最困难的20%的贫困县所做的分析，贫困发生率平均在23%，县均贫困人口近3万人，分布在14个省区。三是贫困村，全国12.8万个建档立卡贫困村居住着60%的贫困人口，基础设施和公共服务严重滞后，村两委班子能力普遍不强，四分之三的村无合作经济组织，三分之二的村无集体经济。

表16.1　全国集中连片特困地区贫困人口和贫困发生率情况（2017）

片区名称	县数	老区县	乡村人口（万人）	贫困人口（万人）	排序	贫困发生率%	农民人均可支配收入（元）
滇桂黔	80	30	2630.95	221	1	8.4	9109
乌蒙山	38	14	2010.10	199	2	9.9	8776
武陵山	64	34	2937.50	188	3	6.4	9384
大别山	36	27	3264.15	173	4	5.3	10776
秦巴山	75	46	2819.67	172	5	6.1	9721
六盘山	61	13	1727.27	152	6	8.8	7593
滇西山	56	0	1236.56	115	7	9.3	8629
燕一太行	33	26	898.73	71	8	7.9	8593
南疆四州	31	0	703.30	64	9	9.1	9845
四省藏区	77	16	536.84	51	10	9.5	8018
罗霄山	23	23	980.00	49	11	5.0	9598
大兴安	19	3	530.30	35	12	6.6	9346
吕梁山	20	20	345.24	29	13	8.4	7782
西藏区	74	0	253.16	20	14	7.9	10330

资料来源：国务院扶贫开发领导小组办公室，2018年。

如果我们观察以上深度贫困区，就会发现，这些深度贫困地区基本上都处于生存条件极差的山区、居住环境比较恶劣艰苦的高寒或荒漠化石漠化地区、生态环境脆弱地区，这些地区的生态环境对人类生存构成了挑战，增大了当地居民生产和生活的成本，严重降低了当地居民生存的质量；更为严重的是，这些生存环境恶劣或生态脆弱的地区，由于长期以来社会经济处于不发达状态，导致当地居民的受教育程度低，劳动力素质低，同时不利的自然环境也导致这些地区交通通信条件极为落后，信息闭塞，各类公共服务和社会保障严重缺失。这些因素，都极大地提高了这些地区的贫困发生率。同时，深度贫困地区往往又是边疆地区和少数民族聚居的地区，深度贫困问题严重影响到边疆稳定、国土安全和民族和谐，影响到我国的长治久安。

综上，深度贫困往往是在恶劣脆弱的生态环境下造成的综合结果。深度贫困往往包含着制度供给不足型贫困（教育、医疗和社会保障等制度供给不足）、区域基础设施不足型贫困（环境、生态和基础设施不足）、可行能力不足型贫困（缺乏技能、知识、融资能力等）、族群型贫困（族群文化和社会总体发展滞后）、个体障碍型贫困（因残障和因病致贫以及失去劳动能力而致贫）等不同的贫困类型，错综复杂，需要用综合的系统论的方法来加以应对。[①] 这些深度贫困地区，往往是恶劣的自然条件与极为原始的生产方式相伴，人口的快速增长与劳动力总体知识水平偏低并存，基础设施落后和教育医疗等公共服务供给严重不足兼具[②]，而且这些地区的不同历史发展阶段与不同文化背景往往错综复杂，交织在一起，有些地区民族宗教问题与贫困问题叠加，凡此种种，都增加了减贫的难度。因此，如何从改善生存环境入手，结合综合性的减贫手段，实现深度贫困地区的可持续发展和脱贫，是一项极为艰苦而伟大的工作，对于最终实现小康社会、消除绝

① 王曙光：《中国的贫困与反贫困》，《农村经济》2011 年第 3 期。

② 从深度贫困群体来看，主要有以下几种原因：因病致贫 41.7%，因残致贫 16.4%，65 岁以上老年人 16%，危房群体 230 万户，饮水不安全约 1100 万人，其中反映出这些深度贫困地区在生存环境和公共服务方面存在的深层问题。

对贫困，意义极为重大。在各种减贫手段中，易地扶贫搬迁就是中国在解决深度贫困过程中探索出来的一条有效路径。本章在理论层面从阻断效应、重构效应、增长效应和社会一体化效应等方面系统研究了易地扶贫搬迁的意义，同时也从融入障碍、共同体割裂效应、生活成本约束、就业困境和公共服务瓶颈等角度论述了易地扶贫搬迁的约束条件，并着重以广西模式为核心研究了易地扶贫搬迁的“顶层设计—动员激励—统筹协调—监督考核”四位一体核心机制。广西易地扶贫搬迁的核心模式包含基础设施、就业培训、教育医疗、社会保障、产业带动、社区重建、文化融入、心理介入、生态恢复等九个方面，从“经济—社会—文化”三个维度建立了系统性的制度框架。

二、易地扶贫搬迁的意义与约束条件

（一）易地扶贫搬迁的意义

第一，阻断效应。阻断人类与生态环境之间的恶性循环链条。对于生态环境恶劣、不适于人类居住，或生态条件极为脆弱、人类的活动很容易对生态环境造成不可逆的消极影响的地区，易地扶贫搬迁是解决人类和自然环境矛盾的可行选择之一。尽管在很长的一个历史时期，在这些生态环境恶劣地区或生态质量脆弱区，人类与生态环境之间保持着某种自然的、缓慢的、相互适应的可持续的关系（即便如此，在很大程度上人类仍旧对生态环境施加了不可逆的负面影响，尽管这种影响极为缓慢，从而难以在短时期内被观测到），但是随着人类增殖速度的加快，随着人类活动能力和对环境施加影响的能力的迅速增强，人类与其赖以生存的生态环境之间的关系变得迅速紧张起来，人类对生态的破坏力迅速增大，这导致原来人类与自然环境之间的缓慢的适应关系不再可持续，生态环境以极快的速度退化。而同时，恶化了的生态环境也加剧了人类的贫困化趋势，使居住在特定区域内的人口不仅难以满足自我增殖的需求，更难以满足提升生活质量和获取更幸福生活的需要。如果在原有的区域内进行减贫，尽管仍然可以通过国家更大的基础设施投入、公共服务投入来改善居民的生存状况，提升他们的福利，但是这种提升仍旧是外在的、不可持续的，而难以动员居民的内生力量；更严重的是，当满足了居民的基础设施和公共服务需求之后，生态恶劣或脆弱区的居民与周遭的生态环境之间的矛盾也许更大，人类对生态的掠夺性利用将更加剧，人类和自然环境之间的矛盾将更加难以解决，被破坏了的生态环境将不可修复。在这种情况下，针对生态脆弱区和生态环境恶劣区的最佳减贫方式，只能是将当地居民从原来的生态环境中迁移出来，从而阻断人类与生态环境之间的恶性循环链条，彻底解决人和自然的矛盾，恢复生态，实现生态的可持续。

第二，重构效应。对生态脆弱或生态恶劣区域居民的生活方式进行重构，从而为提升人口素质、提升居民生活福利、改变居民落后生活方式提供物质条件和制度条件。需要强调指出的是，在一些深度贫困区，尤其是边疆民族地区或边远深山地区，当地居民的社会结构与文化结构以及生活生产方式相比发达地区是有一定差距的，有些边疆少数民族地区甚至在不久之前仍然保留着比较原始的生活方式，与外部世界几乎是隔绝的，但是这些边疆少数民族或边远深山区的居民的生活方式和生产方式不能简单地概括为“愚昧落后”，不能以歧视的眼光来评判这些经济落后地区的居民的生活方式；相反，有些原始的生活生产方式中，基于一种非常朴素的人与自然相和谐的意识和信仰，人们敬畏自然，敬畏神明和造物，从而在当地历史上形成一种特殊的有利于生态环境保护的文化。这些宝贵的民族传统和民俗文化，应该加以继承和发扬，而不能贬之为“愚昧落后”。当然，在这些边疆民族地区和边远深山区，也在一定程度上客观存在着教育落后、知识素质低下、生态意识薄弱、生产和生活方式落后且对生态环境产生消极影响等问题。这些问题的根子在文化，所谓文化就是一种长期形成的所有生产和生活方式以及意识形态的总和。通过易地扶贫搬迁，深度贫困地区居民的生活环境发生了巨大变化，其社会结构和文化结构也将发生深刻变化，随着文化素质的提高和生活方式的转变，这些地区的居民的观念、意识、知识水平、能力素质等都会显著提升。这种生活方式的重构和文化的嬗变，不仅有利于这些地区的居民融入现代社会，也有利于未来整个人类重新定义自己与大自然的关系。

第三，增长效应。由易地扶贫搬迁而转移出来的数千万贫困人口，对被迁入地和整个国家的经济增长造成了积极的影响。数千万被迁移出来的贫困人口形成了巨量的就业人口，能够为经济发展带来大量的劳动力，从而极大地缓解劳动力短缺给经济增长带来的瓶颈约束。巨量的就业人口能够满足迁入地制造业和服务业的劳务需求，能够有效促进劳动力密集型的产业发展，同时劳动力的大量供给对于用工企业的雇佣成本的降低也会产生明显的作用。在用工荒的大环境下，易地扶贫搬迁带来的巨量劳动力供给的增长意义更加不可估量。同时，政府在基础设施投入、教育和医疗等公共服务方面投入的大幅度增长，也具有明显的增长效应，对经济的短期和长期增长都会产生显著的推动。我们还要注意到易地扶贫搬迁带来的消费增长的效应。由于生活环境的改善和生活方式的变化，这些贫困人口在新的居住区将启动大量的消费，消费的增长对整个经济的增长无疑会起到催化作用。

第四，社会一体化效应。当这些边远深山区和生态脆弱区的居民迁移出来之后，原来横亘在他们和经济相对发达地区之间的社会福利鸿沟和社会保障鸿沟逐渐被填平，长期以来因公共服务缺失和社会保障水平低下而造成的公民之间不平等将被弥合，整个社会的一体化程度将大为提高，而社会的一体化将显著提升整个社会的和谐与均衡，有利于整个国家的长治久安，这一点在边疆民族地区尤为显著。

（二）“搬迁陷阱”：易地扶贫搬迁的约束条件

虽然易地扶贫搬迁无论对搬迁的深度贫困区的贫困人群还是对迁入地的经济社会发展而言都具有多方面的正面效应，但是这些正面效应的发挥并不是没有条件的，而是受到很多约束条件的限制。同时，如果易地扶贫搬迁在指导思想和运作过程中出现偏差或者缺失，就会大大损害易地扶贫搬迁的效果，甚至会加大被迁移贫困人口的贫困程度，或使得刚刚脱贫的贫困人口返贫，也就是使贫困人群陷入“搬迁陷阱”。“搬迁陷阱”意味着易地扶贫搬迁工作必须在科学的规划指引下，在综合性的扶贫政策支撑下，在基础设施和社会公共服务体系的充分保障下，才能使得易地扶贫搬迁获得预期效果，否则搬迁的效果会大打折扣。以下因素会加大易地扶贫搬迁的风险：

第一，融入障碍。对于边远深山区和边疆少数民族地区的贫困人群来说，要在搬迁之后有效融入新的文化形态是一件异常艰难的事。这些贫困人群有着自己的历史传统、民族习俗、固有的信仰和观念，以及日常生活与节庆的特有行为习惯。他们在原有的生活传统中享受着安宁、和谐与缓慢的生活节奏，长期形成的文化习俗，比如服饰、舞蹈、饮食、节庆、祭祀、语言、歌谣、婚丧等，给这些民族的居民带来心理上的慰藉和幸福感，他们与这些文化传统共生，并从这些文化传统中找到生活的乐趣与希望。但是，在搬迁到一个所谓“现代化”的经济文化较为发达的地区之后，他们原有的文化符号和文化行为很难在新的迁入地复制，那些他们习以为常的生活方式，在新的迁入地突然变得与当地文化格格不入，事实上，几乎所有的从贫困民族地区搬迁出来的居民都会深刻感受到这种文化融入障碍带来的长期的痛苦与纠结。他们固有的一切传统——服饰、舞蹈、饮食、节庆、祭祀、语言、歌谣、婚丧——都被新的生活方式迅速淘汰，而他们又很难在新的生活方式中找到原来享受到的慰藉、安宁与幸福感。当我在广西巴马瑶族自治县考察时，就听到当地人跟我讲高山瑶族搬迁的故事：政府为这些居住在深山里的生活设施极为简陋的高山瑶族建造了新的住宅，但是这些高山瑶族同胞因为难以适应山下的新的生活方式，在搬迁之后不久纷纷拆了新屋，回到他们在山上的住处。看起来，这种行为不可思议，是非理性的，实际上这些高山瑶族同胞对于生活方式的选择极具理性：由于适应新的生活方式的成本很高，他们还是理性地选择回到他们熟悉的生活方式。因此，如果不很好地解决这些贫困人群的融入障碍问题，易地扶贫搬迁就难以达到应有的效果。

第二，共同体割裂效应。更为核心的问题是，被搬迁的贫困群体在进入新的迁入地之后，他们原有的生活共同体被割裂和打破了，他们在原来的共同体中所享受到的"熟人社会"中的相互关照、守望相助的生活方式在一定意义上也不存在了。旧有的共同体被割裂给这些贫困群体带来的孤独无依和被抛弃的感觉是非常强烈的，这种心理上的不适超过普通人的想象。有些搬迁户在搬迁后，长期封闭在自己的单元房里看电视，不跟其他人进行沟通。这些贫困人群必须适应经济发达地区新的生活共同体，适应新的共同体中的交往方式和合作方式，这是一件非常艰难的工作。易地扶贫搬迁的最重要工作之一，就是使这些被搬迁的贫困群体迅速融进新的共同体，熟悉并认同新的共同体（如居委会、党支部、合作社）的运作方式。从某种意义上来说，"重建社区"是比搬迁更艰难的事。

第三，生活成本约束。易地扶贫搬迁还会导致被搬迁者在迁入地面临生活成本急剧上升的困境。在原来的传统生活方式和生存环境中，这些贫困人群的生活成本相对很低，他们在衣食住行中的花费较少。他们往往有自己的菜地或小片耕地，或许还养着一些家禽家畜，他们在深山中获取免费食物的概率很高，他们的饮水和洗漱是免费的，他们日常的生活几乎是零成本的。可是进入城市、进入新的社区、住上楼房之后，他们的生活成本陡增：买菜、买食物、饮水等都要花费他们的收入，甚至如厕（要消耗水）这种原本几乎只有正面效应的日常行为（粪便可以积肥）也会不可避免地给他们带来额外的现金支出。生活成本约束是很现实的，在没有稳定的收入的前提下，这些生活成本的增加会严重降低迁入者留在迁入地的意愿，降低他们对政府易地扶贫搬迁政策效果的认同度。

第四，就业困境。要使迁入者获得稳定的收入来源，就必须使他们在新的社区获得就业机会。但是边远深山区和边疆少数民族地区的贫困人群在知识储备、生产技能、语言沟通能力等方面存在着较大的问题，这些问题极大地降低了他们找到就业机会的可能性。因此，对于推行易地扶贫搬迁的地方政府而言，不光要给迁入者提供舒适的住房，而且更重要的是为他们提供稳定的就业。为此，地方政府就要下大气力对迁入者进行知识和技能方面的培训，提高其人力资本质量，相关企业在技能培训中也应该发挥积极的作用。

第五，公共服务瓶颈。要使迁入者能够“稳得住”，除了稳定的就业之外，还需要政府大量的财政投入，以建立完善的教育、医疗、基础设施、社会保障等公共服务网络。地方政府在公共服务网络建设中的投入能力不足，会极大地影响迁入者心理的稳定性，增加他们的生活成本。

三、广西深度贫困的分布结构与易地扶贫搬迁机制及模式

（一）广西深度贫困的分布结构与特点

滇桂黔地区是我国深度贫困人群比较集中的地区，这几个地区由于自然生态的脆弱和地理环境的封闭等原因，严重限制了贫困人群的发展机会。当地贫困人群的公共服务覆盖面较小，交通条件普遍较差，信息封闭，智识不开，医疗和教育水平普遍较低，有些地区的居民生活水平和生活方式还处于比较落后原始的发展阶段。从滇桂黔的自然生态环境来说，很多地区属于喀斯特地形，一些地区的石漠化状况比较严重，土壤的质量较差，土地的产出效率很低，而且这些地区的自然环境承载的压力很大，生态极其脆弱，自然灾害频发，对自然生态本身和当地人民的生活生产造成极大的困难。从气候条件来看，滇桂黔深度贫困区的区域性、季节性缺水问题普遍存在，当地人民的日常生活生产受到极大的制约。广西处于深度贫困状态的河池市、百色市，贫困县较多，属于全国四个集中连片特困区之一的滇桂黔石漠化地区的一部分，山多地少，土地贫瘠，环境封闭，远离政治经济核心地带，当地人民的生产生活环境极为恶劣，人和自然的矛盾难以得到根本解决。

截至 2017 年底，广西仍有 246 万贫困人口，总数在全国排第四位；有 43 个贫困县，3001 个贫困村，其中有 20 个深度贫困县，30 个深度贫困乡镇和 1490 个深度贫困村；在 2017 年建档立卡贫困人口中，因病因残致贫贫困户有 19.2 万户，占比达 27.4%，缺劳动力的贫困户有 9 万户，占比达 12.9%，65 岁以上老人有 33.7 万人，占比达 12.6%。[①] 从以上数据来看，广西的扶贫攻坚战略任务极重，涉及的贫困人口较多，贫困区域较大。从这些深度贫困地区的生态环境和地理

---

① 李开林、邓小莲、曹润林、金锦花、韦聪华：《保障广西易地搬迁贫困户“稳得住、能致富”的政策研究》，载广西壮族自治区财政厅编：《广西财政热点研究》，内部资料，2018 年。

环境因素来看，又基本属于生态脆弱区和生态环境恶劣区域，生态环境和地理环境因素是造成当地贫困发生率高的主要深层因素。因此，要实现人和自然的和谐，同时要彻底改变当地人民的贫困现状，就要因地制宜采取适当的手段，实践证明，对于滇桂黔这些生态环境极为恶劣脆弱的地区来说，易地扶贫搬迁是最有效的手段之一。“十三五”时期，广西计划完成易地扶贫搬迁 110 万人，其中建档立卡贫困人口 100 万人，同步搬迁的其他农村人口 10 万人，涉及 13 个市 79 个县（市、区），广西由此成为全国易地扶贫搬迁人口超过 100 万人的 5 个省份之一。这么大规模的人口迁移是一件极为困难的工作，涉及对贫困人群搬迁的财政补贴、迁出地的生态恢复和土地整治、搬迁人群的医疗教育安排和就业保障、迁入地的基础设施建设、搬迁人群在迁入地的生活文化融入等一系列非常复杂且挑战性很强的问题，既要让贫困人群能够自愿地低成本地“搬出来”，又要让这些贫困人口在新的环境中获得新生活的希望，不仅能够“稳得住”，而且能够在迁入地“活得好”，脱贫致富，享受美好的生活。这是一项难度极高的系统工程，需要多管齐下，又需要极为强有力的动员、统筹、组织、协调和监督考核机制。

（二）广西易地扶贫搬迁的“顶层设计—动员激励—统筹协调—监督考核”四位一体机制

第一，顶层设计。建立系统、科学、实事求是、循序渐进的项目规划，进行合理的，高屋建瓴而又切合实际、具有可操作性的顶层设计，使整个易地扶贫搬迁工作有章可循，思路清晰，便于实际工作者进行操作。顶层设计是一个“自下而上—自上而下”的过程。所谓“自下而上”，就是要在进行项目规划和顶层设计之前进行详尽的基层调研和周密的研讨论证，召集迁出地村民、村委会干部、乡镇政府干部、省市县政府负责搬迁规划的相关干部（包括农委、民政、财政、金融、社会保障、医疗、教育）、基础设施建设相关方面负责人、迁入地的相关村干部和政府人员等进行前期的方案讨论，充分倾听相关利益方的诉求，充分考虑不同政府部门的工作难度和工作顺序，并按照具体操作时间节点进行易地扶贫搬迁的工作安排。这个“自下而上”的过程，是集中民意的过程，是融汇不同政府部门的意见和观点的过程，是各种矛盾的摩擦、碰撞、博弈、融合的过程。所谓“自上而下”，是在前一个阶段的调研、倾听、沟通的基础上，集中与搬迁直接相关的研究部门和实践部门进行方案的正式制定过程，这个顶层设计的要求是必须极为清晰且具有可操作性，而不是建立在模棱两可的基础上；同时要保障各个政府部门分头制定的政策要相互协调，不能互相矛盾打架，以便于在实施层面政府部门之间的工作衔接。在广西进行易地扶贫搬迁项目规划的过程中，从自治区层面进行系统的理论学习，凝聚共识，通过专题学习、中心组学习、集中轮训、支部研讨、举办宣讲报告会等形式，进行分层次、全覆盖学习培训，从而为易地扶贫搬迁工作进行了充分的理论准备和组织保障。自治区相关领导高度重视易地扶贫搬迁工作，多次带队深入基层和深度贫困地区进行调研，对基层情况、搬迁难点和痛点进行充分的掌握和分析；2018年5月上旬，广西壮族自治区政府负责搬迁工作的部门组织四个调研组开展“解剖麻雀”式调研，深入柳州等四个市和三江等四个县（区）开展旧房拆除、住房建设面积、资金使用管理等有关工作的专项调研；自治区党委组织部、民政厅、农业厅（现农业农村厅）、人力资源社会保障厅、移民工作管理局（现自治区水库和扶贫易地安置中心）等移民搬迁专责小组进行了大量的深入调研。这些调研，为“自下而上”的民意表达畅通了渠道，为合乎实际的政策制定奠定了基础。在前期调研和汇集民意的基础上，相关部门先后研究制定了

《关于印发脱贫攻坚大数据平台建设等实施方案的通知》(2016)、《关于印发广西易地扶贫搬迁"十三五"规划的通知》(2016)、《关于印发〈广西易地扶贫搬迁工作整改方案〉的通知》(2017)、《关于明确全区易地扶贫搬迁资金有关问题的通知》(2017)、《关于印发广西易地扶贫搬迁工程2018年实施计划》(2018)、《关于加强易地扶贫搬迁安置点基层组织建设的指导意见》(2018)、《广西壮族自治区人民政府办公厅关于印发全区易地扶贫搬迁就业扶持工作实施方案的通知》(2018)、《广西壮族自治区人民政府办公厅关于加强易地扶贫搬迁户在迁出地耕地林地管理利用工作的指导意见》(2018)、《关于加强易地扶贫搬迁后续产业发展和就业创业工作的指导意见》(2018)、《易地扶贫搬迁对象迁出后原址土地资源管理指导意见》(2018)、《易地扶贫搬迁后续扶持资金的安排意见》(2018)等集结各方面智慧、凝聚各政府部门力量的政策制度措施，为整个易地扶贫搬迁工作提供了坚实的基础和高屋建瓴而又切合实际的顶层设计。这些政策框架涉及扶贫数据平台建设、搬迁目标和扶贫目标、搬迁规模和安置方式、资金测算和资金筹措方案、住房和基础设施建设、公共服务设施、土地整治、产业发展和就业创业、迁出区生态恢复、社会保障以及搬迁后续管理工作等，对之进行了周密的安排，这个工作极为宏大，又极为细密，是前无古人的创举，是国家治理能力的集中体现。

表16.2 广西易地扶贫搬迁"十三五"规划计划表

年度	安置总户数（万户）	安置总人数（万人）	搬迁对象性质			
			建档立卡贫困户		同步搬迁	
			户数（万户）	人数（万人）	户数（万户）	人数（万人）
2016	8.25	33	7.5	30	0.75	3
2017	11	44	10	40	1	4

续表

年度	安置总户数（万户）	安置总人数（万人）	搬迁对象性质			
			建档立卡贫困户		同步搬迁	
			户数（万户）	人数（万人）	户数（万户）	人数（万人）
2018	8.25	33	7.5	30	0.75	3
合计	27.5	110	25	100	2.5	10

资料来源：《广西易地扶贫搬迁“十三五”规划》。

第二，动员激励。动员激励的目的是使各参与者明确责任，增强内在动力。从省市领导到基层搬迁干部，进行广泛的发动，使各级政府相关人员都能对扶贫搬迁工作高度投入，切实履责。对各级干部和参与人员进行相应的工作培训，建立分工明确、紧密合作、责任清晰的责任制，并建立相应的激励机制。广西根据本地区易地扶贫搬迁的具体特点，创新性地实行了“市包县、县包点”为主要内容的县级领导包点工作责任制，包建设进度、工程质量、资金监管、搬迁入住、后续产业发展、就业创业、稳定脱贫、考核验收等。全区所有集中安置点落实一名县级领导干部牵头组建专门工作组，制定倒排工期实施方案，一包到底，全责落实。截至 2019 年 1 月，全区易地扶贫搬迁安置点共落实 78 位市级领导分片包县、476 位县级领导包安置点、组成 469 个领导班子，成员达到 3000 多人。① 为加强对各地易地扶贫搬迁工作的指导与督查，2019 年初组成了 4 个指导工作组共 49 人，由 4 位广西壮族自治区水库和扶贫易地安置中心领导担任组长，分别对应 13 个市 78 个县（市、区），实行“六包责任制”，即包沟通联系、包信息收集、包统筹推进、包问题协调、包任务完成、包社会稳定，及时发现和协调解决搬迁工作重点的问题和困难。

① 广西壮族自治区水库和扶贫易地安置中心：《2018 年工作总结和 2019 年工作计划》，2019 年 1 月 15 日印发。

第三，统筹协调。统筹协调既涉及到中央—省—市—县（区）—乡镇村各级政府之间的协调，也包含着政府与市场的协调、各种参与主体（包括市场主体和非政府组织）的协调、各类资金来源的协调。要统筹各种社会力量，实施多元化易地搬迁扶贫战略。协调统筹迁出地和迁入地的相关政府力量、村委会、市场力量以及非政府机构，形成合力，各负其责，共同推进易地扶贫搬迁工作和后续管理工作。统筹行政力量和市场力量，充分发挥政府的引导协调功能和市场机制的资源配置功能，在产业发展、基础设施建设、就业创业等方面发挥市场机制的作用，把扶贫搬迁工作与当地的产业发展结合起来，利用当地的优势企业和优势产业加大对扶贫搬迁群众就业创业的帮扶力度。广西在易地扶贫搬迁过程中，注重各种力量的协调和互动，共同发力，有机整合，以避免政府孤军奋战。尤其是在产业发展、搬迁人口的就业创业方面，通过政府的协调，搬迁群众与企业签订就业协议，可以更多地引进企业力量，发挥市场机制的作用。截至 2019 年初，有 12.42 万户 52.89 万人签订了后续扶持产业发展和就业创业协议。①在就业创业和产业发展背后，是众多参与扶贫搬迁后续管理的企业，只有发挥企业的作用，只有产业发展起来，只有落实了就业，搬迁人口才能真正“搬得出、稳得住、能致富”。

第四，监督考核。对各级政府负责的易地扶贫搬迁工作进行合理的科学的评估、监督与考核，既是保证扶贫搬迁工作有效进行的基本手段，也是一种有效的激励和约束机制。如果没有科学的评估、监督与考核机制，扶贫搬迁工作就很容易流于形式，容易造成各级负责机构敷衍了事、责任不清，使扶贫搬迁项目最后往往成为形象工程，

---

① 广西壮族自治区水库和扶贫易地安置中心：《2018 年工作总结和 2019 年工作计划》，2019 年 1 月 15 日印发。

不但不能给搬迁群众带来福利，而且会有害于政风，造成很多腐败和渎职现象。广西壮族自治区党委组织部会同自治区移民搬迁专责小组制定印发了《广西壮族自治区易地扶贫搬迁安置点包点县级领导干部专项考核办法（试行）》，对包点县级领导干部进行专项考核，按照优秀、称职、基本称职和不称职四个等次评定包点县级领导干部，全面评估检查各地落实领导包点工作责任制执行情况和领导干部履职情况，2018 年 8 月自治区抽调 216 人分成 20 个组对全区 2017 年包点县级领导进行了考核评定。经过科学的评定，2017 年度易地扶贫搬迁安置点包点县级领导干部优秀等次 35 名（26 个安置点）、称职等次 440 名（442 个安置点）、不称职等次 1 名（1 个安置点）。[①] 这种严格的评估和监督考核机制有力地推动了搬迁安置工作的进展，也保障了项目推动的质量，对相关负责人形成了有效的激励和约束。在项目安置点建设工作方面，加强项目管理监督，发挥国土、财政、建设、审计等各成员单位的功能，从严控制建筑面积和建房成本，完善项目建设标准和质量管理措施，执行质量管理责任终身制，做好项目竣工验收工作。

（三）广西易地扶贫搬迁的核心模式

广西易地扶贫搬迁的核心模式包含基础设施、就业培训、教育医疗、社会保障、产业带动、社区重建、文化融入、心理介入、生态恢复等九个方面：

第一，基础设施。基础设施主要是指迁入地安置点的住房建设和交通、通信以及其他生活设施建设，这是易地扶贫搬迁的首要工作，

① 广西壮族自治区水库和扶贫易地安置中心：《2018 年工作总结和 2019 年工作计划》，2019 年 1 月 15 日印发。

直接影响到搬迁群众的生活质量，搬迁群众主要通过新生活设施与原来生活设施的对比而决定是否搬迁。因此对基础设施进行有计划、高标准、低成本的建造，在基础设施建设中突出质量控制、突出实事求是原则、突出成本控制、突出民族特色与现代生活的统一、突出生活便利，是搬迁工作取得成功的关键因素。基础设施的建设既要以提升搬迁群众生活便利度和舒适度为目标，同时又要实事求是，不要定过高的标准，要有一定的财务标准，量各地财力而行，不可盲目追求高大上。广西在进行基础设施建设中进行了较为细密科学的规划，循序渐进，注重政策的配套和衔接。截至 2018 年 5 月 20 日，项目用地落实状况良好，2016 年广西易地扶贫搬迁项目计划用地 1626.31 公顷，已经落实用地 1626.49 公顷，项目用地落实率为 100%；2017 年项目计划用地 1965 公顷，已经落实用地 1973 公顷，落实率 100.4%；2018 年项目计划用地 305.95 公顷，落实用地 305.49 公顷，落实率 99.9%。从开工情况看，2016 年集中安置项目已经全部开工建设，已经竣工 162 个，竣工率 72%；分散安置 3674 户已开工 3674 户，开工率为 100%。2017 年集中安置项目 324 个已经全部开工建设，已经竣工 140 个，竣工率为 43.2%；分散安置 6307 户已经全部开工建设。2018 年集中安置项目 119 个，已经开工 106 个，已经竣工 12 个；分散安置 429 户，已经开工 121 户，开工率为 28.2%。从安置住房建设情况来看，2016 年广西计划建设住房 47916 套，已竣工 47554 套，住房竣工率为 99.2%；2017 年广西计划建设住房 96062 套，已竣工 86335 套，住房竣工率为 89.9%；2018 年广西计划建设住房 20805 套，已竣工 2540 套，住房竣工率为 12.2%。从搬迁入住情况来看，2016 年广西计划搬迁建档立卡贫困人口 21 万人，已搬迁入住 19.95 万人，搬迁入住率为 95%。2017 年广西计划搬迁建档立卡贫困人口 41 万人，已搬迁入住 27.20 万人，搬迁入住率为 66.3%。2018 年计划搬迁建档立卡贫困人口 8 万人，已搬迁入住 3109 人，搬迁入住率为 3.9%。[①] 从总体来看，基础设施建设的难度很大，资金筹措和项目实施都需要一定的过程，需要循序渐进，不可盲目冒进。随着基础设施建设的逐步到位，搬迁入户的工作也将逐步顺利推进。

第二，就业培训。对搬迁人群进行有针对性的就业培训是降低搬迁成本、使他们适应新的居住环境并获得就业机会的重要手段。要对搬迁人群进行适应新环境和适应新的公共服务系统的日常生活知识培训，使他们在新的环境中增强舒适感、幸福感和安定感；要对适合工作的人群进行技能培训，尤其是要结合就业和创业、鼓励企业参与对搬迁人群的岗前培训工作，使他们能够很快适应新的就业岗位，提高技能，获得稳定的收入。截至 2019 年初，广西共有 11.75 万户 48.56 万人签订了就业创业培训协议，说明政府对教育培训问题的重视，当然在各地就业培训工作中还存在着供求精准对接、克服形式主义的挑战。

第三，教育医疗。软件的公共服务体系建设和硬件的基础设施建设同等重要，而在公共服务体系建设中，为搬迁人群提供完善的教育和医疗服务是搬迁成功和可持续的关键，也是使搬迁群众心理稳定、增强幸福感的重要举措。搬迁人群在迁入地能够就近实现子女的教育、实现就近就医，就学就医的便利性是搬迁人群考虑搬迁成本收益的重要因素。广西在易地扶贫搬迁工作中注重落实教育资助政策，整合各种教育资源，全力保障易地扶贫搬迁户子女顺利入学，使搬迁户子女都能获得公平的高质量的教育，这对于防止搬迁户子女失学辍学、增进搬迁户下一代人力资本，进而阻断贫困的代际传递将起到重要作用。如贺州市平桂区实施“土瑶”深度贫困村教育资助政策，寄

① 李开林、邓小莲、曹润林、金锦花、韦聪华：《保障广西易地搬迁贫困户“稳得住、能致富”的政策研究》，载广西壮族自治区财政厅：《广西财政热点研究》，内部资料，2018 年。

宿就读学生全部享受经济困难寄宿生生活补助1000元/人年，向就读民族学校学生提供营养膳食补助1000元/人年，向6个深度贫困村到城区民族学校就读的学生提供交通补助300元/人年，并落实寄宿学生课外辅导人员和生活管理人员补助经费。①兴业县在强化扶贫搬迁地区的教育保障方面，坚持把最好的资源给教育，在安置小区旁边新配套建设幼儿园、小学、中学，共可容纳学生8000余人，并高标准配足配齐师资力量，保持搬迁群众子女享受的教育扶贫政策不变，精准资助、应助尽助。这些举措，极大地改善了搬迁群众子女的教育状况，解决了他们的后顾之忧。医疗也是改善搬迁群众人力资本状况的重要因素，广西在扶贫搬迁过程中高度重视搬迁人群的医疗健康工作，新型农村合作医疗和大病保险政策向搬迁户倾斜，在迁入地为搬迁户提供周到便利的医疗服务，改善了搬迁户的健康状况。兴业县为更好地安排搬迁群众就医，加紧建设县中医院和城西社区卫生服务站，为搬迁群众开展家庭医生签约服务工作，落实各项医保政策，2018年城西社区卫生服务站正式启用，县中医院门诊大楼也将于2019年6月投入使用。②广西在搬迁群众的医疗和教育方面下了很大气力，截至2019年1月，共有406个安置点配套有小学，389个安置点配套有幼儿园，370个安置点配套有医院、卫生站或医疗诊所③，极大地改善了搬迁群众的医疗教育条件，使搬迁群众既能够“搬得出”，

---

① 李开林、邓小莲、曹润林、金锦花、韦聪华：《保障广西易地搬迁贫困户“稳得住、能致富”的政策研究》，载广西壮族自治区财政厅编：《广西财政热点研究》，内部资料，2018年。

② 兴业县扶贫开发领导小组：《精准施策、精准发力、强化后续脱贫措施助推易地扶贫搬迁》，2018年12月。兴业县易地扶贫搬迁安置小区于2017年11月竣工，12月共有1259户5558人完成搬迁入住，2018年7月25日全县完成2018年度搬迁任务79人（其中20人已于2017年搬迁入住），入住率100%，全面完成自治区下达的“十三五”时期易地扶贫搬迁任务1273户5617人。

③ 广西壮族自治区水库和扶贫易地安置中心：《2018年工作总结和2019年工作计划》，2019年1月15日印发。

又能“稳得住”，为搬迁后续管理打下了基础，也为搬迁群众的可持续发展、阻断贫困的代际传承打下了基础。

第四，社会保障。易地扶贫搬迁的难点在于解决搬迁人群的社会保障问题，包括搬迁群众的基本生活保障、基本养老保障和医疗卫生保障。搬迁人群脱离了原来的村社之后，失去了土地，生活成本相应增加，一些建档立卡贫困户的贫困补贴也相应被取消，因此应尽快建立社会保障体系，使搬迁群众能够在基本生活和养老医疗方面获得稳定的收入来源。基本生活保障是搬迁群众迁入安置点未就业前，按照城镇最低生活保障标准给予三个月的临时生活救助，养老保障是对参加城乡居民基本养老保险的建档立卡贫困人口（含在两年扶持期的脱贫户），由政府代缴养老保险，自治区政府和市区政府按比例分担。医疗卫生保障是针对建档立卡贫困人口、低保对象、特困人员和孤儿等困难人群参保，各级政府给予个人缴费全额或部分资助，对参保贫困人口实行财政倾斜。实践中，为推进社会保障精准性，应根据不同人群的差异性分类落实五保、低保、医疗救助等兜底性的社会保障政策，将符合条件的搬迁人群全部包含在内，统筹安排医疗保险、医疗救助、新型农村合作医疗、大病保险政策，健全养老保险体系，将各种社会保障制度加以有机整合，解民忧、惠民生、保稳定、促和谐，为搬迁户提供一条稳固的防线，避免搬迁户再次陷入贫困陷阱。

第五，产业带动。产业发展是扶贫工作的枢纽，要带动搬迁人群的就业，增加搬迁人群的收入，最根本的途径还在于发展当地的产业。广西在易地扶贫搬迁工作进行过程中，充分考虑到后续搬迁人群就业和增收问题，把建设“扶贫车间”作为重要工作来抓，获得了显著的效果。如玉林市博白县推行“企业＋扶贫车间＋农户”的扶贫模式，加大资金扶持力度、落实税收优惠政策、做好引导管理等服务工作，全面推进扶贫车间建设。目前，博白全县经过认定的扶贫车间已有 20 个，计划再申报 17 个，有效激发了贫困户脱贫的内生动力。又如梧州市藤县金鸡镇在 2018 年金鸡镇易地扶贫搬迁集中安置点建设过程中，同步谋划实施建设扶贫车间，积极对接“企业进村”，引进了广东东莞的玩具企业，吸纳贫困户在家门口就业，既满足了贫困户“挣钱顾家两不误”的需求，又缓解了企业“招工难、用工贵”的困境。再如百色市汪甸瑶族乡易地扶贫搬迁安置小区于 2017 年 8 月建档立卡贫困户 122 户 547 人的搬迁入住工作，为确保易地扶贫搬迁户搬迁出来后有稳定的收入来源，迁入地右江区引进广西百色一个电子设备制造公司在安置小区内投资建设就业扶贫车间，可满足 120—150 人就业，企业内车间工人薪资平均 2000 元 / 月，管理员薪资平均 3000 元 / 月。百色市还结合当地搬迁群众的就业创业工作实际，强化政策顶层设计，制定出台《做好易地扶贫搬迁劳动力就业创业工作实施方案》《进一步加快推进全市就业扶贫车间建设管理工作的通知》《百色市支持村民合作社开展劳务服务促进贫困劳动力转移就业的若干政策措施》《百色市农民工创业就业补贴实施细则》等政策措施。截至 2018 年底，百色市共认定就业扶贫车间 127 家，吸纳贫困劳动力就业 21640 人，开发乡村公益性岗位 2841 个，拨付补贴 1269 万元。

第六，社区重建。易地扶贫搬迁使得贫困人群原有的社区网络被打破，这也就意味着搬迁群众数代人形成的社会网络和左邻右舍守望相助的生活方式被打破，从而使他们在迁入地必然经历一个比较艰苦的适应阶段。搬迁人群能否适应新的社区环境，能否在新的社区受到周到、细致、及时的服务，并把自己当成新的社区的一分子，对新社区有归属感和融入感，是决定搬迁工作是否有可持续性的重要因素。广西在易地扶贫搬迁过程中注重社区建设，完善社区管理制度，在社区内构建正式组织（党组织和政府社区服务组织）和非正式组织（各种协会、志愿者组织等），为搬迁人群提供服务，促使搬迁群众更好更快地融入新社区。自治区研究制定了《关于加强易地扶贫搬迁安置点基层组织建设的指导意见》，对在集中安置点引入社区建设和管理，建立安置点党组织和自治组织，完善安置点工会、妇联等配套组织建设，统筹解决就业、就学、就医等社会公共服务问题和搬迁群众生活问题做出系统部署。截至 2019 年 1 月，共有 269 个安置点成立了社区党组织，267 个安置点建立了社区委员会。[①] 有些安置点还根据搬迁人群的生活习惯，在周边建立了“老乡菜园”，一方面照顾了传统生活方式的传承，另一方面也降低了搬迁人群的生活成本。

第七，文化融入。易地扶贫搬迁的深层难点问题是搬迁人群由于文化适应性出现障碍而发生的文化融入困难，使搬迁人群在文化的调适期内在传统文化形态和新型文化形态之间产生心理的不平衡和生活方式上的紊乱，直接影响搬迁人群是否“稳得住”的问题。搬迁群众原来大多居住在深山区，地理条件比较封闭，社群环境比较简单，因此这些群众以往的生活方式比较质朴自然，社群生活宽松愉快，再加上各种民族传统节日和日常婚丧嫁娶等民俗活动，使他们的传统社群生活比较丰富、自然、生动、亲切；然而在新的社区内，人们的居住环境相对比较集中，改变了以往在山中散居的状况，而集中的居住、环境的狭仄，使大多数原居住在深山的搬迁人群难以适应。而且更重要的是，搬迁人群原有的居住环境中，公共空间的意义不明显，原有的用于节庆和公共活动的空间也一般不存在随意占用的问题，然而在新的聚居形态比较集中的环境中，尤其是住进了楼房，公共空间的意义就凸显出来，在公共空间遵守公共规则的意义也就凸显出来，而搬迁人群的公共规则意识不强，容易发生所谓“公地的悲剧”，也就

① 广西壮族自治区水库和扶贫易地安置中心：《2018 年工作总结和 2019 年工作计划》，2019 年 1 月 15 日印发。

是对公共物品的滥用，因而容易激发邻里之间和社群内部的诸多矛盾。另外，新的社区的组织形式也与搬迁人群原来习惯的村落、宗族的组织形式完全不同，即使新社区的正式组织（如党组织、妇联工会组织、社区委员会等）再完善，搬迁人群一时也难以适应和信任这些新的社区组织。广西各地在易地扶贫搬迁的过程中，注重在重要节庆组织各种庆祝活动，通过歌舞等文化娱乐项目吸引搬迁人群参与，增强他们对新社区生活的亲切感，同时在活动过程中加入生活咨询、就业信息等环节，为他们排忧解难。当然，文化融入问题是一个复杂的长期的问题，不可能在短时期内解决，要将社区建设、心理介入与文化融入问题综合起来统筹解决，并逐渐将好的解决方法机制化和常态化，才能获得良好的效果。

第八，心理介入。心理问题与文化融入和社区建设密切相关。解决搬迁人群心理问题的方法是利用各种社区管理手段和多元化的组织形式，对搬迁人群进行心理介入，及时疏导，解决问题。在广西，在搬迁人群适应新环境的心理调适期内，一旦出现各种心理障碍和社区内的各种矛盾，可以得到社区委员会和党组织、工会、妇联以及其他社区服务组织的及时化解和疏导，打消他们的孤独无助感，使搬迁群众顺利度过心理调适期，能够更好地融入新的生活。贺州市平桂区在一些学校还设置了心理辅导室，配备了专职的心理健康指导老师，为孩子们进行心理疏导。这些做法都值得进行机制上的升华，设计一套常态化机制来保障社区重建过程中搬迁人群的心理调适。在新的社区内，不仅能够让搬迁群众享受“病有所医、学有所教、幼有所育、老有所养”，而且能够让他们感觉心情舒畅，有事情可以找到“亲人”倾诉，及时化解心中的苦闷以及由生活方式变化和社群环境变化带来的孤独感。社区内也应该多组织相关的集体活动，如搬迁人群喜闻乐见的民族舞蹈和歌唱活动，在一些重要的民族传统节日可以通过集体的庆祝和祭祀活动来改善搬迁人群的心理状况，增强他们的归属感和幸福感。

第九，生态恢复。搬迁之后的重要工作之一是恢复迁出地的生态，因此拆旧复垦和生态恢复工作在搬迁之初就应该统筹考虑。搬迁人群原来居住的地方，尽管生态比较脆弱（多数属于山区，还有喀斯特地貌），但其生态价值很高，需要进行科学的保护，有些地方在生态保护的前提下可以进行一定程度的旅游开发，有些拆除旧房之后的空闲宅基地可以进行耕地的复垦，使其重新恢复农业生产能力。要根据每个地区的情况和每户的具体情况，科学鉴定土地和环境的性质与质量，精准施策：适合严格保护的就进行严格保护，不再进行耕地的复垦，将这些宝贵的生态资源保护好有利于整个区域的可持续发展，要涵养水源，植树造林，恢复植被，防止生态的恶化；对于那些适合在一定的保护基础上合理开发的地区，应该发展那里的文化旅游康养产业，这些产业发展的前提是不破坏环境，能够与环境保持共生和谐；适合复垦为耕地的，则进行复垦，在不破坏原有生态的前提下进行农业生产。广西在拆旧复垦工作中严格甄别各种情况，统筹考虑拆旧和复垦工作，把搬迁跟生态保护结合起来。2019 年 1 月 25 日马山县人民政府在该县白山镇玉业村加任屯召开易地扶贫搬迁拆除旧房现场会，白山镇介绍了该镇易地扶贫搬迁拆旧复垦工作主要做法："一摸、二讲、三分、四拆、五补、六复垦。""一摸"就是摸清底数。摸清搬迁户旧房结构、拆旧意愿和当地土地状况，以便因户施策，精准施策。"二讲"即讲透政策，讲清拆旧复垦政策红利。"三分"即分类施策，坚持因村而异，不搞"一刀切"。"四拆"即组织专业力量进行旧房拆除。"五补"即旧房拆除完成后，及时验收并把奖励资金发放到搬迁户手中。"六复垦"即彻底清除建筑垃圾，按标准开展耕地复垦工作，同时加大对当地生态环境的保护力度，尽力恢复生态。未来还可以进行综合的文化旅游康养园区的设计，推动当地的生态恢复与保护。

四、结论：如何避免返贫和回流：易地扶贫搬迁的系统性制度框架

（一）广西易地扶贫搬迁的主要成就

从总体来看，广西的易地扶贫搬迁取得了巨大的成就，也系统性地创造了丰富的经验和创新性的模式。截至 2018 年 12 月 31 日，2016—2018 年全区计划搬迁建档立卡贫困人口 70 万人，累计已经搬迁入住 69.3319 万人（已实际搬迁入住 64.5618 万人），搬迁入住率 99.04%，其中：2016 年项目计划搬迁 21 万人，已搬迁入住 21 万人，搬迁入住率 100%；2017 年计划搬迁 41 万人，已搬迁入住 41 万人，搬迁入住率 100%；2018 年计划搬迁 8 万人，已搬迁入住 7.3319 万人，搬迁入住率 91.65%。2016 年和 2017 年搬迁入住率均达到 100%，全面实现了自治区制定的奋斗目标，并均超过了绩效考核指标 10 个百分点，2018 年已经超过绩效考核指标 31.65 个百分点。[①] 广西的易地扶贫搬迁成就和模式得到了党中央和国务院的高度肯定，并且通过《人民日报》、新华网等各种媒体这些经验模式得到了推广。

在促进搬迁人口就业创业方面，广西付出了巨大的努力，也取得了明显的成绩。截至 2018 年上半年，广西全区建档立卡贫困人口已搬迁入住的 11.73 万户 54.03 万人中，有 10.14 万户 43.42 万人签订了后续扶持产业发展和就业创业协议，9.74 万户 40.06 万人签订了就

① 广西壮族自治区水库和扶贫易地安置中心：《2018 年工作总结和 2019 年工作计划》，2019 年 1 月 15 日印发。

业创业培训协议。为及时跟踪帮扶搬迁户，全区各地在安置点安排了帮扶联系人 9.58 万人，跟踪帮扶搬迁贫困户 10.96 万户。同时，全区搬迁入住的建档立卡搬迁贫困户 10.43 万户已编制录入后续扶持到户花名册。广西对全区易地扶贫搬迁 15.98 万户 71 万人中的劳动力资源情况进行调查，研究制定《易地扶贫搬迁就业扶持工作实施方案》，通过开展技能培训、开发就业岗位等，努力做到全覆盖、全帮扶、全就业，确保每个易地扶贫搬迁家庭有 1 人以上实现稳定就业，消除移民后顾之忧。全区共筹措投入后续扶持资金 20 亿元，实施发展特色农林业、劳务经济等扶持项目 5770 个，实现脱贫 5.75 万户 25.59 万人。①

（二）易地扶贫搬迁的“经济—社会—文化”系统性制度框架

易地扶贫搬迁是一项繁重的系统工程，也是我国在扶贫攻坚阶段为解决深度贫困而采取的一项重要措施，对于有效推动乡村振兴、区域协调发展、生态保护和减贫具有十分重要的作用，对中华民族的伟大振兴、民族团结和边疆稳定，具有伟大的战略意义。以广西为代表的易地扶贫搬迁模式，为我国进行大面积的易地扶贫搬迁提供了宝贵的经验，这些经验在实践中不断完善，对全球反贫困事业亦具有有益的借鉴意义。

概括来说，中国为解决深度贫困问题以及人与自然的生态矛盾而进行的易地扶贫搬迁工作，其核心是构建“经济—社会—文化”系统性制度框架，其目的是改变人的生存状况、提升人的生存能力、改善人的资源禀赋结构，从而为深度贫困地区人民的整体脱贫和未来的

① 《广西日报》，2018 年 10 月 14 日。

可持续发展提供综合性的解决方案。

——经济。主要从产业发展和就业创业角度，为易地扶贫搬迁工作提供牢固的经济基础，为搬迁人群提供稳定的就业渠道和稳定的收入来源，为其创业提供财政、金融、工商管理、信息咨询等方面的支持。改变搬迁人群的生计结构是一件艰苦的工作，只有彻底改变其生计结构，使搬迁人群在新的社区能够获得有尊严的生活、稳定的工作岗位和可持续的收入来源，搬迁工作才算是最终取得了成功。广西的扶贫车间模式创造了就地就业、就业和社区建设相结合的新模式，将企业、政府和搬迁人群有机结合起来，为搬迁人群创造了广泛的就业机会。在经济这一环节，还要着重鼓励发展农村集体经济，保障搬迁人群的财产性权利，注重从组织化的角度，发挥搬迁人群和贫困人口的内生动力。

——社会。主要是通过社区重建和社会保障、社会公共服务体系的构建，为搬迁人群提供具有稳定感、幸福感的新社区生活，增强搬迁人群对新社区的归属感。在社区建设中需要动员多元化的力量，将非正式组织和正式组织的力量相融合，为搬迁人群的稳定和发展提供全方位的安全网和服务网络。社区管理服务体系、健康医疗体系、教育体系、培训体系、养老体系等的建立，为贫困人群构筑牢固的社会网络，有利于搬迁群众重构自己的社会交往体系，并迅速适应现代化的社会网络。①

——文化。要增强搬迁人群的文化适应性和文化融合能力，既要保持其原有散居文化和宗族文化的承递性，又要在新的社区环境中为其创造一种新的文化，并运用各种形式加快搬迁人群文化融合的进

---

① 王曙光、王琼慧：《论社会网络扶贫：内涵、理论基础与实践模式》，《农村经济》2018年第1期。

程，消除其在文化调适期所容易产生的孤独无助感和生活割裂感，使他们很好地融入新的生活文化形态中。

从实践来看，易地扶贫搬迁的核心是提升可行能力，这就需要对搬迁人群以及下一代实施有针对性的教育和培训。现实中建造安置小区、拆除旧房以及其他硬件建设比较容易推行，但是教育培训的实施存在较多的挑战和困难。搬迁人群原来的居住环境闭塞，信息来源渠道狭窄，其人力资本的提升受到很大限制，很难满足日新月异的市场中的企业需求。教育培训不仅是政府需要格外关注的问题，而且应该充分调动企业和市场的力量，使企业有积极性参与甚至主导搬迁人群的培训工作，而企业的培训往往更加有针对性，更加具有可持续性。就业信息的及时提供也是非常重要的一环，政府应与企业合作，及时发布相关的就业信息，使供求双方能够准确匹配。因此，应针对市场和企业的实际需求，实施精准的培训，保障培训内容精准、培训对象精准，并在组织培训的过程中更多地发动市场的力量，而不是进行形式主义的、没有针对性的培训。只有大力改善其人力资本禀赋结构，提升其可行能力，才能从根本上解决搬迁人群的未来发展问题和脱贫问题，才能从根本解决搬迁人群回流和贫困人口返贫的问题。

后　记

农村发展和扶贫问题一直是我学术研究的重点领域。1998年留校服务之后，尤其是2002年从明尼苏达大学访学归来并完成博士论文之后，我的研究重心逐渐由金融发展理论转向更为具体、更为接地气的农村金融领域。随着对农村金融研究的深入，随着对我国农村进行了更为深入的田野调查之后，我开始逐步拓展农村领域的研究，陆续对农民合作组织、农村合作医疗体系、乡村政治治理、乡村伦理与文化、农村土地制度、农村的贫困与反贫困等问题进行了较为系统的研究，近年来又格外关注我国农业产业转型和农业生态问题。对于一个研究农村和农业的研究者而言，这种研究领域的拓展就像一个农民开荒种地一样，是再自然再寻常不过的一件事了：实际上，所有这些农村和农业问题都是纠结缠绕在一起的，难以分清其中的“理论疆界”；而且从更根本的道理来说，农业农村诸问题原本都是“一个问题”，而只有从诸问题、诸分支的相互联系中寻找综合性、系统性的解决方案，才是真正符合事物本来面目和规律的正确思考路径。

二十年的农村研究的拓展路径本身，也形成了我研究农村问题的特殊的方法论。这种方法论的核心就是，以农村田野调查为基础，从“真实世界的经济学”出发，培养对农村农业问题真正的“问题意识”，并激发研究者自身的超越现有文献的理论灵感；而后通过对农村领域诸问题的综合把握和融会贯通的理解，构建系统的理论范式与逻辑体系。本书的研究，正是遵循了这样的方法论精神。本书集中探讨扶贫问题，但不是就扶贫而谈扶贫，而是把扶贫放到整个中国农村和农业发展的大背景中去考察，以更加开放多元的方法论来研究贫困问题。在对农村贫困和反贫困问题进行长期的调研和思考之后，我提炼和刻画出“社会网络扶贫”和“内生性扶贫”这两个基础理念，并以这两个理念为主线，建构了“经济—社会—政治—文化—生态”系统性分析框架，从乡村民主政治治理、农民合作、微型金融、集体经济、社区发展、生态建设、文化伦理建设等角度对中国农村扶贫的创新模式进行了全方位的理论和实践研究。

本书所收录的十六篇文章，研究的时间跨度比较长，因此本书在编纂过程中除了一些必要的技术修订和格式内容的统一之外，并不刻意强调数据资料的更新，而是基本保持了这些文章发表时的原貌，相信这种处理对于读者理解中国的扶贫进程和扶贫理念的历史演变亦有切实的帮助。细心的读者也会发现，本书在体例上也比较多元，有些文章比较偏于抽象理论逻辑的建构，而有些文章着意记录中国各地在扶贫中所创造的鲜活模式和丰富的地方经验，个别文章甚至还保留了些微的演讲痕迹，之所以不追求整齐划一，也是为了让读者从多元化的文本风格中体会中国扶贫的丰富性以及作者思考过程的生动性，而不会被僵硬呆板的理论羁束了头脑从而影响了阅读的快感。另外，为了保持各章之文字叙述和理论呈现的相对完整性，本书在个别文字的叙述上略有重复，希望能够得到读者的理解。

在长期的田野调查和农村研究过程中，我的学生们给了我最大的支持，他们既是我二十年农村调研的同路人，于酷暑严冬伴随我行走在中国的大地上，同时也是我在理论探索上的宝贵的同伴与挚友；正是在教学相长的碰撞、问难和沟通中，才激发了大量的理论灵感，因此本书也浸透着我的学生们的辛劳和智慧。在母校服务的二十多年中，我陆续开设了“农村金融学”“中国农村”“合作经济学概论”“当代中国经济发展”“金融发展理论”等有关中国农村和中国发展的课程，北京大学、北京大学经济学院、北京大学燕京学堂的领导和恩师们对我在农村领域的学术研究、教学工作以及田野调查给予了巨大的支持与教诲，而正是在北大这种极为包容、极为开放和多元的学术风气的鼓舞之下，笔者的农村研究才得以一步步拓展和深化。在二十年的田野调查中，我还有幸得到了五湖四海的朋友们的无私帮助，他们带领我走在内蒙古、广西、宁夏、西藏、新疆、四川、云南、贵州、福建、浙江、河南等地的田野乡间，给我提供了大量生动翔实的资料，他们的丰富实践启发了我的学术灵感，本书所收录的大量案例凝聚了他们的心血。多年以来，北京大学出版社、中国发展出版社、商务印书馆和人民出版社等出版机构，以及《北京大学学报》《农业经济问题》《农村经济》等杂志社的朋友在我的学术论著的发表方面提供了有力的支持，在本书出版之际，谨向朋友们致以衷心的感谢。

中华民族正在复兴的道路上阔步前行，而反贫困正是这一伟大事件的最重要、最艰巨也是最光荣的组成部分。中国减贫的伟大实践必将被记录在民族复兴的史册上，也必将在全世界减贫事业中大放异彩。谨以这本薄薄的册子，献给中华人民共和国七十华诞，也献给中国扶贫的伟大事业，献给在这一伟大工作中奉献了汗水和智慧的人们。

王曙光

2019 年 5 月 1 日于北京大学经济学院